큰 스승의 가르침

아신 자띨라 사야도의 법문

큰 스승의 가르침

아신 자띨라 사야도의 법문

오원탁 번역 | 묘원 주해

행복한 숲

이 책은 Ashin Jatila 사야도와 Buddha Sāsana Nuggaha Organization의
회장 U Tin Wan의 승낙을 받아 번역한 것입니다.

Dhamma Discoures by Venerable Sayādaw Ashin Jatila
Mahāsī Meditation Centre
Yangon, Myanmar, November, 2000
Published by U Tin Wan President
Buddha Sāsana Nuggaha Organization

Ashin Jatila

‖아신 자띨라 사야도의 일대기

아신 자띨라 사야도(큰스님)는 1935년 11월 26일 미얀마의 북부 밍쟌(Myingyan)의 까도(Kadaw) 마을에서 아버지 우 먀 지와 어머니 도 파 팃 사이에서 태어났다.

그는 우 웃따라 사야도의 지도로 일곱 살 때부터 마을 수도원에서 기본교육을 받기 시작하여 열 살 때에는 '신 자띨라(Shin Jatila)'라는 이름을 받고 사미로서 초보교육을 받았다.

1956년에 그는 유명한 불교 교육의 중심지인 사가잉 산으로 진학하여 우 위짜린다 스님을 비롯한 여러 저명한 스승들의 지도 아래 경전을 공부했다. 그 해에 그는 국가 아비담마 시험(초급)에 합격했고, 다음해에는 중급과 고급 시험, 그리고 국가에서 주관하는 계율 시험에 모두 합격했다.

아신 자띨라 사야도는 1955년 7월 24일 계를 받고 비구가 되었다. 수계 후 공부를 계속하여 1959년에서 1961년 사이에 종교성이 주관하는 경전에 관한 3개의 고급시험에 합격하고, 사사나다자 시리빠와라 담마짜리야 칭호를 받았다.

1966년 그는 마하시 선원에 와서 존경스런 마하시 사야도를 대신한 우 빤디따 사야도의 지도로 강도 높은 집중수행을 했다. 위빠사나 수행을 성공적으로 끝낸 그는 사가잉 산으로 돌아가 빨리 대학에서 3년간 빨리어를 강의했다.

1969년에는 양곤에서 200마일 떨어진 삔마나(Pyinmana) 시에 마하시 선원 분원을 설립하고, 20년간 그곳에서 법사로서 위빠사나 수행을 지도했다. 지난 15년 동안 그는 미얀마의 마하시 선원 법사 협회의 회장을 역임했다. 1988년에는 미얀마의 마하시 승가 협의회의 공동 사무총장으로 선출되었다.

2000년 현재 아신 자띨라 사야도는 양곤의 마하시 선원에서 외국인을 지도하는 수행 스승이라는 주요 소임 외에도 법사 협의회의 이사로 활발하게 참여하고 있다.

큰 스승의 가르침
차례

위빠사나 수행을 하는 것은

한두 생에서 행복하기 위해서가 아니라

윤회로 거듭되는 모든 생의 고통으로부터,

나아가 윤회 그 자체에서 벗어나기 위해서입니다.

위빠사나 수행은 육문이라는 여섯 개의 감각기관을 통해 나타나는

모든 종류의 행동과 느낌을 알아차리는 것이며,

이로써 위빠사나 지혜를 얻어

깨달음의 길로 들어서는 것입니다.

위빠사나를 처음 접하는 독자들에게 알려 드립니다.

『큰 스승의 가르침』에 있는 제일 처음 장인 '마하시 위빠사나 수행법'이 다소 어렵게
느껴질 수도 있습니다. 그래서 이 첫 장을 뒤로 돌리려는 생각도 없지 않았지만 큰 스
승님의 법문 순서를 바꾸지 않으려고 그대로 실었습니다.
첫 장의 의미는 매우 중요합니다. 위빠사나 수행이 무엇인지를 밝히는 핵심적인 내용
이 담겨져 있습니다. 그러나 처음 대하는 용어의 어려움이나 내용의 어려움이 있다고
생각되실 때는 꼭 이해하려고 하지 않으셔도 좋습니다. 뒤로 가게 되면 첫 장의 의미
를 자연스럽게 파악하실 수가 있게 됩니다.
그러므로 만약 읽기에 어려움을 느끼시면 다음 장인 '할 것과 하지 말아야 할 것'부터
읽기 시작하셔도 좋을 것입니다. 그리고 몇 장을 읽으신 뒤에 다시 첫 장으로 오셔서
'마하시 위빠사나 수행법'을 읽으시면 이해가 되실 것으로 사료됩니다.

마하시 위빠사나 수행법

마하시 선원의 설립자이자 대학자인 우 소바나(U Sobhana) 마하시 큰스님은 불교 경전의 여러 법문들을 연구하여 배가 일어나고 꺼지는 것을 주시하는 간단한 수행법을 채택하였습니다. 이것이 바로 위빠사나[1] 수행법입니다.

최근에 유행하게 된 '위빠사나(vipassanā)'라는 말은 매순간 일어나는 현상의 무상한 특성을 주시하는 것을 의미합니다. 현상을 주시하는, 즉 알아차리는 훈련인 위빠사나 수행을 통해 열 가지의 위빠사나 지혜를 얻게 됩니다. 그 열 가지 지혜는 현상을 바르게 아는 지혜, 생멸의 지혜, 소멸의 지혜, 두려움에 대한 지혜, 고난의 지혜, 혐오감에 대한 지혜, 해탈을 원하는 지혜, 다시 살펴보는 지혜, 현상에 대한 평등의 지혜, 그리고 적응의 지혜[2]입니다.

여러분들은 초기에는 정신과 물질을 구별하는 지혜(Nāma Rūpa Pariccheda Ñāṇa)와 원인과 결과를 식별하는 지혜(Paccaya Pariggaha Ñāṇa)를 경험할 것입니다. 이들 두 지혜들이 생긴 다음 계속적으로 수행하면 결국 위의 열 가지 지혜를 얻게 됩니다. 따라서 이두 지혜를 제외하고 나머지 열 개를 위빠사나 지혜로 분류해도 무방합니다.

그래서 현상을 바르게 아는 지혜로 시작해서 적응의 지혜로 끝나는 열 개의 지혜들은 직접적인 위빠사나 지혜(洞察智)로 분류할 수 있습니다. 정신과 물질을 구별하는 지혜와 원인과 결과를 식별하는 지혜는 위빠사나 지혜에 간접적으로 포함됩니다.

위빠사나 지혜는 정신과 물질을 구별하는 지혜와 원인과 결과를 식별하는 지혜이며, 정신과 물질이 무상(無常)·고(苦)·무아(無我)임을 아는 지혜(현상을 바르게 아는 지혜)이고, 모든 현상의 일어나고 사라짐을 지각함(생멸의 지혜)으로써 얻어지는 것입니다. 그러므로 직접적으로 정신과 물질을 구별하는 지혜로부터 적응의 지혜까지 위빠사나 지혜를 분류할 수도 있습니다.

분류하는 방법은 그다지 중요하지 않습니다. 중요한 것은 어떻게 위빠사나 수행을 완성하느냐 하는 것입니다.

많은 사람들이 부처님의 법(말씀)을 쉽게 이해하고 위빠사나 수행을 돕기 위해서 큰스님은 질문하고 대답하는 방법을 고안하였습니다. 첫 번째 질문은 "위빠사나 지혜를 얻으려면 무엇을 알아차려야 하는가?"입니다.

이 첫 번째 질문에 대한 대답은 '집착의 무더기(取蘊)를 알아차리는' 것입니다. 다시 말해 사람들이 집착하기 쉬운 오온(五蘊)[3], 즉 물질과 정신(名色)의 오취온(五取蘊)[4]을 알아차리는 것입니다.

'다섯 가지 집착의 무더기'는 다음과 같습니다.
(1) 색온(色蘊) : 물질의 무더기
(2) 수온(受蘊) : 느낌의 무더기
(3) 상온(想蘊) : 지각의 무더기
(4) 행온(行蘊) : 정신적 형성의 무더기
(5) 식온(識蘊) : 의식의 무더기

만약 여러분이 우리 인간이 이 다섯 가지 정신과 물질인 오온으로 구성되어 있다는 것을 깨닫지 못한다면, 이는 '자아', '나', '나에게(me)'라든가 '남자' 혹은 '여자'라든가 등의 '자아라는 실체(自性)'나 '개아(個我)'가 실제로 있다는 믿음을 갖기 때문입니다. 그러므로 바른 견해와 바른 이해를 가지고 이 다섯 가지 집착의 무더기를 알아차려야 합니다.

그러면 어떻게 바른 견해로 오취온을 알아차리게 될까요? 자신을 거울에 비춰 봐야 할까요? 아니면 다른 사람의 몸을 유심히 관찰하면 될까요? 자신의 몸을 알아차리는 것은 바로 지금 여러분들이 수행하고 있는 것입니다.

예를 들어, 여러분이 행선(行禪, 經行)을 할 때 '왼발, 오른발' 혹은 '들어서, 앞으로, 놓음' 등의 행동을 주시하는 것은 자기 몸의 움직임을 알아차리는 것입니다. 이는 『염처경(Satipaṭṭhāna sutta)』에 "걸을 때는 '나는 걷고 있다'라고 알아차린다"라는 의미와 같습니다.

여러분이 왼발을 주시할 때, 걷는 행동은 색온이고, 좋아하고 싫어하는 느낌은 수온이며, 인식하는 것은 상온입니다. 걸으려고 노력하는 것은 행온이며, 아는 마음은 식온입니다. 이것들이 오취온에 대한 알아차림을 구성하고 있습니다. 만약 여러분이 이를 바른 견해로 알아차리지 않는다면, "내가 걷는다, 내 다리가 걷는다, 움직임을 아는 것은 나다"라고 생각하게 될 것입니다. 그러나 이런 생각은 단순한 환상이며 오온에 대한 집착일 뿐입니다.

좌선 수행을 할 때에도 마찬가지입니다. 여러분은 '앉음, 닿음, 앉음, 닿음'을 주시합니다. 앉는 자세는 색온, 좋고 싫은 느낌은 수온, 인식하는 것은 상온, 인식하려고 노력하는 것은 행온 그리고 아는 마음은 식온입니다.

배가 일어나고 꺼짐을 주시할 때, 배가 일어나고 꺼지는 것은 색온, 좋고 싫은 느낌은 수온, 인식하는 것은 상온, 숨쉬려고 노력하는 것은 행온, 아는 마음은 식온입니다. 이들이 바로 다섯 가지 집착의 무더기인 오취온입니다. 들을 때, 볼 때도 마찬가지로 적용됩니다. 그러므로 '왼발, 오른발, 발을 들어서, 앞으로, 놓음', '배의 일어남, 꺼짐'을 주시하는 것이나 '소리를 들음, 봄' 등을 주시하는 것은 모두 오취온을 알아차리는 것입니다. 이것이 '바른 견해로 오취온을 알아차림' 하는 것입니다.

행선할 때 '왼발, 오른발'을 주시하거나 '들어서, 놓음' 혹은 '들어서, 앞으로, 놓음'을 주시해도 좋습니다. 그렇다고 걸을 때 '마음, 물질, 마음, 물질' 하면서 주시할 필요는 없습니다. 그것은 잘못입니다. 일어날 때 사라지는 것을 함께 주시해서도 안 됩니다. 실제로 일어나는 행동, 일어나는 바로 그 순간에 실재하는 움직임을 단지 주시하기만 하십시오. 다른 정신적이거나 물질적인 현상들도 또한 매순간 주시되어야 합니다.

여러분은 먼저 "왜 오취온을 알아차려야 하는가?"라고 묻고 싶을 것입니다. 승진하기 위해서일까요? 봉급을 올리기 위해서일까요? 아니면 건강을 위해서일까요? 그것은 '집착이 생기지 않게 하기 위해서'입니다.

그리고 두 번째로 "언제 알아차려야 하는가?"를 알고 싶을 것입니다. 과거, 현재, 미래 중 언제일까요? 그것은 '일어나는 바로 그 순간 알아차려야' 합니다.

여러분이 일어나고, 꺼지고, 움직이고, 보고, 듣고, 먹는 바로 그 순간에 알아차릴 경우에만 집착이 생기지 않습니다. 『염처경』에 "수행자는 집착, 탐욕, 성냄이 생기지 않도록 일어나는 순간의 물질적 현상을 주시해야 한다"라고 적혀 있습니다. 여러분은 정신적 현상이 일어나는 그 순간을 주시해야 합니다. 일어나는 바로 그 순간에 알아차리지 않으면 탐욕, 성냄 그리고 정신적 현상에 대한 집착이 생기기 때문입니다.

느낌에 대해서도 마찬가지입니다. 탐욕, 성냄 그리고 느낌에 대한 집착이 생기지 않도록 느낌이 일어나는 순간 알아차려야 합니다. 정신적 형성(行)도 마찬가지여서 탐욕, 성냄, 집착이 생기지 않도록 정신적 형성이 일어나는 순간 알아차려야 합니다.

그러므로 "왜, 언제 알아차려야 하는가?"에 대한 대답은 "집착, 탐욕, 성냄이 생기지 않도록 모든 정신적 · 물질적 현상이 발생하는 순간, 그것이 일어나는 순간 알아차려야만 한다"는 것입니다.

만약 일어나는 순간 알아차리지 못하면 집착이 생길 것입니다. 예를 들어 소리를 들을 때 알아차리지 못하면 즐거운 소리에 대한 집착이 생길 수 있습니다. 대상을 볼 때 알아차리지 못하면 아름다운 경치나 잘생긴 남자의 외모에 대한 집착이 생길 수 있습니다. 나중에는 이 오취온을 좋고, 아름답고, 영원한 것으로 생각할 수도 있습니다. 또한 "듣고 보는 것이 '나'이고, 그것은 '나에게' 속한다"라고 집착하게 됩니다.

그러한 환상이 생기지 않도록 하기 위해서는 일어나는 모든 정신과 물질 또한 사라진다는 것을 알아차리지 않으면 안 됩니다. 여러분이 모든 정신적·물질적 현상을 주시한다면, 일어난 것은 반드시 사라지게 되어 있는 정신과 물질이며, 거기에는 집착할 만한 그 무엇도 없다는 것을 깨닫게 될 것입니다. 그러므로 여러분은 모든 현상을 일어나는 바로 그 순간에 알아차려서 자아라는 실체라든가 개아에 대한 믿음을 불식시켜야 합니다.

여러분이 그렇게 알아차릴 때 모든 것은 무상하고 고통일 뿐이라는 것을 자기 자신의 통찰지(洞察智, 위빠사나 지혜)로서 깨닫게 됩니다. 그렇다고 해서 여러분이 이 통찰지를 즉각 깨닫게 되는 것은 아닙니다.

상당히 오랜 기간 동안 알아차림을 수행하고 나면 여러분은 딱딱함, 긴장감, 화냄, 고통 등의 '고유한 특성(Sabhāva Lakkhaṇa)'5) 을 우선 이해하게 될 것입니다. 일어나고 사라지는 것을 알아차리게 되면 일어나고 사라지는 과정의 특성들을 알게 됩니다. 또한 여러분이 느낌, 즉 감각을 알아차리게 되면 감각의 특성들을 알게 됩니다.

고유한 특성을 이해하고 나면 여러분은 '조건적 특성(Saṅkhata Lakkhaṇa)'[6] 즉 시작과 중간과 끝을 알게 될 것입니다. 어떤 대상이 일어나서 진행되다가 사라지는 과정을 깨닫게 됩니다.

조건적 특성을 알게 된 다음에 여러분은 '일반적 특성(Sāmañña Lakkhaṇa)'[7]을 알게 될 것입니다. 검은 개미들이 줄지어 가는 것을 멀리서 보면 그냥 하나의 줄로 보입니다. 좀더 다가가면 각 개미들이 줄지어서 앞의 개미 뒤를 따라서 움직이고 있음을 알게 됩니다. 그리고 가까이 가서 들여다보면 각 곤충의 머리, 허리와 꼬리까지 발견할 것입니다. 이와 마찬가지로, 수행 초기에 여러분은 고유한 특징밖에 보지 못합니다. 그러나 수행을 통해 알아차림이 성숙해지면 여러분은 매순간 변하고 있는 조건들을 알게 됩니다.

여기서 좀더 수행하면, 여러분은 현상이 일어나고 사라지는 것을 알게 됩니다. 이것이 대상의 일어나고 사라지는 본성을 이해하는 것입니다. 이 지혜는 모든 것은 무상한 것이어서 단지 현상이 일어나고 사라질 뿐이라는 결론에 이르게 합니다. 그런 지혜가 '무상의 특성(Anicca Lakkhaṇa)' 즉, 무상을 알아차리고 탐구하고 터득하고 단정하는 지혜입니다.

동시에 여러분은 일어나는 즉시 사라지는 모든 것들은 소중히 하거나 신뢰할 가치가 없기 때문에 고통이라는 것을 깨닫게 됩니다. 이것이 '고의 특성(Dukkha Lakkhaṇa)'입니다.

또 한 가지 깨달음은 여러분의 뜻에 따라 일어나는 것은 아무 것도 없으며 단지 저절로 일어난다는 것입니다. 이것이 '무아의 특성(Anatta Lakkhaṇa)'입니다.

이제 여러분은 무상·고·무아(三法印)가 가장 중요한 특성이라는 것을 깨달을 것입니다.

이 정신과 물질을 구별하는 지혜를 통해 "집착이 사라지면 도(道)의 길로 접어든 것이며, 마지막에는 닙바나(涅槃)를 얻게" 되는 것입니다.

무상·고·무아를 깨닫게 되면, 자아라는 실체가 없으며, 단지 정신과 물질의 변화하는 조건만 있다는 것을 받아들이게 됩니다.

이것을 깨달은 여러분은 알아차림을 계속하여 물질적으로 행동하기에 앞서 의도가 선행한다는 것을 알게 됩니다. 발을 앞으로 내딛기 전에 발을 앞으로 내딛으려는 의도가 선행합니다. 앉을 때에는 앉으려는 의도가 앉는 행위보다 선행합니다. 이로써 여러분은 원인과 결과를 식별하는 지혜를 깨닫게 됩니다.

원인과 결과를 식별하는 지혜를 가진 여러분은 이번에는 주시할 때마다 현상이 사라지는 것을 발견하게 될 것입니다. 그래서 여러분의 모든 현상이 스스로 소멸된다는 것을 알게 됩니다.

소멸하는 특성을 발견한 여러분은 차례로 두려움에 대한 지혜, 고난의 지혜, 혐오감에 대한 지혜 그리고 자기에게 해탈을 원하는 욕망이 있다는 것을 알아차리는 지혜를 깨닫게 될 것입니다. 여러분이 해탈하고자 보다 깊은 수행에 진력하면 평정심으로 정신물리학적 현상을 볼 수 있게 됩니다.

이 단계에서 여러분은 접촉점(마음이 대상에 닿음)에 대한 알아차림을 확산시켜서 마음의 대상이 사라져 알아차릴 만한 육체적 대상이 남지 않는 경지까지 가야 합니다.

그러나 이때 여러분은 대상이 사라진 것을 찾아서는 안 되며 '앎, 앎'[8]으로써 자각을 주시하기만 하여야 합니다. 어느 정도 시간이 지나면 자각은 점점 더 빨라져서 갑자기 모든 현상의 과정들이 소멸되는 단계에 이르게 됩니다.

부처님은 "모든 일어난 것들은 스스로 소멸한다"라고 말씀하였습니다. 물질적·정신적 현상이 일어나고 사라지는 것을 알아차리는 오랜 노력 끝에 여러분은 몸과 마음의 정신적 형성들, 즉 현상의 과정들은 소멸하는 것이며 실체가 없음을 깨닫게 되는 것입니다. 이제 도의 지혜(道智慧)가 생긴 것입니다.

오취온에 대한 모든 집착이 사라졌음을 깨달았을 때 여러분은 도(道)의 길에 들어선 것이며, 마침내 닙바나를 증득하게 될 것입니다.

위빠사나 수행법은 닙바나로 가는 단 하나의 길이며, 여러분이 영원히 기억하고 있어야 할 수행법입니다. 마하시 큰스님의 가르침에 따라 여러분이 수행할 수 있을 때에는 언제나 위빠사나 수행을 하시기 바랍니다. 그래서 여러분이 위빠사나 수행을 열심히 하여 모든 행(行)들이 멈추고 고통이 소멸된 닙바나를 성취하기를 기대합니다.

1) 위빠사나(vipassanā)는 빨리어로 '위(vi)'와 '빠사나(passanā)'의 합성어이다. 접두사 '위'는 분리, 반대, 다름, 분산이라는 뜻이다. 그리고 '빠사나'는 응시, 관찰, 수관(隨觀)의 뜻이 있다. '위'에서 말하는 분산은 보는 주체와 보여지는 대상을 객체로 분리하는 것을 의미한다. 이렇게 양쪽을 분리해 봄으로써 완전한 인식이 이루어진다. '빠사나'는 수관을 의미하는데, 대상을 지속적으로 보는 것, 또는 계속해서 보는 것을 말한다. 이는 대상을 겨냥하여 주시한다는 의미를 가진다. 그러므로 위빠사나라는 말은 대상을 주체와 객체로 분리해서 주시한다는 의미이다. 이때 분리한다는 것은 다르게 본다는 것을 말하며, 다르다는 것은 틀린 것을 말하는 것이 아니라 나와 너라는 상대적인 것을 말한다. 그래서 대상을 올바르게 직관한다거나 명확하게 고찰하는 것을 의미한다.

위빠사나가 삼법인(무상·고·무아)을 통찰한다는 말로도 쓰이는데, 이는 의역으로 주객을 분리해서 보면 결과적으로 법의 특성이 보인다는 것을 의미한다.

위빠사나에서 알아차릴 대상은 몸, 느낌, 마음, 법(마음의 대상)이다. 그래서 이것을 네 가지 알아차릴 대상이라고 하며, 한문으로는 사념처(四念處)라고 한다. 위빠사나는 이 네 가지 대상을 지속적으로 알아차려서 지혜를 얻는 수행이다.

2) 현상에 대한 평등의 지혜(Saṅkhārupekkhā Ñāṇa)가 성숙되면 특별한 노력이 없어도 알아차림이 빠르게 진행된다. 그래서 다음 지혜의 단계로 나아가게 되는데, 이 지혜가 적응의 지혜(Anuloma Ñāṇa)이다. 또 이것을 순경계의 지혜라고도 한다. 적응의 지혜는 삼법인(三法印)을 깨달아서 성스러운 도(道)에 이르는 지혜를 말한다. 이 지혜는 위빠사나의 지혜에서 마지막 지혜이다. 이 단계의 지혜가 성숙되면 모든 현상이 소멸되는 지혜인 닙바나(nibbāna)에 이르게 된다.

3) 오온(五蘊)은 인간이 구성되는 기본 조건인 정신과 물질의 다섯 가지 무더기를 말한다. 즉, 색(色, 몸, rūpa), 수(受, 느낌, vedanā), 상(想, 표상작용, 인

식, 지각, 기억, saññā), 행(行, 정신적 형성, saṅkhāra, sankhāra), 식(識, 아는 마음, viññāṇa)의 다섯 가지 무더기이다. 이 다섯 가지는 각각 하나로 이루어지는 것이 아니라, 여러 가지가 합해져 하나를 이루기 때문에 무더기라고 한다. 오온에서 색온은 물질로 분류하고, 수온, 상온, 행온, 식온은 마음으로 분류한다. 마음을 더 자세하게 분류할 때는 식은 마음이고, 수, 상, 행은 마음의 작용이다.

4) 몸과 마음의 다섯 가지 집착의 무더기를 오취온(五取蘊, upādānakkhand-hās)이라고 한다. 이는 색, 수, 상, 행, 식의 오온을 집착하는 것을 말한다. 번뇌에서 오온이라고 하는 몸과 마음이 생겨나고, 다시 오온에서 번뇌가 생겨남을 이른다. 생명이 욕계(欲界)에 살고 있는 한 몸과 마음의 오온(五蘊)은 모두 오취온에 해당한다.

5) 고유한 특성(Sabhāva Lakkhaṇa)은 관련된 현상의 특수하고 특별한 현상을 말한다. 알아차릴 대상은 실재하는 것이며 고유한 특성을 가지고 있는데, 실재하는 것으로 법(法)의 성질을 가진 것이다. 실재하는 법은 마음, 마음의 작용, 물질, 열반이다. 물질의 고유한 특성은 단단하고, 부드럽고, 뜨겁고, 차갑고 등등의 지수화풍(地水火風)의 네 요소를 말한다. 마음의 고유한 특성은 탐, 진, 치와 무탐, 무진, 무치 등이다. 호흡의 고유한 특성은 바람의 요소인데, 호흡의 일어남과 꺼짐의 움직임, 수축과 팽창하는 공기의 압력, 단단함, 부드러움, 긴장, 따뜻함 등이다. 수행을 처음 시작하면 대상에서 고유한 특성을 알아차리게 된다.

6) 고유한 특성을 알아차리는 지혜가 성숙되면 차츰 조건적 특성(Saṅkhata Lakkhaṇa)이 나타나서 알아차리게 된다. 조건적 특성은 대상이 일어나서 진행되다가 사라지는 과정을 거친다. 이처럼 조건적 특성의 지혜가 성숙되면 대상의 시작과 중간과 끝을 구별해서 알아차릴 수 있게 된다. 그래서 일어나는 현상의 소멸을 알게 된다. 수행을 시작하는 처음부터 시작과 중간과 끝을 알아차리려고 하는 것은 무리한 일이다. 알아차리는 힘이 생겼을 때 자연스럽게 시작과 중간과 끝이 보인다는 것을 이해해야 한다.

7) 일반적 특성(Sāmañña Lakkhaṇa)을 보편적 특성이라고도 한다. 조건적 특성
을 분명하게 알아차리게 되면 다시 일반적 특성이 나타나게 된다. 일반적
특성이란 대상에서 공통적으로 나타나는 특성을 말한다. 존재하는 모든
것에는 세 가지 특성이 있는데, 무상·고·무아의 특성이다. 이것은 모든
것에 공통되는 것이므로 일반적 특성이라고 한다. 일반적 특성을 알게 되
었을 때만이 위빠사나의 통찰의 지혜가 드러난다.

8) 앎은 아는 마음이다. 앎을 하는 방법은 두 가지가 있다.
첫 번째는 마음을 알아차리는 앎이다. 수행자가 알아차릴 대상은 물질(몸)
과 마음인데, 일차적으로 물질을 대상으로 알아차릴 때 호흡이나 몸을 대
상으로 한다. 수행이 성숙되어지면 알아차릴 대상인 호흡과 몸의 느낌이
사라진다. 이때 몸이 사라지는 것이 아니라 몸을 감지할 수 있는 느낌이
감지되기 어려울 정도로 미세해진다. 이 상태를 몸이 사라졌다고 말한다.
이런 상태에 이르면 몸을 대상으로 알아차릴 수 없기 때문에 마음을 대상
으로 알아차린다. 그래서 마음이 마음을 대상으로 알아차려야 한다. 이때
앎을 하는데, 이 앎은 호흡이 사라진 것을 아는 마음이다.
두 번째는 현재의 상황을 알아차릴 때 앎을 한다. 수행이 잘 안 될 때는
잘 안 되는 것을 아는 앎을 한다. 또는 어떤 느낌을 느낄 때 그 느낌을
아는 앎을 하기도 한다.

할 것과 하지 말아야 할 것

위빠사나 수행의 목적은 닙바나[1]를 성취하는 것입니다. 이 수행과정에서 얻는 지혜를 통찰지(洞察智)라고 하는데, 위빠사나 지혜로 도(道)를 얻어 '흐름에 든 자(수다원)'[2]라고 불리기 위해서는 다음 세 가지 족쇄들을 극복하기 위해 노력해야 합니다.

(1) 유신견(有身見)[3]

(2) 회의적 의심(懷疑的 疑心)[4]

(3) 계율과 의례에 대한 집착(戒禁取見)[5]

그리고 수다원과를 성취하기 위해서는 다음 네 가지 사항이 충족되어야 합니다.

첫째, 경험 많고 유능한 스승을 만나야 합니다.

위빠사나 수행의 목적은 한두 생에서 행복하기 위해서만이 아니라, 윤회로 태어나는 모든 생에서 고통으로부터 해방되자는 것입니다. 나아가서 윤회 그 자체에서 벗어나자는 것입니다. 그래서 수다원과를 얻는 데 있어서 가장 중요한 것은 훌륭한 스승을 만나는 것입니다. 경전에 대한 해박한 지식과 실제 수행 경험이 있는 명상 스승을 만나는 것입니다.

둘째, 집중해서 열심히 수행하여 위빠사나 수행에 진전을 이루어야 합니다.

스승의 지시사항과 법문에 주의 깊게 귀 기울여야 합니다. 스승의 지시와 법문에 신중하게 주의를 기울인다면 수행에 대한 믿음이 생깁니다. 믿음을 빨리어로 삿다(saddha)[6]라고 하는데, 그 믿음은 수행하는 여러분들이 잘못된 길로 접어들어 방황하지 않도록 해 줄 것입니다.

모든 경건한 가르침에는 이론과 수행이 있습니다. 수행하는 여러분은 걷거나 앉을 때 모든 물질적 · 정신적 현상[7]을 주목하여 알아차림을 해야 하며, 이론에 대해서도 정통해야 합니다. 부처님의 가르침에 의하면, 정신과 물질이 존재하며 원인과 결과가 있다고 합니다. 책을 읽는 것만으로는 이를 분명하게 이해할 수 없습니다. 이론과 수행을 병행했을 때만이 이론과 더불어 수행까지 명확하게 이해할 수 있습니다. 심오한 불교철학과 심오한 수행의 철학적 관점을 이해하기 위해서 여러분은 법문을 주의 깊게 들어야 합니다. 그래야만 수행을 통한 불교철학을 터득하게 되어 위빠사나 지혜(洞察智)를 빠른 속도로 얻을 수 있습니다.

셋째, 스승에게 정직하고 사실대로 보고해야 합니다.

수행을 하다 보면 어떤 때는 잘 알아차려지기도 하지만 때로는 알아차리기가 어렵습니다. 그래서 스승에게 경험한 것을 올바르게 보고해야 합니다. 그런데 좋은 경험일 때는 보고하지만, 나쁜 것은 솔직하게 보고하지 않는 경우가 종종 있습니다. 또 여러분 스스로 좌선을 잘못했다고 생각하지만, 스승이 보기에는 그렇지 않을 수도 있습니다.

통찰지를 얻고자 할 때 언제나 수행이 잘되기만 하는 것은 아닙니다. 수행 초기에는 처음 경험하는 것이므로 수행하는 사람들 대부분이 약간의 어려움을 겪게 마련입니다. 어느 정도 수행한 다음에나 집중이 이루어지므로 이때부터 좋은 현상들이 조금씩 나타납니다. 그런 뒤에도 또 좋지 않은 것을 경험할 수 있습니다. 여러분은 오랜 기간 동안 경험하게 되는 이런 현상들에 대해 비관적으로 생각하지만, 사실상 이것은 수행의 종착지로 가는 데 있어서 좋은 현상에 속하는 것입니다.

스승이 수행하는 여러분들을 지원하고 격려할 수 있어야 합니다. 그래서 여러분이 어려운 지경에 빠져 있을 때 겪는 좋지 않은 경험도 보고하기를 바라는 것입니다. 그럴 경우에만 명상 수행의 계발과 발전에 필요한 올바른 충고를 받을 수 있습니다. 그러므로 여러분이 경험의 좋은 측면만이 아니라 나쁜 측면까지 스승에게 분명하고 솔직하고 정확하게 보고하는 것이 아주 중요합니다.

넷째, 수행하는 데 근면하고 부지런하지 않으면 안 됩니다.

여러분은 잠에서 깨어나는 순간부터 항상 기민하게 주목하여 알아차릴 준비가 되어 있어야 합니다. 물질적·정신적 행동을 할 때 몸과 마음에서 일어나는 모든 현상들을 알아차리는 것이 여러분들이 해야 할 첫 번째로 중요한 의무입니다. 아무리 작은 움직임, 예를 들어 손을 움직인다든지 옷을 갈아입는다든지 등 무엇이든지 놓치지 말고 알아차려야 합니다.

한번에 두 가지 일을 하려고 하지 마십시오. 왜냐하면 그럴 경우에 서두르게 되므로 행동이나 움직임을 자세히 알아차리지 못할 수 있기 때문입니다. 마찬가지로 식사할 때에도 방심한 상태로 먹어서는 안 됩니다. 『염처경』에 제시한 대로 무엇이든지 잊지 말고 자각하여 모든 행동을 알아차려야 합니다. 마하시 큰스님은 대소변을 볼 때도 알아차리지 않으면 안 된다고 하였습니다. 그러므로 알아차려서 안 될 것은 아무것도 없습니다. 몸과 마음에서 일어나는 모든 물질적·정신적 현상들을 주의 깊게 알아차려야 합니다.

만약 여러분이 이 네 가지 요소들을 지속적으로 실천한다면, 수다원과를 성취하는 것은 아주 쉬울 것입니다. 이런 목적을 달성하기 위해서는 여러분이 해야 할 요소의 실천만으로는 부족합니다. 여기에 '하지 말아야 할 것' 다섯 가지 요소도 충족시켜야 합니다.

첫째, 말하고 먹고 자는 것을 절제해야 합니다.

말하는 것은 명상수행을 하는 데 중요한 방해요소입니다. 집중수행을 할 동안에는 어떤 경우에도 말을 하지 않는 것이 좋습니다. 만약 꼭 필요한 경우에는 자기 자신에게 경고하고 최소한으로 말을 줄여서 해야 합니다. 그렇지 않으면 끝없이 말할 수도 있습니다. 말할 때에도 말하려는 의도와 이야기의 주제를 알아차려야 합니다.

다음으로 수행을 잘하려면 조금만 먹어야 합니다. 결코 과식해서는 안 됩니다. 부처님은 수행하는 사람은 결코 배불리 먹어서는 안 되고 4~5수저는 남겨야 하며, 물, 수프, 음료 등의 액체로 배를 대신 채울 것을 권하였습니다. 이렇게 식사를 하는 방법에 대해서도 상당한 주의를 기울여야 합니다.

다음으로 수행을 잘하려면 가능한 한 적게 자야 합니다. 고대의 성스러운 구도자들은 하루에 네 시간만 자고 나머지 시간은 수행하는 데 사용했습니다. 물론 그렇게 하면 건강에 영향을 줄 수 있다고 생각할 수도 있습니다. 그러나 여러분들이 좌선하고 있을 때 어떤 의미에서는 다소간 편안하고 안락하며 규칙적으로 호흡하고 움직이지 않고 앉아 있기 때문에, 이때가 자는 것처럼 쉬는 셈이며 에너지를 보충하고 있는 것입니다. 어떤 사람들은 한번 좌선을 잘하고 나면 마치 잠을 잘 자고 일어난 것처럼 몸과 마음이 상쾌해지는 것을 경험합니다. 그러므로 네 시간만 자면서 집중수행을 해도 여러분들의 건강에 해롭거나 치명적이지 않습니다. 따라서 하루 네 시간밖에 잠을 못 잔다고 해도 아무런 불안감을 가질 필요가 없습니다.

둘째는 노력을 게을리 해서는 안 됩니다.

수행을 하려고 할 때는 "내 몸의 살과 피가 다 말라버리고 피부, 뼈와 힘줄만 남아 있더라도 불굴의 의지로 이번 명상을 멈추지 않고 수행하겠다"는 흔들림 없는 굳센 의지를 가지고 집중수행을 해야 합니다. 이렇게 확고하게 굳은 결심을 해야 합니다.

여러분이 통찰명상을 성공적으로 수행하게 된다면 자신의 몸에 대한 집착이 무시될 것입니다. 만약 여러분이 자기 몸에 대해 지나치게 애정과 집착이 많다면 통찰지의 성장은 아주 느리게 이루어질 것이며, 높은 단계의 지혜를 얻기가 몹시 어려워질 것입니다.

부처님은 깨닫기 전날 저녁에 네란자라 강 둑 위의 보리수 아래에서 수행하였습니다. 수자타가 올린 유미죽을 먹은 다음 보살(Bodhisatta)[8]은 "내 살과 피가 다 말라버리고 피부, 뼈와 힘줄만 남더라도 붓다가 될 때까지 자리에서 일어나지 않겠다"라고 굳은 결심을 하였습니다. 이러한 확고부동한 결심으로 수행한 결과, 초경에는 전생을 볼 수 있는 숙명통을 얻었습니다. 제2경에는 모든 것을 볼 수 있는 천안통을 얻었습니다. 제3경에는 모든 번뇌가 소멸된 누진통을 얻고, 깨달음을 얻어 모든 것을 다 아는 붓다가 되었습니다.

　셋째, 번뇌가 몸과 마음에 스며들지 않도록 정진해야 합니다.
　수행하는 사람들은 정화된 사람들로 어떤 종류의 번뇌라도 몸
과 마음에 스며들지 않도록 전력을 다해 알아차리는 수행에 몰두
해야 합니다. 예를 들어 소리를 알아차리지 못하고 듣는다면 그
소리가 즐거운 것일 경우에 집착하게 될 것입니다. 그러므로 스
승에게 배운 대로 항상 알아차려서 소리는 단지 소리일 뿐이므로
집착이나 분노를 일으키지 않고 그저 소리로서 지나가게 해야 합
니다.
　마찬가지로 감각기관에서 일어나는 모든 현상의 느낌을 알아
차릴 때 집착하지 않고 마음과 몸에 번뇌를 일으키지 않을 수 있
습니다. 그러므로 아라한 혹은 붓다의 길을 가고자 하는 사람은
숭고한 정신과 순수한 마음을 가진 성스러운 분이라고 간주됩니
다. 이런 상태를 유지하기 위하여 여러분들은 항상 몸과 마음에
서 일어나는 물질적·정신적인 현상을 알아차리려고 지속적으로
노력해야 합니다. 만약 알아차리다가 쉬다가 하면, 때로는 집중
이 잘되지만 쉴 때에는 집중이 잘 안 될 것입니다.

　스승은 여러분이 열심히 하는지 안 하는지를 잘 압니다. 예를
들어, 오랜 병고에 시달리면서도 약을 규칙적으로 먹지 않는 환
자가 있을 때 의사는 그런 환자 돌보기를 꺼리게 될 것입니다.
마찬가지로 명상 스승들은 지시한 대로 규칙적으로 수행하지 않

고 했다가 말았다가 하는 여러분을 볼 때마다 우려하는 마음을 갖게 됩니다. 스승은 여러분들이 아주 진정으로 알아차리기를 바랍니다. 여러분은 아침에 눈을 뜨면서부터 잠자리에 들 때까지 모든 정신적·물질적 현상을 알아차릴 준비가 되어 있어야 합니다.

넷째, 환자처럼 천천히 행동해야 합니다.
환자는 무엇을 하든 빨리 할 수 없습니다. 여러분은 천천히 걷고, 아주 천천히 먹고, 심지어는 말도 천천히 해야 합니다. 그처럼 무엇을 하든지 아주 천천히 하면, 한순간도 놓치지 않고 모든 정신적·물질적 현상을 알아차리고 또 알아차릴 수 있을 것입니다. 어떤 사람은 "나는 행동이 빠르기 때문에 천천히 알아차릴 수 없습니다"라고 주장할지도 모르겠습니다. 처음 단계에서는 그 말이 어느 정도 맞습니다. 그러나 며칠간 수행하여 마음을 기울여서 알아차리는 습관이 몸에 붙은 다음에는 어려움 없이 알아차릴 준비가 되어 있는 자신을 발견하고 아주 기뻐하게 될 것입니다.
상황에 따라서는 아주 빨리 행동을 해야 할 때도 있습니다. 예를 들어 교통이 복잡한 길을 건널 때는 빨리 걷지 않으면 위험할 수도 있습니다. 그러나 여러분이 선원에서 집중수행을 하고 있을 때에는 무엇보다도 알아차리는 것이 가장 중요한 일입니다. 모든 행동을 빨리 한다면 정신적·물질적 현상을 자세히 알아차릴 수 없습니다. 그러므로 점진적으로 그리고 결과적으로 나타나는 통찰지가 빨리 향상되기를 바란다면, 여러분은 환자처럼 행동해야 하며 모든 행동을 알아차리려고 노력해야 합니다.

　다섯째는 알아차리려는 노력을 끈질기게 해야 합니다.
　아침에 일어나는 순간부터 밤에 잠들 때까지 좌선과 행선을
할 때만이 아니라 모든 일상생활에서도 알아차리려는 노력을 하
지 않으면 안 됩니다. 한순간에서 다음 순간으로 집중이 이어질
때, 여러분은 점차적으로 통찰지를 얻어 좀더 나은 단계로 나아
가게 될 것입니다.

1) 닙바나(涅槃, nibbāna)는 얽힘이라고 하는 갈애(渴愛)로부터 벗어난 것을 말한다. 그래서 탐진치가 불타서 소멸된 상태에 이른 것을 뜻한다. 닙바나를 한문으로는 열반(涅槃)이라고 한다. 이러한 열반을 출세간(出世間)이라고도 한다. 최초로 열반을 경험하면 수다원의 정신적 상태가 되며 열반은 다시 계속해서 사다함, 아나함, 아라한의 도(道)와 과(果)의 대상이 된다. 닙바나는 하나이지만 상황에 따라 두 가지로 나뉘어서 불린다.

첫째는, 유여의 열반(有餘依 涅槃, saupādisesa nibbāna)이다. 유여의(有餘依)는 열반에 들고도 오온이 남아 있는 상태를 말한다. 그래서 살아 있으면서 닙바나의 상태를 계속 경험한다. 뿐더러 더 높은 도과를 얻기 위해 지속적으로 닙바나를 경험한다. 그러나 이때의 닙바나 상태는 오온은 있지만 탐진치라는 번뇌(kilesa)가 소멸된 상태로 있다.

둘째는, 무여의 열반(無餘依 涅槃, anupādisesa nibbāna)이다. 무여의(無餘依)는 오온이 완전히 소멸된 상태를 말한다. 그러므로 죽음을 맞이하면서 이르는 닙바나를 말한다. 붓다나 아라한의 죽음을 빠리닙바나(parinibbāna)라고 하는데 한문으로는 반열반(般涅槃)이라고 한다.

닙바나에 이르는 자는 있어도 들어가는 자는 없다. 닙바나의 상태는 몸과 마음을 대상으로 알아차리다가 몸과 마음이란 대상이 사라진 상태를 말하므로 인식할 수 없는 상황이 된다. 다만 닙바나에 들기 전과, 들고 난 뒤 깨어나서의 상태를 인식할 수 있다. 닙바나의 상태에서는 원인과 결과도 끊어지고, 고요하고, 조건이 소멸되고, 인식도 끊어진 상태이다. 그래서 닙바나에 이르는 자는 있어도 드는 자는 없는 것이다.

또한 닙바나는 있어도 닙바나를 얻은 자는 없다. 아라한은 있어도 아라한을 얻을 자는 없다. 닙바나에 이르러 수다원이다 아라한이다 하는 것은 수다원이나 아라한을 얻은 자를 말하는 것이 아니고 수다원이나 아라한의 정신적 상태를 경험한 것을 말한다. 도과는 정신적 깨달음의 상태이지 자격증처럼 그것을 얻은 자가 있는 것이 아니다.

닙바나는 무(無)의 상태가 아니다. 다만 삼법인을 깨달음으로써 집착이 끊어진 상태에 이른 특별한 정신적 상태를 말한다. 그래서 경전에서는 닙바나에 대한 다양한 표현이 많다.

"닙바나는 무한하고, 조건지어지지 않고, 비교할 수 없는, 지고의, 최고의, 저편의, 최고의 귀의처, 안전, 평안, 행복, 유일한, 머무르지 않는, 소멸되지 않는, 절대적인 청정, 초세속적인, 불멸, 해탈, 평화 등으로 불린다"라고 나라다 마하테라께서 말했다.

2) 닙바나에 이르면 수다원과를 성취하는데, 이를 예류자 또는 수다원, 소따빤나라고 한다. 예류자는 '흐름에 든 자(預流者, 須陀洹, sotāpanna)'를 말하는데, 수다원과(須陀洹果)를 성취하면 최대한 일곱 생 이내에 아라한이 된다. 그래서 '흐름에 든 자'라고 불린다.

3) 유신견(有身見)은 개아가 있다는 잘못된 견해이다. 유신견은 욕망의 세계(欲界)에 존재를 붙들어 매는 번뇌이다. 유신견은 수다원의 도과에 이를 때 사라진다. 유신견은 20가지가 있다.
   ① 색·수·상·행·식이 자아라는 믿음 다섯 가지
   ② 자아가 색·수·상·행·식을 소유한다는 믿음 다섯 가지
   ③ 색·수·상·행·식 안에 자아가 있다는 믿음 다섯 가지
   ④ 자아 안에 색·수·상·행·식이 있다는 믿음 다섯 가지

4) 회의적 의심(懷疑的 疑心)은 불법승 삼보와 수행방법에 대한 불확실성으로 의심하는 상태를 말한다. 이런 의심은 주저하는 마음을 일으켜 수행을 하지 못하게 한다. 의심은 수행할 때 나타나는 다섯 가지 장애 중의 하나이다.

5) 계율과 의례에 대한 집착(戒禁取見)이란 지나치게 계율에 집착하거나 의례나 금지조항에 대해 집착하는 것을 말한다. 부처님 당시의 자이나교처럼 지나친 계율과 잘못된 의례에 대한 집착으로부터 벗어남을 말한다.

6) 삿다(信, saddhā)는 믿음 또는 신뢰를 말한다. 수행에서 기본적으로 필요한 다섯 가지 마음의 기능을 오근(五根)이라고 한다. 오근은 ① 믿음, ② 노력, ③ 알아차림, ④ 집중, ⑤ 지혜이다. 오근에서 믿음은 노력과 알아차림

과 집중을 이끌어 주어 지혜를 낳는다. 믿음이란 부처님의 가르침에 대한 신뢰이며, 이로 인해 불법승(Buddha, Dhamma, Sangha) 삼보에 대한 믿음이 생겨 바른 수행을 하게 한다. 불교의 믿음은 부처님의 가르침에 따라 자신의 몸과 마음을 대상으로 알아차린 결과에 대한 경험으로 일어나는 것이다. 그러므로 이 믿음은 맹목적인 믿음이 아니라 확신에 찬 믿음이다.

7) 수행 중에 알아차려야 할 대상은 자신의 몸과 마음이다. 이것을 오온이라고 하며, 물질적·정신적 현상은 몸과 마음에서 일어나는 모든 현상을 알아차릴 대상으로 삼는 것이다. 이것이 마음의 대상이며, 법이라고 한다. 또한 물질적·정신적 현상은 원인과 결과가 있어 유위법에 속하고, 닙바나는 원인과 결과가 없으므로 무위법이라고 한다.

8) 빨리어 보디삿따(Bodhisatta)를 보살(菩薩)이라고 한다. 보디(bodhi)는 깨달음을 의미하고, 삿따(satta)는 구하는, 매달리는, 헌신하는, 열중하는 등의 뜻이 있다. 그래서 보디삿따는 깨달음을 구하는 자라는 말로 구도자를 의미한다. 여기서 깨달음이란 최고의 깨달음을 뜻하며, 그렇기 때문에 부처가 되기 위해 헌신하는 사람을 보살이라고 한다. 부처는 무수한 세월 동안 보살로서 바라밀 공덕을 쌓은 결과 부처가 된다.

보살에는 세 가지 유형이 있다.
① 지성적인 보살은 외적 대상에 대해서 숭배하며 지혜를 계발하기 위해 노력한다. 그래서 명상을 선호한다.
② 헌신적인 보살은 믿음과 신앙심이 깊은 보살이다. 이때 지나친 믿음이 맹신으로 빠지는 것을 경계해야 한다.
③ 활동적인 보살은 언제나 남을 위해 활동적으로 봉사를 한다. 명예나 평판을 얻기 위해서 일하지 않고 봉사의 정신으로 열심히 남을 돕는다.

인생에서 가장 중요한 일

　'인생에서 가장 중요한 일'은 무엇일까요. 우리가 살면서 직면
하게 되는 일에는 세 가지 종류가 있습니다. 그것은 중요한 일,
더 중요한 일, 가장 중요한 일입니다. 인생에서 중요한 일 중에서
가장 중요한 과제가 무엇인가를 알아보도록 하겠습니다. 사람들
은 저마다 해야 할 여러 가지 종류의 과제를 가지고 있으며, 이런
과제들은 그 사람의 입장에서 볼 때 매우 중요한 것들입니다.

　현재 세계정세를 살펴보면 통일을 위해 노력하는 나라들이 있
습니다. 전쟁 이후에 분리된 나라는 통일이 가장 중요한 일입니
다. 또 정치체제를 바꾸려고 하는 나라는 지금 그것이 가장 중요
한 일입니다. 전쟁이 발생할 경우에 대비해서 군대를 증강시키고
있는 나라들은 그것이 그들의 중요한 기능이며 현재의 최우선 과
제입니다. 상호 불가침 조약을 체결하려고 협상하고 있는 나라들

이나 경제를 발전시키려고 노력하고 있는 나라들에겐 그것이 지금 현재 그들의 가장 중요한 과업입니다.

사회에서 한 가정의 가장은 자기 아이들을 교육시키고 건강을 돌봐주며 경제적으로 윤택한 삶을 살 수 있도록 해야 할 의무가 있습니다. 그에게는 그것이 가장 중요한 과업이고 의무입니다. 여러분들도 각자 아주 중요한 일들이 있을 것입니다. 각자의 관점에서 보면 모든 것이 중요한 것입니다. 그러나 그것들이 가장 중요한 것이라고 할 수 없습니다.

부처님은 인간에게 무엇이 가장 중요한 일인지 정의하였습니다. 부처님은 "오, 비구들이여, 창이 날아와 가슴에 꽂힌 사람에게는 즉시 창을 뽑고 치료를 받는 것이 가장 중요한 일이다"라고 하였습니다. 머리에 불이 붙은 사람에게는 즉시 불을 끄고 치료를 받는 일이 가장 중요한 일입니다. 일반적으로 말하면 이런 것들은 지금 이 순간에 일어나는 중요한 일입니다.

그러나 사람이 윤회하여 태어나는 미래의 존재까지 고려한다면, 그때 가장 중요한 것은 유신견(有身見)을 없애는 것입니다. 유신견은 자아가 있다고 믿는 것입니다. 만약 가족에게 건강이나 교육, 경제적인 문제가 발생했다면, 가장은 이런 것들을 먼저 해결해야 할 중요한 문제로 생각할 것입니다. 그러나 그 순간 누가 던진 창이 날아와 그의 가슴에 꽂혔다면, 가족의 건강, 교육, 경제적인 문제는 더 이상 가장 중요한 문제가 아닐 것입니다.

또 다른 예로 어떤 사람이 장기간 여행을 가야 할 때, 지금 여
행 준비를 하는 것이 그에게 가장 중요한 일입니다. 그런데 여행
준비를 하는 동안 머리에 불이 붙는 사고가 났다고 칩시다. 그의
가장 중요한 일이었던 여행 준비는 이제 두 번째가 됩니다. 지금
그에게 가장 중요한 일은 즉시 머리의 불을 끄고 치료를 받는 일
입니다.

이런 일들은 세속적인 것이며 현생에서의 일들입니다. 부처님
은 윤회를 하는 데 가장 중요한 일은 유신견을 제거하는 것이라
고 말하였습니다. 유신견은 자아나 영혼이나 아트만(atta)[1]이 언
제나 존재한다고 잘못 생각하는 것입니다. 유신견을 빨리어로 삭
까야 딧티(sakkāya-diṭṭhi)라고 하는데, 여기서 딧티는 삿된 견해라
는 뜻입니다. 삭까야는 삭(sak)과 까야(kāya)로 구성되어 있습니다.
삭은 명백하다는 뜻이고, 까야는 정신(nāma)과 물질(rūpa)로 구성
된 존재를 말합니다. 따라서 삭까야는 정신과 물질로 구성된 명
백한 존재라는 뜻입니다.

명백한 존재가 있다면 명백하지 않은 존재도 있습니다. 예를
들어 우리가 사람 혹은 인간이라고 부르는 존재는 명백하지 않은
존재입니다. 머리카락을 인간이라고 할 수 있습니까? 뼈를 인간
이라고 할 수 있습니까? 근육을 인간이라고 할 수 있습니까? 그

어느 것도 인간이라고 할 수 없습니다. 그러므로 인간을 명백한 존재라고 분명하게 말할 수 없습니다.

부처님의 가르침대로 정의한다면 인간이란 것은 없습니다. 다만 우리 인간은 물질과 정신으로 이루어진 명백한 존재일 뿐입니다. "머리카락은 물질입니까?"라고 물으면 "네, 물질입니다"라고 대답할 것입니다. 뼈나 근육이나 신장이나 심장 같은 다른 생체기관이 물질이냐고 물으면 그렇다고 대답할 것입니다. 의식은 정신이지만 마음으로도 설명될 수 있습니다. 그런 의미로 인간을 분해한다면, 거기에는 몸이라는 물질과 마음이란 정신밖에는 없습니다.

정신이나 물질은 있어도 인간은 없습니다. 그래서 불교의 개념으로 이야기하면, 자아, 아트만, 에고, 나, 나에게, 또는 내 것은 없고, 마음과 물질만 있습니다. 자아라는 실체(self-entity)도 없고, 개인의 영혼(individual soul)도 없습니다. 그러므로 인간을 정의할 때 '나' 혹은 '자아'라고 말할 수 없습니다. 이것이 '나'이고, 이것이 '나의 것'이라고 말할 수 없습니다. 다만 우리는 마음과 물질로 구성되어 있다고 말할 수 있을 뿐입니다.

우리 인간사회에서 일반적으로 사람을 구별하기 위해서 남자, 여자라고 부릅니다. 그러나 불교의 세계에서는 자아, 나, 혹은 나에게 그리고 자아라는 실체나 개인의 영혼은 없고 정신과 물질뿐입니다. 그런 관점에서 볼 때 '존재하는 무더기'를 의미하는 '삭까야'는 나쁜 의미가 아닙니다. 부처님이나 성자들도 이 삭까야를 가지고 있습니다. 여러분들도 가지고 있습니다. 그것은 우리가 마음과 물질의 무더기로 구성된 존재라는 것입니다.

사실상 마음과 물질은 단지 정신과 물질일 뿐입니다. 그것은 '나'에게 혹은 '우리들'에게 속한다든가 '나의 것'이라고 말할 수 없습니다. 이 무더기들은 우리의 소원이나 명령에 복종하지 않고, 그 자신의 법칙대로 변해가고 있을 뿐입니다. 이 무더기들이 진실로 우리에게 속한다면, '늙지 마라, 아프지 마라, 죽지 마라'라고 말할 수 있고, 그것은 우리의 명령을 따라야 할 것입니다. 그러나 이 마음과 물질의 무더기들은 우리의 명령에 복종하지 않습니다. 그렇기 때문에 그것이 우리의 몸, 우리의 영혼, 우리의 자아, 우리의 에고, 우리의 자아라는 실체라고 할 수 없는 것입니다.

대부분의 인간들은 이 사실을 받아들이지 못하고 그것을 자신의 마음과 몸이라고 믿습니다. 그런 잘못된 믿음으로 이 무더기들의 이익을 위해서 어떤 위험도 마다하지 않으며 남을 해치는 행동이나 불선업(不善業)도 행할 준비가 되어 있습니다. 불선업이란 탐욕이나 성냄, 혹은 어리석음에 수반하여 일어나는 과보를 가져오는 의도, 마음, 그 마음의 작용 모두를 지칭하는 것입니다. 그들은 아트만 이론(有身見)을 믿기 때문에 자신이나 가족, 친척들의 이익을 위한다고 생각하면서 불선한 행동이나 행위를 기꺼이 저지릅니다.

그리하여 범죄를 저지르고 감옥에 간다든지 하는 현생에서의 고통을 받을 뿐 아니라, 윤회의 과정 속에서 다음 생에 비참하게 살게 될 것입니다. 현생에서의 고통과 내생에서의 비참한 삶의 진정한 범인은 바로 삿된 견해인 유신견입니다. 그래서 부처님은 모든 인간들에게 가장 중요한 일은 아트만, 자아, 에고의 존재를 믿는 유신견을 없애는 것이라고 하였습니다. 그러면 어떻게 이 삿된 견해인 유신견을 극복하거나 없앨 수 있을까요.

알아차림만이 이 유신견을 물리치는 유일한 방법입니다. 어쩌면 여러분들은 이미 알아차리는 수행을 하고 있거나 이제 막 시작하려고 할 수도 있습니다. 아무튼 매일 수행하고 있는 것, 즉 좌선할 때는 배의 일어남과 꺼짐을 알아차리고, 행선할 때는 발을 들어서 내리는 것을 알아차리는 것의 주요 목적은 바로 이 유신견을 없애기 위한 것입니다.

유신견이라는 삿된 견해를 없애는 첫 단계는 마음과 물질의 차이를 명백하게 아는 것입니다. 처음에는 "일어나고 꺼지는 것이 '나'이며, 걷는 것이 '나'이며, '내'가 듣고 있고, '내'가 먹고 있고, '내'가 무엇을 하고 있다"라고 생각할 것입니다. 여러분은 당연히 그 모든 것을 자신이 하고 있다고 생각할 것입니다. 그러나 수행이 점점 무르익어 감에 따라 나중에는 아트만도 없고, 자아도 없고, 에고도 없고, 자아라는 실체도 없고, 단지 마음과 물질만 있다는 것을 알게 될 것입니다.

여러분이 구별할 수 있는 첫 번째 것은, 왼쪽 발을 내디딜 때 내딛는 것은 물질적 행동이고 걸음을 주시하는 것은 마음이므로 거기에는 에고도 없고 자아라는 실체도 없고 정신과 물질뿐이라는 것입니다. 여러분이 불교 용어를 잘 모른다 해도, 자신의 경험에 비추어 발을 딛는 것은 물질적 움직임이고, 그것을 주시하는 것은 마음이라는 것을 알고, 이것이 서로 다른 것임을 알게 될 것입니다.

좌선에도 마찬가지로 적용될 수 있습니다. 배가 부풀어 오르는 것은 물질적인 것이고 움직임을 주시하는 것은 정신적인 것이며, 꺼지는 것은 물질적이며, 움직임을 주시하는 것은 정신적인 것입니다. 부풀어 오르는 움직임은 숨을 들이쉼으로 인해 공기가 배의 피부를 밀어올리기 때문입니다. 배의 움직임은 물질이며 주시하는 마음은 정신으로, 이들은 서로 다른 기능을 합니다. 배의 꺼지는 움직임은 물질적 현상이며 주시하는 마음은 정신적 현상입니다.

소리가 들리는 것을 주시할 때는 소리(聲), 듣는 의식(耳識), 귀(耳根)라는 세 가지 요소로 나누어 알아차릴 수 있어야 합니다.

여러분이 육문(眼·耳·鼻·舌·身·意)으로 들어오는 모든 현상을 알아차리는 통찰명상을 실천하여 이 모든 것이 마음과 물질뿐이라는 것을 발견할 때 유신견으로부터 벗어나 아트만이나 에고나 영혼이 없다는 사실을 받아들이게 될 것입니다. 그러나 이 확신은 유신견을 전적으로 없앨 정도로 아주 강력하지는 않습니다. 유신견은 여러분이 수다원도(須陀洹道)와 수다원과(須陀洹果)를 획득했을 때에만 완전히 없앨 수 있습니다.

어느 날 한 범천(梵天)2)이 부처님께 이렇게 말했습니다.
"세존이시여, 모든 중생들이 선정(禪定)3) 수행을 해서 다섯 개의 감각기관에서 발생하는 감각적 욕망을 극복하기 위하여 힘써 노력하여 우리들과 같은 범천이 되어야 합니다. 그들은 창이 날아와 가슴에 꽂힌 사람이 즉시 창을 뽑고 치료를 받아야 하는 것과 같이, 혹은 머리에 불이 붙은 사람이 즉시 불을 끄고 치료를 받아야 하는 것과 같이 즉시 선정 수행을 해야 합니다."

감각적 욕망을 배제하는 데에는 두 가지 방법이 있습니다. 하나의 방법은 선정 수행에 의해 일시적으로 배제하는 방법과, 또 하나의 방법은 아나함도(阿那含道)4)에 의해 완전히 배제하는 방법이 있습니다. 이때 선정 수행에 의한 배제는 불선업으로부터 완벽하게 자유로워진 것이 아니어서 선업의 공덕이 소멸되면 다시 사악도(四惡道)5)에 떨어지게 되어 있습니다. 그러나 수다원도에 들어 유신견을 완전히 배제하면 다시는 사악도에 떨어지는 일이 없으므로 이것이 보다 확실한 방법입니다.

부처님은 범천의 말이 절대적인 진리와는 거리가 있기 때문에 그를 측은하게 여겼습니다. 그는 범천이기는 하지만 아직 성인[6] 위를 획득하지 못한 범부(凡夫)[7]입니다. 그러므로 그는 선업과 불선업에 의해 발생하는 과보를 받아야만 합니다. 선업의 공덕이 끝나면, 지옥, 축생, 아귀, 아수라의 사악처에 다시 태어날 수도 있습니다. 앞에서 설명한 바와 같이, 수다원도에 의해서 유신견이 사라진 다음이라야만 사악처로 떨어지지 않을 것입니다.

그래서 부처님은 범천에게 유신견을 버리지 못한 사람은 범천의 말대로 천인(天人)으로서의 지복을 누리기를 기대할 수 없다고 대답하였습니다. 이 유신견을 완전히 배제하기 위해서는 선정수행을 택하는 것이 아니라 바로 위빠사나 명상인 알아차리는 수행을 해야 합니다. 여러분이 수행 초기에 경험하는 첫 번째 통찰지는 정신과 물질을 구별하는 지혜입니다. 그 다음에 수다원도를 성취할 때까지 차례차례 통찰지를 성취해 나아가는 것입니다.

여러분이 일어남, 꺼짐, 봄, 들음 그리고 행선할 때 왼발, 오른발, 혹은 들음, 앞으로, 놓음을 처음으로 주시하면, 주시하는 마음은 '정신'이고, 몸의 물질적 움직임은 '물질'임을 발견하게 됩니다. 발견은 다음과 같이 세 가지로 분류할 수 있습니다.

(1) 책에서 얻은 지식

(2) 일반 지식

(3) 스스로의 경험에 의한 수행 지식

첫 번째, 책에서 얻은 지식은 피상적입니다. 그것은 물질은 28
가지, 마음은 89가지(또는 121가지), 그리고 마음의 작용은 52가
지라고 상세히 말하는 것입니다.

두 번째, 보통 사람들이 일반적으로 말하는 것으로 마음과 물
질은 지극히 단순합니다. 나무, 숲, 산처럼 의식이 없는 모든 것
은 물질이라고 합니다. 그들은 이것을 아는 의식을 마음이라고
말합니다. 어떤 면에서는 이렇게 아는 것도 나쁜 것은 아닙니다.
그러나 이렇게 아는 것은 공부를 많이 한 사람으로부터 들은 것
을 앵무새처럼 따라 말하는 것일 뿐 자기 스스로 알아낸 것은
아닙니다.

세 번째, 앞에서 설명한 바와 같이 왼발, 오른발, 혹은 좌선할
때 일어남, 꺼짐을 주시하면서 알아차림을 통해 자기 스스로의
경험으로 이 마음과 물질을 알게 되는 것입니다.

여러분들은 대상을 주시하는 순간 아는 의식과 물질적 현상이
짝을 이루고 있는 것도 알게 되었습니다. 주시하는 모든 순간에
여섯 가지 감각기관인 눈, 귀, 코, 혀, 몸과 마음에 나타나는 모든

종류의 사건과 감각들이 바로 마음과 물질이란 것을 명백하게 발견하게 되었습니다.

이 개인적 발견에 의하여 여러분은 더 이상 봄, 들음, 냄새 맡음, 맛 봄, 닿음이나 생각하는 것에 집착하지 않습니다. 거기에는 에고도 없고, 자아라는 실체도 없고, 유신견도 없고, 영혼도 없으며, 정신과 물질의 무상·고·무아가 있음을 깨닫고, 유신견이라는 삿된 견해를 버리게 될 것입니다.

여러분은 유신견을 없앰으로써 자유로워집니다. 여러분의 수행이 한 단계 두 단계 진보될 때, 모든 물질적·정신적 현상의 소멸에 도달하여 수다원을 성취하게 됩니다.

1) 아트만(atta)은 호흡, 생명의 근원, 자신, 영혼, 자아를 말한다. 아트만에서는 마음이라고 하는 정신은 영원하다는 의미에서 영혼이라고 한다. 이때의 영혼은 불변하는 실체를 가리킨다.

   그러나 불교에서는 변하지 않는 것은 없다고 보기 때문에 무아(無我)를 주장한다. 이때의 무아는 마음이 없다는 것이 아니고, 불변하는 영혼은 없다는 의미에서 무아를 말한다. 또한 마음은 있지만 항상 조건에 의해 생멸(生滅)하기 때문에 나라고 하는 주인으로서의 마음이 없다는 것을 말한다. 그러므로 비아(非我)라는 의미도 있다.

2) 범천(梵天)은 브라마(Brahmā)라고도 하는데, 천상의 천인(deva)을 말한다. 힌두에서는 우주의 창조자라고 불리기도 한다. 또한 바라문 계급을 칭하기도 한다.

3) 선정(禪定)을 빨리어로 자나(jhāna)라고 하는데, 지금 여기 편히 머묾이라는 뜻이다. 선정은 차원 높은 선심(善心)으로, 감각적 욕망, 악의, 해태와 혼침, 들뜸과 우울, 의심이라는 다섯 가지 장애가 선정에 따라 단계적으로 제거된 상태다. 그러나 선정의 순간에 있을 때만 고요해진다. 선정에서 벗어나면 장애가 다시 나타난다.

   선정을 얻기 위해 필요한 수행이 사마타(寂止, samatha)인데, 사마타 수행으로 다섯 가지 선정 요건을 발전시키게 된다. 이 다섯 가지 선정 요건은 주시(vittaka), 고찰(vicara), 기쁨(pīti), 행복(sukha), 집중(samādhi)이다. 선정은 '경장'에서는 4선정을 말하고, '아비담마'에서는 5선정을 말한다. 4선정은 주시와 고찰을 하나의 단계로 묶어서 분류한다.

   선정은 색계 선정과 무색계 선정이 있다. 수행자의 선정 상태에 따라 죽은 뒤에 색계나 무색계로 가는 곳이 결정된다. 평소에 수행을 통해 색계 선정의 어떤 단계를 경험했으면 죽어서 경험한 단계의 세계로 간다.

   수행에서 선정과 다른 의미를 가진 것이 지혜이다. 선정을 얻기 위해서 필요한 수행이 사마타이다. 그리고 지혜를 얻기 위해 필요한 수행이 위빠사나이다. 선정 수행의 결과는 색계와 무색계에 이르지만, 지혜 수행은 출세간의 수행으로 세간의 윤회가 끊어진다. 그래서 부처님은 선정에 편히 머묾은 숭고한 삶이 아니라고 하셨다. 또한, 결국 지혜 수행을 통해 열반을 성취할 것을 강조하셨다. 마지막으로 지혜를 얻기 위한 과정으로 먼저 선정 수행의 필요성도 함께 강조하셨다. 그러므로 선정 수행은 수행자의 근기에 따른 방편으로 경우에 따라 필요한 것이다.

4) 아나함도(阿那含道, anāgāmi-magga)는 다시 돌아오지 않는 자의 도(道)를 말한다. 아나함을 불환과(不還果), 아나가미(anāgāmi)라고 한다. 아나함이 되면 죽은 뒤에 인간으로 태어나지 않고 천상의 정거천(淨居天)에 태어나서 그곳에서 아라한이 되어 윤회가 끊어진다. 천상에서는 괴로움이 없어 수행하지 않는다. 다만 아나함이 머무는 정거천만이 천상에서 유일하게 수행을 하여 윤회를 끊을 수 있는 곳이다.

5) 사악도(四惡道)는 욕계의 세계 중에 네 개의 세계이다. 지옥, 축생, 아귀, 아수라가 머무는 세계이다. 사악도의 수명은 색계 무색계와 달리 각자의 업에 의해 결정된다. 수행자가 닙바나를 경험하여 수다원이 되면 사악도에 떨어지지 않는다.

6) 성인(聖人, ariya)은 '성스러운 자'라는 뜻으로 성자(聖者)를 말한다. 성자는 지혜 수행인 위빠사나의 통찰지혜로 닙바나에 이른 자를 말한다.

성자에는 네 단계가 있다.
① 수다원은 흐름에 들어선 분으로 예류(預流)라고 한다. 일곱 생 이내에 아라한이 된다.
② 사다함은 다시 한 번 오시는 분으로 일래(一來)라고 한다. 인간으로 다시 한 번 태어나서 수행을 하여 아라한이 된다.
③ 아나함은 돌아오지 않는 분으로 불환(不還)이라고 한다. 천상의 정거천에 태어나서 그곳에서 수행을 하여 아라한이 된다.
④ 아라한은 탐진치가 소멸되어 다시 태어나지 않는 분을 말한다. 아라한

은 공양을 받을 만한 자격이 있는 분으로 응공(應供)이라고 한다.

7) 범부(凡夫, puthujjana)는 보통 사람, 평균적인 사람, 이생(異生), 번뇌에 얽
   매여 생사를 초월하지 못하는 사람을 일컫는다.

육문으로 모든 현상을 알아차리기

육문(六門)은 여섯 가지 감각기관을 말합니다. 여섯 가지 감각기관은 눈, 귀, 코, 혀, 몸과 마음입니다. 위빠사나 수행은 이 여섯 가지 감각기관을 통해 나타나는 모든 종류의 행동과 느낌을 알아차리는 것이며, 이로써 위빠사나 지혜를 얻는 것입니다.

좌선을 할 때 알아차림의 주된 대상은 배의 '일어남과 꺼짐'[1]이며, 그리고 몸이 닿아 있는 부위(touching points)입니다. 몸이 닿아 있는 부위를 알아차리려 할 때 망상에 빠지는 마음을 다잡기 위해 닿는 부위를 늘려서 알아차려도[2] 됩니다. 그럴 때에는 닿아 있는 부위를 셋에서 다섯, 열 군데로 확대시키는 것입니다.

여러분은 '일어남과 꺼짐'의 주된 대상을 알아차리는 것에 추가하여 여섯 가지의 감각기관에 나타나는 다른 모든 현상도 알아차리지 않으면 안 됩니다. 여러분이 배의 일어나고 꺼지는 것을 주시하는 것은 주된 대상을 주시하는 것입니다. 이 '일어남과 꺼짐'을 주시하는 것은 자신의 집에 있는 것으로 간주할 수 있습니다. 집에 있을 때에는 마음이 편하고 한가합니다. 공부하려고 학교에 가야 하지만 방과 후에는 가정으로 돌아옵니다. 식료품을 사러 시장에 가지만 필요한 것을 산 다음에는 집으로 돌아옵니다. 일하러 사무실에 가지만 일과가 끝난 다음에는 집으로 돌아옵니다.

이와 마찬가지로 '일어남, 꺼짐'은 마치 자기 집에 머물러 있는 것과 같습니다. '일어남과 꺼짐'을 주시하다가 어떤 소리가 들리면 '일어남, 꺼짐'을 알아차리는 것을 멈추고, '들음, 들음' 하면서 그 소리를 알아차려야 합니다. 소리가 사라지면 다시 '일어남, 꺼짐'으로 돌아와야 합니다. 그리고 눈을 감고 있는 상태에서 어떤 영상이 보이면 '봄, 봄' 하면서 알아차리지 않으면 안 됩니다. 영상이 사라지면 다시 돌아와서 '일어남, 꺼짐'을 알아차려야 합니다.

만약 상당한 시간 동안 영상이 사라지지 않으면 '봄, 봄'을 계속하지 말고 무시하고 '일어남, 꺼짐'으로 돌아오십시오. 어떤 냄새가 느껴지면 좋은 냄새거나 나쁜 냄새거나 간에 냄새를 알아차리고 나서 일어남과 꺼짐으로 돌아오십시오. 혀에서 맛이 느껴지면 달거나 짜거나 간에 알아차린 다음 일어남과 꺼짐으로 돌아오십시오. 망상이 떠오르면 '망상, 망상' 혹은 '생각, 생각'을 알아차린 다음 일어남과 꺼짐으로 돌아오십시오. 몸의 쑤심, 통증, 열기와 한기가 느껴진다면 쑤심, 통증, 열기와 한기를 알아차리고 나서 일어남과 꺼짐으로 돌아오십시오.

통증이 계속되면 자세를 바꾸어도 좋지만, 그럴 때에는 단계적으로 천천히 자세를 바꾸면서 그 과정 또한 알아차려야 합니다. 먼저 바꾸려는 의도를 알아차리고 나서 '바꿈, 바꿈', '눈을 뜸', '손을 움직임', '자세를 바꿈', '허리를 바로 폄', '손을 다시 제자리에 놓음', '눈을 감음' 등을 하나도 놓치지 말고 알아차려야 합니다. 그리고는 배의 일어남과 꺼짐으로 돌아와야 합니다. 이렇듯 배의 '일어남과 꺼짐'이 명상의 주된 대상이라는 것을 확실히 해야 합니다.

그러나 여러분은 주된 대상의 알아차림 외에 보이는 형상, 들리는 소리, 냄새, 맛, 피부에 느껴지는 감촉, 마음이라는 대상에 나타나는 의식도 알아차리지 않으면 안 됩니다. 왜 육문으로 들어오는 이 모든 현상들을 알아차려야 하는지 의아하게 생각할지도 모르겠습니다. 알아차리는 목표와 목적은 이들 육문으로 들어오는 탐욕과 성냄 등을 예방하는 것입니다. 위빠사나 수행은 탐욕, 성냄과 어리석음(lobha, dosa, moha, 貪瞋癡)을 제거하는 것입니다.

『염처경』에 "탐욕과 성냄은 오취온(五取蘊)을 쉽게 침범하므로 매순간 현상을 알아차림으로써만이 탐욕과 성냄은 약화되고 제거된다"라고 적혀 있습니다. 이들 현상을 알아차리는 것만이 탐욕과 성냄을 예방하는 유일한 방법입니다.

탐욕과 성냄은 육문을 통해서만 들어올 수 있습니다. 빨리어로 감각기관을 '드와라(dvāra)' 즉 '문(門)'이라고 합니다. 집에 들어갈 때 들어가는 지점이 문이듯이, 탐진치는 눈, 귀, 코, 혀, 몸과 마음이라는 여섯 가지 감각의 문을 통해 우리 인간 속으로 들어옵니다.

만약 문이 닫혀 있지 않다면, 특히 밤에 도둑, 강도, 곤충, 개, 뱀 등이 집으로 들어옵니다. 그런 불행한 일이 없도록 문은 확실하게 닫혀 있어야 합니다. 그와 마찬가지로 여러분도 탐욕과 성냄을 예방하기 위해서는 육문을 닫아야만 합니다. 즉, 육문으로 들어오는 모든 현상을 알아차려야 합니다.

소리가 들리면 수행자는 '들음, 들음'을 알아차리지 않으면 안 됩니다. 그렇게 알아차리면 탐욕과 성냄이 귀를 통해서 들어오지 못합니다. 수행자가 즐거운 소리를 알아차리지 못한다면 그 소리에 대한 갈애(渴愛)3)가 생길 것이며, 소리에 대한 갈애는 탐욕을 일으킬 것입니다. 또한 싫은 소리라면 성냄을 일으킬 것입니다.

눈도 마찬가지입니다. 여러분들은 무엇을 보든지 '봄, 봄'을 알아차려야 합니다. 아름다운 모습은 탐욕을 생기게 하고, 아름답지 못한 모습은 화를 불러일으킬 수 있습니다.

코도 마찬가지입니다. 여러분이 냄새를 알아차리지 못한다면, 좋은 향기는 탐욕을 생기게 하고, 코를 찌르는 악취는 성냄의 원인이 될 것입니다. 먹을 때도 마찬가지입니다. 맛을 알아차리지 못하면 좋은 맛은 탐욕을 생기게 하고, 나쁜 맛은 성냄을 일으키게 할 것입니다.

이렇게 탐욕과 성냄은 불선업(不善業)의 원인이 되며, 불선업은 말과 몸으로 하는 불건전한 행동의 원인이 될 것입니다.

그러므로 "예방이 치료보다 낫다"는 격언처럼 탐욕과 성냄이 생기는 것을 예방하기 위해서 모든 현상을 알아차려야 합니다. 사물을 보면서 '봄, 봄'을 알아차리십시오. 만약 시각 대상을 그렇게 알아차린다면, 여러분들은 단지 시각 대상을 알아차릴 뿐이지, 좋은 것인지 나쁜 것인지 감상할 시간이 없을 것입니다. 만약 여러분들이 알아차리지 못한다면 좋은 대상에 대해서는 갈애가 생겨서 집착하게 될 것이며, 싫은 대상으로 인하여 성냄이 일어날 것입니다.

이런 말들이 있습니다.

"보는 대상을 보는 순간에 알아차리면, 아무런 느낌이나 갈애가 일어나지 않고 단지 보는 대상으로만 존재한다."

"듣는 순간 소리를 알아차리면, 소리는 단지 소리라는 대상으로만 존재한다."

이렇게 알아차리면 탐욕이나 성냄을 일으킬 시간이 없습니다. 따라서 느낌도 갈애도 분노도 없습니다.

냄새도 마찬가지입니다. 냄새가 날 때 '냄새, 냄새'를 알아차리십시오. 좋은 냄새인지 나쁜 냄새인지 구별할 시간이 없어야 합니다. 먹을 때도 마찬가지로, 여러분은 먹는 과정을 한 단계 한 단계 알아차려야 합니다. 그러면 탐욕에도 성냄에도 빠지지 않을 것입니다. 몸의 감촉인 촉감으로 알 수 있는 대상도 경험하는 순간 알아차려야 합니다. 그러면 거기에는 좋고 싫은 느낌이 없을 것입니다.

"냄새, 맛과 감촉 대상은 그들이 발생하는 순간 즉시 알아차리면 탐심과 성냄을 발생시키지 않고 그대로 존재할 것이다."

이 말처럼 마음의 대상인 의식도 발생하는 순간 '앎, 앎'으로 알아차리면 탐욕과 성냄, 어리석음을 발생시키는 차별하는 과정을 방지합니다.

그러므로 여러분들은 육문으로 들어오는 모든 현상을 알아차려야 합니다. 다른 말로 하면, 여러분은 배의 일어나고 꺼지는 것을 알아차릴 수 있는 것에만 만족해서는 안 된다는 것입니다. 이 육문을 통해 일어나는 모든 현상을 알아차리는 것을 '뽀띨라 선례'라고도 합니다.

부처님 시절에, 뽀띨라 대장로(大長老)[4]라는 아주 박식한 수도원장이 있었는데, 경전을 가르치는 저명한 스승이었습니다. 그는 당시의 18무리의 500여 명의 비구들에게 삼장을 가르쳤으며, 제자들로부터 존경받고 있었습니다. 하루는 이 뽀띨라 대장로가 부처님이 계신 승원으로 가서 일체지자(一切智者)[5]인 부처님께 경배하였습니다. 그러자 부처님은 그에게 말씀하였습니다.

"오너라, 머리가 텅 빈 뽀띨라여. 절하거라, 머리가 텅 빈 뽀띨라여. 앉아라, 머리가 텅 빈 뽀띨라여. 가거라, 머리가 텅 빈 뽀띨라여."

부처님 말씀에 뽀띨라 대장로는 반성했습니다. 18개 무리의 사원에서 성공적으로 경전을 가르치고 있는데, 왜 '머리가 텅 빈 뽀띨라'라고 했을까? 그리고는 자신이 경전을 가르치기만 했지, 명상 수행을 실천하는 것은 전적으로 등한시했다는 것을 깨달았습니다. 그래서 그는 잘못을 고치려고 가르치는 것을 그만두고, 당시 승려의 관습에 따라 가사 세 벌과 발우를 가지고 선원을 향해 떠났습니다. 약 30명의 아라한이 수행하고 있는 선원에서 그는 아라한 성취를 위해 분투하겠다고 굳게 결심했습니다.

그렇습니다. 그것은 올바른 결정이었습니다. 경전의 의미를 배우고자 하는 사람은, 스승이 있고 책이 있고 가르치는 시설이 있는 사원으로 가는 것이 최선입니다. 그러나 위빠사나 수행을 하고자 하는 사람은, 명상을 할 수 있는 시설이 있고, 지도해 줄 훌륭한 명상 스승이 있고, 집중 수행에 도움이 되는 숙박시설과 도반이 있는 선원으로 가는 것이 최선입니다.

뽀틸라 대장로는 수도원장, 수도원의 다른 모든 승려들만이 아니라 사미들까지 가장 고귀한 아라한을 성취한 유명한 수도원으로 갔습니다. 뽀틸라 대장로는 우선 가장 나이 많은 스님에게 가서 명상 수행을 지도해 달라고 부탁했습니다. 가장 연장자인 큰스님께서 유명하고 박식한 뽀틸라 대장로를 보자마자 말하였습니다.

"뽀틸라 스님이시여, 그대는 대단히 유명하고 여러 곳에 제자도 많은 박식한 분이십니다. 내가 감히 어떻게 그대를 제자로 가르칠 수 있겠습니까?"

그렇게 한 것은 다소간 수행에 장애가 될 수도 있는 뽀틸라 스님의 자만심 때문이었습니다. 자신이 유명하고 박식한 수도원장이란 생각을 제거해 주기 위한 것이었습니다. 이렇게 거절당한 뽀틸라 대장로는 차례로 두 번째, 세 번째 나이 많은 스님들에게 요청했습니다. 그러나 그들도 계속해서 뽀틸라 스님이 유명하고 박식하기 때문에 제자로 받아들일 수 없다고 대답했습니다. 그런 식으로 사원의 모든 나이 많은 스님들에게 거절당하고, 마지막으로 아주 어리지만 아라한을 성취한 일곱 살의 나이 어린 사미에게 갔습니다.

뽀띨라 대장로는 어린 사미에게 존경의 예를 표한 다음 수행법을 가르쳐 달라고 요청하고 자신을 사미의 명상 제자로 받아줄 것을 간청했습니다. 어린 사미도 처음에는 같은 이유로 거절했습니다. 그러나 뽀띨라 대장로는 우기면서 간청하고, 그의 지시를 엄밀히 지킬 것을 맹세했습니다. 어린 사미는 뽀띨라 대장로가 한 말을 시험해 보려고 그에게 연못으로 들어가라고 말했습니다. 뽀띨라 대장로는 즉시 공손하게 명령에 복종해서 연못 가운데로 들어가기 시작했습니다. 뽀띨라 대장로가 연못으로 들어가면서 그의 가사가 물에 젖기 시작했지만, 그는 계속해서 깊이 들어갔습니다.

어린 사미는 유명한 수도원장이 개선될 여지가 있는 것을 보고, 수도원장을 연못으로부터 불러내어 제자로 삼기로 했습니다. 사미 스님은 제일 먼저 뽀띨라 대장로에게 인간의 육문으로 들어오는 모든 현상을 알아차리는 것이 얼마나 중요한지 확신시키기 위하여 이렇게 물었습니다.

"여섯 개의 구멍이 있는 언덕에 개미집이 있습니다. 그 속으로 도마뱀이 들어갔습니다. 이때 도마뱀을 잡으려면 어떻게 하면 되겠습니까?"

뽀띨라 대장로는 다섯 개 구멍은 막고 단 하나의 구멍만 남겨 놓았습니다. 그리고 그 열린 하나의 구멍으로 도마뱀이 나올 때 잡겠다고 대답했습니다.

그러자 사미 스님은 눈, 코, 귀, 혀와 몸이라는 다섯 가지 육체적인 문으로 들어오는 모든 현상을 마음으로 알아차려야 한다고 설명했습니다. 이 방법으로 수행자는 점진적으로 마음을 청정하게 계발함으로써 수행자의 최종 목표인 도과(道果)의 지혜를 얻을 수 있다는 것을 말입니다.

그 지시를 이해한 뽀틸라 대장로는, 육문 중에서 마음이라는 단 하나의 문만 열어놓고, 눈, 귀, 코, 혀와 몸이라는 생명체의 감각기관으로 들어오는 모든 현상을 알아차렸습니다. 이 올바른 명상 수행으로, 얼마 되지 않아 아라한위라는 소중한 목표를 달성했습니다. 그리하여 여섯 가지 감각기관으로 들어오는 모든 현상을 알아차리는 것을 '뽀틸라 선례'라고도 합니다.

여러분들은 뽀틸라 대장로를 본보기로 해서, 바른 방법으로 시각 대상, 청각 대상, 후각 대상, 미각 대상, 감촉 대상과 마음의 대상을 알아차리고, 도과(道果)를 성취하기 위하여 분투하기를 바랍니다.

1) '일어남과 꺼짐'은 배의 호흡을 알아차릴 때 붙이는 명칭이다. 수행자가 알아차릴 호흡의 위치는 코에서 일어나는 들숨과 날숨이 있다. 그리고 가슴에서 일어나는 일어남과 꺼짐이 있다. 이외에 배에서 일어나고 꺼지는 호흡이 있는데 이것은 풍대에 의한 배의 움직임이다. 여기서 우리가 주된 대상으로 삼는 것은 배의 '일어남, 꺼짐'이다. 원래 호흡은 어디에서 일어나거나 풍대의 작용에 속한다. 다만 배의 호흡을 '일어남, 꺼짐'이라고 칭하는 것은 마하시 방법으로 붙인 명칭일 뿐이다. 그래서 소리가 들릴 때도 '들음, 들음'으로 표기하며, '봄, 봄', '망상, 망상', '오른발, 왼발'이라고 하는 것도 모두 명칭을 붙이는 수행을 전제로 한 것이다. 만약 명칭을 붙이지 않는 수행을 할 때는 그냥 호흡이나 풍대라고 말하거나 보는 것, 듣는 것이라고 말할 것이다. 그러므로 마하시 방법에서는 일관되게 명칭을 붙이는 수행을 하기 때문에 거기에 따른 용어 선택을 한 것이다. 그러나 명칭을 붙이지 않는 다른 수행을 할 경우에는 이렇게 반복되는 용어에 구애받지 않고 수행을 한다.

2) 닿는 부위를 늘려서 알아차리는 것은 좌선을 할 때 알아차려야 할 대상 중에서 주된 대상을 호흡으로 삼는다. 그러나 호흡을 알아차리는 것 외에 다른 대상을 알아차리는 방법으로 몸이 닿는 부위를 대상으로 할 수 있다. 예를 들면 '앉음, 닿음'을 알아차리는 것이다. '앉음, 닿음'을 알아차릴 때는 두 가지 경우가 있다. 하나는 호흡의 움직임을 알아차리기 어려워서 일어남, 꺼짐이라는 호흡을 대신해서 앉음, 닿음을 알아차리는 방법이다. 호흡을 알아차릴 수 있을 때는 일어남, 꺼짐을 알아차리지만 호흡을 알아차리기가 어려울 때는 호흡 대신 '앉음, 닿음'을 알아차린다.
또 다른 하나는 일어남, 꺼짐을 한 뒤에 다음 일어남이 있기 전에 생기는 휴지부에서 앉음, 닿음을 하는 것이다. 이때 호흡 외에 알아차리는 대상을 자유롭게 늘릴 수 있다. 예를 들면 다음과 같다.

① 일어남. 꺼짐

② 일어남. 꺼짐. 앉음(엉덩이)
③ 일어남. 꺼짐. 앉음. 닿음(무릎)
④ 일어남. 꺼짐. 앉음. 오른편 닿음(무릎)
　 일어남. 꺼짐. 앉음. 왼편 닿음(무릎)
⑤ 일어남. 꺼짐. 앉음. 오른편 닿음(무릎)
　 일어남. 꺼짐. 앉음. 왼편 닿음(무릎)
　 일어남. 꺼짐. 앉음. 오른발 닿음
　 일어남. 꺼짐. 앉음. 왼발 닿음
⑥ 일어남. 꺼짐. 앉음. 오른편 닿음
　 일어남. 꺼짐. 앉음. 왼편 닿음
　 일어남. 꺼짐. 앉음. 오른발 닿음
　 일어남. 꺼짐. 앉음. 왼발 닿음
　 일어남. 꺼짐. 앉음. 오른손 닿음
　 일어남. 꺼짐. 앉음. 왼손 닿음

이상의 방법으로 상황에 따라 얼마든지 자유롭게 알아차릴 대상을 선택해서 수행을 할 수 있다.

이외에도 닿는 부위를 더 늘릴 수 있는데, 양쪽 어깨나 양쪽 눈, 양쪽 귀 등을 자유롭게 늘려서 알아차릴 수 있다. 이렇게 여러 가지 대상을 선택하는 것은 마하시 방법의 특색이다. 호흡을 알아차린다는 것이 단조롭고 싫증이 나서 마음이 달아나기 쉽기 때문에 몸에 마음을 붙잡아두는 방편으로 선택한 것이다.

또한 호흡과 호흡 사이의 쉼이라는 휴지부가 길어질 때 망상에 빠지거나 잠에 떨어지기 쉬우므로 쉬고 있는 틈이 없도록 지속적으로 알아차림을 유지하기 위한 방편으로 사용되기도 한다.

유의할 점은 일어남, 꺼짐이 있고 휴지부의 길이에 따라 앉음을 할 수도 있고 앉음, 닿음을 할 수도 있다. 이것은 틈이 없도록 자신이 적절하게 선택해야 한다.

3) 갈애(渴愛)는 빨리어로 딴하(taṇhā)라고 하며 갈망, 욕망, 집착을 말한다. 갈애는 모든 괴로움의 직접적인 원인이다. 십이연기(十二緣起)에서 육근(六根)이 육경(六境)에 촉(觸)해서 느낌이 생기는데, 이 느낌이 바로 갈애를 일으킨다. 이 갈애가 취(取)라고 하는 집착으로 발전한다.

갈애의 종류는 다음과 같다.
① 감각적 쾌락의 갈애 : 오근이 대상을 만나 쾌락을 즐기고 오욕(재물욕, 성욕, 식욕, 명예욕, 수면욕)을 즐기려는 마음이다.
② 존재에 대한 갈애 : 살고 싶다는 마음, 좋은 곳에 다시 태어나고 싶다는 마음이다.
③ 비존재에 대한 갈애 : 삶이 끝나기를 바라는 마음, 죽고 싶다는 마음, 허무에 대한 갈망, 다시 태어나고 싶지 않다는 마음이다.

4) 뽀틸라(Pothila)는 부처님 시대에 있던 대장로(大長老)이다. 『법구경』 주석서에 의하면 뽀틸라 대장로는 과거 여섯 부처님 시절과 석가모니 부처님 시절까지 합하여 일곱 부처님 시절에 모두 경을 설하는 강사였다. 학식이 높고 법을 잘 설할 수 있어서 대단한 자만심을 가지고 있었다. 그러나 그는 학식만 가졌을 뿐 수행을 하지 않아 이론에 그친 관념적인 지식만을 가지고 있었다. 부처님은 이런 뽀틸라에게 '머리가 텅 빈 뽀틸라'라고 말씀하여 수행의 길로 인도했다. 대학자께서 어린 사미 스승에게 지도를 받아 아라한이 되었다.

5) 일체지자(一切智者)는 모든 것을 아시는 분으로 부처님을 칭한다. 일체는 육근이 육경에 부딪쳐서 육식을 하는 18계 안에 일어나는 모든 것을 말한다. 이 18계를 우주·세계, 일체, 모든 것이라고 말한다. 결국 자신의 몸과 마음에 관한 모든 것을 알았다는 것이며, 이것이 세계를 정복했다는 말이다.
세상은 자신에 의해 보이는 것이므로 자신의 문제에 대한 해결은 곧 세상의 모든 문제를 해결하는 것과 같다. 모든 것, 일체, 세계라는 것이 오직 자신의 몸과 마음이라는 관점으로 본 것이 불교의 세계관이다. 그래서 수행할 때도 자신의 몸과 마음을 알아차릴 대상으로 한다.

부처님께서는 자연현상계를 보고 깨달음을 얻으신 것이 아니고 부처님 자신의 몸과 마음을 대상으로 알아차려서 깨달음을 얻으셨다. 이것이 사념처 수행이고 위빠사나이다. 그래서 자신의 몸과 마음을 알아차려서 얻은 진리가 바로 4성제이다.

법은 자신의 몸에서 찾는 것

부처님께서는 빨리어 경전 앙굿따라니까야(增支部)의 로히땃사경(Rohitassa經)에서 '법(法)¹⁾은 자신의 몸에서 찾는 것'에 대해 설법하셨습니다. 여기에서 부처님께서는 사람은 자신의 몸을 통해 사성제(四聖諦)²⁾인 고집멸도(苦集滅道)를 깨달을 수 있다고 설명하셨습니다.

사성제인 고집멸도는 다음과 같습니다.

첫째로 고성제(苦聖諦)는 고통의 고귀한 진리입니다.
태어남은 고통(dukkha)입니다. 슬픔, 비탄, 통증, 비통과 절망은 고통입니다. 늙음도 고통이요, 죽음도 고통이며, 사랑하는 사람과의 이별, 사랑하지 않는 사람과 같이 사는 것, 달성되기 어려운 소원 등 그 모두가 고통입니다.

둘째로 집성제(集聖諦)는 고통의 원인의 고귀한 진리입니다.

다시 태어나고 싶은 욕망과 탐욕으로 우리를 속박하는 것은 갈애입니다. 그것은 감각적 욕망이며, 존재에 대한 갈애이며, 비존재에 대한 갈애, 즉 삶이 끝나기를 바라는 갈애입니다. 존재에 대한 갈애가 생기는 것은 자아라는 실체, 영혼 또는 개아가 지속적으로 존재한다는 것을 믿기 때문입니다. 생명체를 구성하고 있는 물질과 정신의 과정과는 무관하게 죽은 다음에도 영원히 존재한다는 믿음인 상견(常見)은 영혼은 영원하다는 견해입니다. 이 존재에 대한 갈애는 고통의 원인이 되는 고귀한 진리(집성제)입니다.

비존재에 대한 갈애는 삶이 끝나기를 갈망하는 단견(斷見)에 의해 생겨납니다. 죽으면 모든 것이 소멸한다는 믿음을 단견이라 합니다. 죽은 다음에는 선행이나 악행이거나 간에 아무런 과보가 없다는 이 믿음이 사람들로 하여금 불선업을 즐기도록 고무합니다.

이 세 가지 것들, 감각적 욕망, 존재에 대한 갈애, 비존재에 대한 갈애가 고통을 생기게 하는 집성제입니다.

셋째로 멸성제(滅聖諦)는 고통의 소멸에 대한 고귀한 진리입니다.

이것은 닙바나(열반)를 성취함으로써 고성제와 집성제의 소멸을 가져옵니다. 여러분들은 이 목표 달성을 위해 분투하지 않으면 안 됩니다.

넷째로 도성제(道聖諦)는 고통 소멸의 길로 이끄는 고귀한 진리입니다.

이것은 고성제와 집성제의 소멸과 멸성제의 증득으로 이끄는 여덟 겹의 고귀한 길(八正道)입니다. 도성제는 이 여덟 가지 올바른 길의 요소들을 계발하는 것을 말합니다. 위빠사나 명상을 수행하는 여러분들도 이 여덟 가지 올바른 길의 요소를 계발해야 합니다.

① 바른 견해(正見)
② 바른 생각(正思惟)
③ 바른 말(正語)
④ 바른 행위(正業)
⑤ 바른 생활(正命)
⑥ 바른 노력(正精進)
⑦ 바른 알아차림(正念)
⑧ 바른 집중(正定)

여러분이 행선을 하면서 왼발을 디딜 때 '왼발을 딛는다'라고 바로 아는 것이 바른 견해이며, 걷고 있음을 알아차리는 마음이 바른 생각이며,[3] 한 발 한 발 걸으려고 노력하는 것이 바른 노력입니다. 모든 행위를 있는 그대로 알아차리는 것이 바른 알아차림이며, 마음을 알아차리고 발을 내딛는 것을 지속적으로 연결하여 알아차리는 것이 바른 집중입니다. 이것들이 여덟 가지의 계율(八戒)을 지킬 때 자동적으로 따라오는 팔정도의 다섯 가지 요소입니다. 수행할 수 있는 곳에서 수행하고 있으면 바른 말, 바른 행위와 바른 생활은 이미 지켜지고 있는 것입니다.

그러므로 수행하는 여러분이 행선을 하면서 매 발걸음마다 알아차리면, 팔정도의 여덟 가지 요소를 모두 계발하는 것입니다. 배가 일어나고 꺼지는 것을 알아차리는 것도 매순간 팔정도의 여덟 가지 요소를 모두 계발하고 있는 것입니다. 그런 종류의 수행을 지속적으로 되풀이해서 실천하는 것은 고귀한 길의 여덟 가지 요소와 함께하는 것입니다. 그러한 집중수행에 의해서만 여러분은 고성제와 집성제의 소멸을 획득하고 멸성제를 성취하여 닙바나를 증득할 수 있습니다.

그러므로 '법은 자신의 몸에서 찾는 것'은 사성제인 고집멸도를 찾는 것입니다. 법을 추구하는 것은 바로 자기 자신의 정신적 · 물질적 현상을 집중적으로 알아차리는 것입니다.

법을 추구하는 데는 정법이 무엇인지를 아는 것이 대단히 중요합니다. 정법에는 경전 공부(교학), 실천(수행)과 통달(깨달음)의 세 가지 종류가 있습니다. 경전을 공부하지 않고 수행이 잘 될 수 없고, 경전 공부와 수행을 하지 않고 깨달음이 얻어질 수 없습니다. 경전 공부는 연못의 제방과 같습니다. 수행은 물과 같고 깨달음은 연꽃입니다. 제방이 없으면 물을 담아둘 수 없고, 물이 없다면 연꽃은 꽃피울 수가 없습니다.

　다른 예를 들면, 경전 공부는 약을 만드는 방법이고, 수행은 처방이며, 깨달음은 병이 낫는 것입니다. 약 만드는 방법을 모른다면 처방이 있을 수 없고, 처방이 없다면 치료될 수가 없습니다. 그러므로 정법은 경전 공부, 수행과 통달의 바른 길을 걷게 하는 기준이 되어야 합니다. 그러나 불굴의 인내, 즉 지구력이 없다면 수행의 목적을 이룰 수가 없습니다. 불굴의 인내로 바른 길을 가는 집중수행이 법을 추구하는 것입니다.

　몸이란 무엇입니까? 몸은 상(想)을 포함한 마음과 물질의 무더기입니다. 여러분의 몸의 크기는 대략 길이가 160에서 175센티미터 내외이고, 폭이 30센티미터 내외입니다. 법을 탐구하는 것은 알아차리는 동안 수행자인 여러분이 경험하는 것입니다. 그러므로 '법은 자신의 몸에서 찾는 것'이란, 자기 자신의 몸에서 일어나는 정신적·물질적 현상을 집중적으로 관찰함으로써 사성제를 깨닫는다는 뜻입니다.

　'법은 자신의 몸에서 찾는 것'이란 말은 빨리어 경전(增支部)에 나오는 이야기입니다. 부처님이 사위성의 제따와나 사원에 계실 때 범천의 세계에서 로히땃사라는 범천이 부처님을 찾아왔습니다. 범천이므로 밝은 빛을 몸에 지닌 그는 한밤중에 도착해서 부처님께 예를 표한 다음 질문을 했습니다.

"오, 부처님이시여, 탄생도 없고, 죽음도 없고, 늙음도 없고, 노쇠함도 없는 우주의 끝까지 인간이 걸어갈 수 있습니까?"

그러자 부처님께서 말씀하셨습니다.

"로히땃사 범천이여, 늙음도 없고, 노쇠함도 없고, 죽음과 재탄생도 없는 우주의 끝이라는 것은 닙바나를 의미하는 것이며, 걸어서 닙바나에 도달하는 것은 불가능하며 도달할 수 없느니라."

여기서 로히땃사의 질문은 보이는 세계의 끝에 대한 것이며, 부처님의 대답은 조건 지워진 세계의 끝에 대한 것입니다. 그러나 조건 지워진 세계의 끝을 보이는 세계의 끝으로 간주될 수도 있으므로, 부처님의 대답이 질문에 어긋나는 것은 아닙니다.

로히땃사 범천은 다시 부처님께 말씀드렸습니다.

"부처님이시여, 부처님의 존경스러운 대답은 대단히 놀랍고도 대단히 파격적입니다. 닙바나를 의미하는 우주의 끝은 걸어서는 도달할 수 없다는 말씀은 아주 훌륭한 대답입니다. 제가 옛날이야기를 하나 말씀드리겠습니다.

옛날에 저는 가정생활을 그만두고 은둔자가 된 로히땃사라는 사냥꾼의 아들이었습니다. 저는 가정생활을 버리고 깊은 숲 속에서 은둔자의 숭고한 삶을 살았습니다. 그 숲 속에서 사마타 수행을 했습니다. 그래서 선정을 획득한 저에게는 신통력이 생겼으며 그 신통력으로 먼 거리를 순식간에 걸어갈 수 있었습니다.

제 능력을 설명드리면, 마치 활의 명인이 쏜 화살이 야자나무

그늘을 지나가는 짧은 시간 동안 우주를 한 바퀴 돌 수 있었습니다. 저의 걸음걸이도 어마어마하게 커서 동쪽 바다의 끝에서 서쪽 바다의 끝까지 한걸음에 갈 수 있었습니다. 저에게는 걸어서 우주의 끝까지 가 보겠다는 강한 욕망이 생겼습니다. 그리하여 우주의 끝까지 걸어가겠다는 집념과 신통력과 빠른 걸음으로 세상의 끝까지 가는 여행을 시작했습니다. 식사시간과 화장실 가는 시간을 제외하고는 내 의지대로 모든 신통력과 빠른 걸음걸이를 사용하여 100년간 걸어갔지만, 보이는 세계의 끝에 도달하지 못하고 어떤 우주의 끝에서 죽었습니다. 저의 목적을 달성하지 못하고 여행이 끝나서 죽은 다음에, 저는 범천의 세계(梵界)에 태어나서 로히땃사 범천이 되었습니다."

범계에 태어나서 전생을 기억해 낸 그는 부처님께 그 자신의 경험을 확인하기 위하여 늙음도 없고, 노쇠도 죽음도 재탄생도 없는 보이는 세계의 끝까지 걸어가는 것이 가능하냐고 물은 것입니다. 그래서 부처님께서는 늙음도 없고, 노쇠함도 죽음과 재탄생도 없는 조건 지워진 세계의 끝까지 걸어갈 수는 없다고 그의 경험을 확인시켜 준 것입니다.

부처님께서는 닙바나를 증득하지 않는 한, 이 세상 어디에도 늙음이 없고, 노쇠함이 없고, 죽음과 재탄생이 없는 곳은 없으며, 따라서 고통받게 되어 있다고 덧붙여 말씀하셨습니다.

모든 고통의 끝은 닙바나의 증득으로 이루어집니다. 그리고 증득하는 바른 길은 자기 자신의 몸을 통해 법을 탐구하는 것입니다. 이 몸 안에서만 고집멸도의 사성제를 발견할 수 있습니다.

고성제란 간단히 말하면 오온(五蘊)입니다.[4] 여러분들이 여기서 수행하는 것은 고성제입니다. 오른발, 왼발을 알아차리는 것은 고성제입니다. 배가 일어나고 꺼지는 것이 고성제이며, 보는 것과 듣는 것도 고성제입니다. 수행하기 전에는 이런 것들이 고성제임을 모르고, 갈애에 의해 잘못 인도된 감각적 즐거움으로 알았을 것입니다. 위빠사나 명상을 수행하지 않는 일반 사람들은 먹는 것, 보이는 것, 들리는 것 등을 즐거움으로 간주합니다. 보이는 것과 들리는 것만이 아니라 다섯 가지 감각기관으로부터의 모든 느낌은 좋고 즐거운 것이며, 이들 감각에 집착하게 됩니다.

집착은 갈애인 집성제입니다. 고성제와 집성제를 소멸시키기 위하여 여러분은 도성제를 계발해야 합니다. 위빠사나 명상을 수행하는 것이 도성제를 계발하는 것입니다. 여러분이 하는 모든 알아차림이 도성제를 계발하는 것입니다. 모든 정신적·물질적 현상을 지속적으로 알아차리고 점차적으로 도성제를 진척시켜 나가면 마지막에는 이 모든 물질적·정신적 현상이 작동을 멈춘 단계에 도달하게 됩니다. 이를 닙바나의 증득이라고 합니다. 그 증득은 자기 자신의 몸에서 일어나는 정신적·물질적 현상을 알아차려서 획득하는 것이기 때문에 '법은 자신의 몸에서 찾는 것'이라고 부처님께서 말씀하신 것입니다.

여기서 우리는 일부 비평가들에 의한 잘못된 추론에 주의해야
만 합니다. 부처님께서 고집멸도의 사성제가 우리 자신의 몸 안
에서 발견된다고 말씀하신 것을 이용해 그들은 "사성제가 우리의
몸 안에 있기 때문에 그 어떤 노력도 수행도 필요 없다"라고 말합
니다. 이 전제는 맞지 않습니다. 부처님의 가르침은 심오하고 어
렵습니다. 어떤 가르침은 법에 정통한 사람이 바르게 설명해야
할 필요가 있습니다.

예를 들면, '티크(teak)' 나무의 숲은 '티크' 숲으로 불립니다. 그
렇다고 해서 이 숲에는 티크 나무만 자란다는 뜻도 아니고, 다른
지역에는 '티크' 나무가 있을 수 없다는 얘기도 아닙니다. '티크'
숲에는 다른 종류의 식물도 자랄 수 있는 것입니다.

또 다른 예를 들면, 대통령이 행차를 했다면, 대통령 혼자 나타
났다는 뜻이 아닙니다. 그는 비서관, 경호원과 다른 많은 수행원
과 함께 움직인 것입니다. 그러나 가장 중요한 인물이 대통령이
므로 그의 호칭만이 거론된 것이고, 그것은 그의 수행원 전부를
포함합니다. 이를 훌륭한 인연법(勝因法)이라고 합니다.

결과 추론법도 있습니다. 그것은 결과를 보고 원인을 찾는 방
법입니다. 갑자기 물이 엄청나게 불어나서 홍수가 났을 때, 상류
에 폭우가 쏟아졌다는 것을 추론할 수 있습니다. 홍수는 결과이
고 상류의 폭우는 원인입니다.

또 하나의 예를 들어 보면, 의미에 의한 지혜법입니다. 이는 문장의 의미를 취하는 것입니다. "데와닷따가 낮에 음식을 먹지 않고도 배가 불렀다"라는 이 진술을 한번 생각해 봅시다. 낮에 아무것도 먹지 않았는데도 배가 부르다면 밤에 먹었을 것이라고 추론해 볼 수 있습니다.

그와 같이 부처님께서 자신의 몸 안에 사성제가 있다고 말씀하셨다고 해서 사성제가 자신의 몸 안에 고정된 형태로 있다는 것을 의미하는 것은 아닙니다. 고성제와 집성제는 몸 안에서 발견될 수 있지만, 도성제는 계발되지 않으면 안 됩니다. 원인을 계발하고 정신적·물질적 현상을 알아차리면, 그 결과는 고통의 소멸과 닙바나의 증득입니다.

결론적으로 '법은 자신의 몸에서 찾는 것'과 같이, 여러분이 수행을 통해 고집멸도의 사성제를 알고자 한다면, 자신의 몸의 물질과 정신을 알아차려야 합니다. 자기 자신의 몸에서 일어나는 정신적·물질적 현상을 알아차린다면, 고통의 소멸인 닙바나를 증득할 수 있을 것입니다.

1) 법(法, Dhamma)은 크게 두 가지 뜻으로 쓰인다. 첫째는 진리, 부처님 말씀, 가르침, 깨달음의 법을 말하고, 둘째는 마음의 대상을 가리키는 말이다. 마음은 대상이 없으면 일어나지 않기 때문에 반드시 대상이 있다. 이때의 마음은 내적·외적 대상을 맞게 되는데, 이것이 모두 대상으로서 법이라고 한다. 이것이 육근과 육경이라는 육내처와 육외처의 12처를 말한다. 안·이·비·설·신·의가 색·성·향·미·촉·법이라는 경계에 부딪치는 것이 모두 법이다. 수행 중에 마음이 알아차릴 대상도 모두 법에 속한다.

법을 빨리어로 표기할 때는 두 가지가 있다. 법의 첫 번째 뜻인 진리를 말할 때에는 처음 D를 대문자로 써서 Dhamma(담마)라고 쓴다. 법의 두 번째 뜻인 마음의 대상을 말할 때는 소문자를 써서 dhamma(담마)라고 쓰거나 복수로 s를 붙여서 dhammas(담마스)라고 한다. 알아차릴 내적·외적 대상이 많기 때문에 복수로 써서 법을 표현한다.

이와 같이 법에 대한 빨리어 표기법은 법을 구별하기 위해서 일부의 학자들이 사용하고 있는 것이 차츰 보편화되어 가고 있다. 그러므로 통상적 표기법으로 보면 된다.

법을 말하는 담마(Dhamma)는 부처님께서 사용하시던 빨리어(pāli語)이다. 그러나 산스크리트어(梵語)로는 법을 다르마(Dharma)라고 한다. 그러므로 상좌불교에서는 빨리어 경전에 근거하여 담마라고 하며 대승에서는 산스크리트어 경전에 근거하여 다르마라고 한다.

법은 크게 두 가지로 나뉘어서 사용되지만 세부적으로 많은 뜻을 가지고 있다. 법, 진리, 이론, 원인, 조건, 현상, 현상 세계, 정신적 대상, 생각, 철학, 자연, 우주적 질서, 도덕, 선한 행위, 가르침, 교훈, 조직적 가르침, 분석적 지식 등이 있다.

수행에서 말하는 법은 통상적으로 두 번째의 법의 의미인 마음의 대상을 말한다. 이때의 법은 마음이 대상을 맞이할 때 새로 마음을 내서 알아차림을 하는 것이다.

경장에서는 마음의 대상으로서의 법은 관념적 진리와 궁극적 진리로 구별한다. 관념적 진리의 법은 빤냣띠(paññatti)로써 모양, 개념, 관념을 말한다. 무엇을 말하기 위해 지칭하는 것이나 알게 해 주는 것, 언어, 행위, 뜻을 나타내는 몸짓 등도 모두 빤냣띠이다. 또한 궁극적 진리의 법은 빠라맛타(paramattha)로써 실재 또는 성품을 말한다. 그러므로 빤냣띠도 큰 틀에서 법의 개념으로 인정한다.

그러나 아비담마(논장)에서 말하는 법은 빠라맛타 담마(paramattha dhamma)이다. 빠라맛타 담마는 최승의법(最勝義法), 최상의법(最上義法), 최고의 의미를 가진 법이다.

빠라맛타 담마에는 ① 마음 ② 마음의 작용(心所) ③ 물질 ④ 닙바나 네 가지가 있다. 아비담마에서 말하는 법은 이상의 네 가지 것의 실재하는 것을 말한다. 마음과 마음의 작용, 물질은 원인과 결과가 있는 유위법으로 분류하고 닙바나는 원인과 결과가 없는 무위법으로 분류한다.

그러므로 '경장'에서 본 법의 포괄적 개념은 관념적 진리의 법과, 궁극적 진리의 법으로 본다. 그러나 '아비담마'에서는 빠라맛타 담마인 궁극적 진리를 법으로 받아들인다.

법은 여섯 가지 덕목이 있다.
① 잘 설해져 있음.
② 지금 이곳에서 경험될 수 있음.
③ 시간을 지체하지 않음.
④ 와서 보라고 할 수 있음.
⑤ 열반으로 이끌어 줌.
⑥ 현명한 사람에 의해 직접적으로 체험됨.

2) 사성제(四聖諦, ariya sacca)는 부처님께서 깨달음을 얻으시고 처음으로 다섯 비구에게 설하신 법문이다.

사성제는 고집멸도(苦集滅道)라는 네 가지 성스러운 진리를 말한다. 이것은 불교 사상의 핵심이다. 또한 사성제는 수다원이 되면 불려지는 성인(聖人)이 되어야 완전히 이해할 수 있다는 의미에서 성스러운 진리, 또는

성자의 진리라고 말하기도 한다. 그래서 상좌불교에서는 사제(四諦)라고
하지 않고 사성제라고 한다.

성스러운 진리 네 가지를 요약하면 다음과 같다.
① 고성제(苦聖諦)는 "괴로움이 있다"는 것을 말한다. 현실은 괴로움이고
    몸과 마음이 있다는 것은 괴로움을 의미한다. 산다는 것이 괴로움이
    고, 늙어 가는 것이 괴로움이고, 오온이 괴로움이라는 것은 부처님께
    서 처음으로 설하신 진리이다. 인생이 괴로움이라고 밝힌 부처님 말
    씀에 대한 반론으로 불교는 염세적이라고 비판하기도 한다. 그러나
    부처님께서는 괴로움은 있는 것이지만 그것의 원인이 무엇이고 그것
    을 어떻게 소멸시킬 수 있는가에 대한 대안을 제시한 것이 사성제이
    다. 그러므로 불교는 결코 염세가 아니다. 완벽한 대안이 제시되었기
    때문이다.
② 집성제(集聖諦)는 "괴로움은 원인이 있다"는 의미이다. 그것이 집착이
    다. 부처님께서는 괴로움의 원인을 집착이라고 분석하셨다. 그래서 수
    행을 한다는 것은 집착을 끊기 위한 방편이다.
③ 멸성제(滅聖諦)는 "괴로움은 소멸될 수 있다"는 말로 그것이 바로 닙
    바나이다. 괴로움을 소멸할 수 있기 때문에 삶은 염세에 빠지지 않을
    수 있다. 괴로움의 완전한 소멸은 부처님께서 몸소 체험한 것이고 이
    체험에 의해 확신에 찬 법을 펴신 것이다. 그리고 모두 자신과 같이
    사념처 수행을 통해 괴로움의 소멸에 이르기를 바라셨다. 이것이 지
    고의 행복이다.
④ 도성제(道聖諦)는 "괴로움을 소멸하는 여덟 가지 길이 팔정도이다."
    부처님께서는 사람들이 괴로움을 해결하는 방법을 모르고 어리석기
    때문에 윤회를 거듭한다고 하셨다. 괴로움을 해결하는 길이 바로 팔
    정도이다. 팔정도는 계정혜 삼학을 의미하며 계정혜는 한마디로 알아
    차림(sati)을 뜻한다. 괴로움이 있다는 것을 알아차려서 그대로 받아들
    인다면 괴로움이 소멸될 수 있다고 하셨다. 그래서 팔정도는 여덟 가
    지 알아차림을 하는 수행을 말한다.

3) 바른 생각(正思惟, samma saṅkappa)의 빨리어 삼마(samma)는 '적절하게, 정확하게, 철저히'를 말한다. 그리고 상깝빠(saṅkappa)는 '사유, 의도, 목적'을 말한다. 그러므로 삼마 상깝빠는 '바른 의지, 바른 결심, 정사유'를 뜻한다. 이때의 삼마는 '바른(正)'이라고 표현되지만, 정확하게 말하면 '알아차림이 있는'이란 의미를 가진다. 또한 상깝빠는 대상에 마음을 기울이는 것을 말한다. 알아차림은 대상이 있어야 하고 대상을 알아차리기 위해서는 대상에 마음을 보내야 한다. 이것을 정사유라고 한다.

바른 생각이라고 하는 정사유는 '대상을 생각하는 것'이라는 의미가 아니다. 정사유의 바른 뜻은 '대상에 지혜로운 마음을 보내는 것'이라는 의미이다. 알아차릴 대상에 지혜로운 마음을 보내서 깃들이게 하여 집중이 이루어지게 된다. 대상에 마음을 보내는 것으로는 알아차림과 같으나 정사유는 지혜를 보내는 것이다.

4) 부처님께서는 아들 라훌라에게 "이것은 나의 것이 아니다. 이것은 내가 아니다. 이것은 나의 자아가 아니다"라고 말씀하셨다. 그리고 몸과 마음인 오온이 나의 것이 아니라고 하셨다. 몸과 마음의 오온은 이것 자체가 괴로움이다. 그 괴로움은 세 가지로 분류된다.

① 고고성(苦苦性) : 일상적인 괴로움. 즉, 정신적·육체적 고통으로 생로병사 등의 괴로움이다.

② 괴고성(壞苦性) : 변화로 인해 발생하는 괴로움이다.

③ 행고성(行苦性) : 조건지어진 상태의 괴로움이다. 조건지어진 상태는 원인과 결과가 있는 유위법으로 몸과 마음이란 오온의 괴로움이다. 부처님께서 '오온은 괴로움'이라고 말씀하셨다. 몸은 병의 먹이이며, 몸과 마음 자체가 괴로움이라는 것이다.

네 가지 형태의 사람

부처님께서는 인도의 꼬살라국 사위성(舍衛城)의 빠세나디 왕에게 '네 가지 형태의 사람'에 관해 설명하셨습니다.

(1) 어둠에서 어둠으로 가는 자
(2) 어둠에서 밝음으로 가는 자
(3) 밝음에서 어둠으로 가는 자
(4) 밝음에서 밝음으로 가는 자

부처님께서는 이에 대해 다음과 같이 상세히 설명하셨습니다.

첫째, 어떤 사람은 추한 용모에 병약하고, 장님, 귀머거리, 벙어리, 기형 등의 신체적 결함을 가진 채 낮은 계급에 태어나 먹을 것도 없고, 입을 옷도 없고, 잠잘 집도 없고, 아파도 약을 살 돈도 없습니다. 그렇게 비참한 상태로 태어났는데도 참회하지 않고, 살생, 도둑질, 삿된 성적 행위, 거짓말을 하고 약물을 복용하는 등의 불선업에 빠집니다. 그는 도덕적으로 청정하지도 않습니다. 참회하지 않고 그러한 불선업을 계속 행하므로 그는 다음 생에서 지옥, 축생, 아귀계와 같은 악처에 떨어질 것은 의심의 여지가 없습니다. 이런 형태의 사람은 어둠에서 어둠으로 가는 자로 분류됩니다.

둘째, 어떤 사람이 위에서 말한 바와 같은 육체적 결함을 갖고 태어납니다. 그는 비참한 상태로 태어나긴 했지만, 자신이 전생의 불선업으로 인해 그렇게 태어났음을 깨닫고 참회하며 태도를 바꾸려 노력합니다. 계(戒)를 범하지 않고, 힘자라는 데까지 선업을 행하며, 관용으로 보시합니다. 나아가서 선한 생각과 말과 행동을 실천하고, 산 생명을 죽이거나 훔치거나 삿된 음행이나 거짓말이나 약물 복용을 절대로 하지 않습니다.

그래서 그의 지위는 점점 올라가게 됩니다. 마치 처음에는 집도 없던 사람이 의자에 앉다가 말을 타게 되고, 장식으로 치장된 코끼리에 앉게 되고, 나중에는 아름다운 저택에 살게 되는 식입니다. 그렇게 자기의 삶을 이해하는 마음을 갖고 바로잡으면 건강하고 부유한 환경에서 보다 나은 삶을 살 것이 확실하며 천상에 태어나게 되기도 합니다. 이런 형태의 사람은 어둠에서 밝음으로 가는 자로 분류됩니다.

셋째, 부잣집에 태어난 어떤 사람은 잘생기고, 건강하며, 음식, 옷, 집, 약 걱정을 할 필요 없는 부유하고 사치스런 삶을 삽니다. 유복하게 태어났지만, 그는 도덕성이 결여되어 있고, 선한 생각과 말이나 행위의 필요성을 이해하지 못하며, 산목숨을 죽이고, 남의 것을 훔치고, 삿된 음행을 저지르며, 거짓말을 하고, 약물을 복용하는 등의 악행을 즐깁니다. 게다가 그는 남을 배려할 줄 모르며 동정심을 가질 줄 모릅니다.

평생 동안 그렇게 불선한 행위를 일삼는 그는 지위가 계속 떨어집니다. 비유하자면, 아름다운 저택에 살던 사람이 장식으로 치장된 코끼리에 앉게 되고, 말을 타게 되고, 의자에 앉다가 나중에는 땅바닥에 나앉게 되는 격입니다. 그는 죽은 다음에 아마도 악처(惡處)에 태어날 것입니다. 이런 형태의 사람은 밝음에서 어둠으로 가는 자로 분류됩니다.

넷째, 어떤 사람이 삶에 필요한 모든 것을 갖추고 부유한 부모에게서 고귀하게 태어납니다. 비록 풍족한 삶을 즐기지만, 그는 현명하고 지성적이어서 현재 부유하고 만족한 삶을 즐기는 것은 그가 전생에 선업을 쌓았기 때문임을 압니다. 그래서 그는 불쌍한 사람들에게 자비를 베풀고 선한 생각과 말과 행동을 하며, 계를 지키는 등 덕행을 쌓습니다. 그는 산목숨을 죽이거나 훔치거나 삿된 음행, 거짓말과 약물 복용을 하지 않으며, 다른 사람을 배려하고, 항상 다른 사람에 대해 동정심을 가집니다.

그러한 청빈한 삶을 살기 때문에 그의 지위는 점점 더 올라갑니다. 비유하자면, 처음에는 집도 없던 사람이 의자에 앉다가 말을 타게 되고, 장식으로 치장된 코끼리에 앉게 되고, 나중에는 아름다운 저택에 살게 되는 식입니다. 그래서 그는 높은 천상에 태어나거나 적어도 영향력 있는 인간으로 다시 태어날 것입니다. 이런 형태의 사람은 밝음에서 밝음으로 가는 자로 분류됩니다.

이제 우리 자신을 되돌아봅시다. 여러분들은 전생의 선업의 공덕으로 정상적인 건강, 재산과 지성을 가진 유복한 삶을 사는 사람들입니다. 그리고 여러분들은 모두 안락한 생을 보내고 있으며, 위빠사나 수행을 할 때 경험 많은 명상 스승들로부터 체계적으로 공부할 수도 있고, 수행할 수 있는 마하시 선원에 올 수 있는 기회도 가질 수 있습니다. 그러므로 여러분들은 모두 생의 밝음을 획득했으며, 언제나 이런 밝음과 함께할 것으로 간주할 수 있습니다.

그래도 여러분들은 모두 평생 동안 선업만을 쌓도록 노력해야 합니다. 만약 여러분들이 선업만이 아니라 불선업에도 몰두하고 있다면, 장차 밝은 곳으로 갈지 어두운 곳으로 갈지 확신하지 못하게 될 것입니다. 이는 마치 여러분들이 높은 나무에서 종이 한 장을 떨어뜨린다면, 그 종이가 땅에 떨어질 수도 있고, 물에 빠질 수도 있고, 가시덤불 위나 진흙탕에 떨어질 수도 있는 것과 마찬가지입니다. 도(道)의 지혜를 얻어 성자(聖者)가 되지 않는 한, 미래생에서의 안전을 확보할 수 없습니다. 도의 지혜를 얻은 성인만이 밝은 곳에서 태어나기 때문입니다.

『염처경』의 도입부에서 부처님께서는, 네 가지 알아차림의 확립인 통찰수행을 최대한의 의욕을 가지고 열정적으로 끝까지 실천해 내는 수행자들만이 바로 이번 생에서 도의 지혜를 얻을 수 있다고 말씀하셨습니다.

부처님께서 말씀하신 네 가지 알아차릴 대상은 다음과 같습니다.
(1) 물질인 몸을 알아차림
(2) 느낌, 즉 감각을 알아차림
(3) 마음을 알아차림
(4) 마음의 대상과 조건을 알아차림

수행을 하는 여러분들은 이 고귀한 수행을 완벽하게 실천해 냄으로써 얻어지는 도의 지혜를 획득하기 위해서는 여러분들의 능력을 최대한 발휘하여 적극적으로 노력하지 않으면 안 됩니다.

그런데 여러분들은 다행히도 부처님의 가르침이 있는 시대, 위빠사나 수행이 가능한 정법시대(正法時代)에1) 태어났으므로, 위빠사나 수행을 통해서 도의 지혜를 얻도록 전력을 다해야 합니다. 도의 지혜를 얻으면 모든 불선업들이 스스로 극복되어 여러분들은 인간세계나 천상에 태어나는 밝음을 획득하게 됩니다. 나아가서 다가오는 여러 미래생에 선업을 계속 쌓음으로써 여러분들은 고통의 소멸이라는 가장 소중한 목표인 닙바나를 성취하게 될 것입니다.

이러한 확고한 믿음을 가지고 모든 불선한 생각과 말과 행위를 극복하려고 노력한다면, 여러분은 정화의 단계와 해탈을 획득하기 위한 위빠사나 지혜를 계발하게 될 것입니다.

주해

1) 상좌불교에서 말하는 정법시대(正法時代)는 세 가지로 나누어 볼 수 있다.
   첫째, 부처님 말씀이 담긴 경전이 있는 시대이다. 부처님께서 직접 설하신
   빨리어 경전이 전해지고 경전에 대한 교학이 있으면 정법시대다.
   둘째, 부처님의 가르침에 따라 실천 수행을 할 수 있는 팔정도가 있으면
   정법시대다. 팔정도는 계정혜 삼학이며, 계정혜 삼학은 알아차림을 하는
   사념처 위빠사나 수행이다. 그러므로 팔정도와 위빠사나 수행이 있으면
   정법시대다.
   셋째, 깨달음을 통해 열반을 성취한 수다원, 사다함, 아나함, 아라한이 있
   으면 정법시대다. 열반을 성취한 성자가 있으면 경전과 위빠사나 수행이
   함께 있는 것이다.
   인류 역사상 헤아릴 수 없는 까마득한 세월 동안 부처님의 출현은 모두
   스물다섯 분이셨다. 역대의 부처님들은 같은 법을 가지고 출현하시는데
   깨달음을 얻는 수행방법도 사념처 수행으로 모두 동일하다. 긴 세월 속에
   서 이 정법이 존속하는 시간은 매우 짧은 찰나에 속한다. 이 정법시대가
   사라지면 다음 부처님께서 출현하실 때까지 법에 대한 암흑의 시대가 계
   속된다.
   이러한 부처님의 법을 만나는 것이 그냥 되는 것이 아니다. 선업의 공덕
   을 쌓아야 공덕의 결과로 만나게 된다. 그래서 부처님 생존시에 태어나기
   어렵고, 부처님 법이 있는 정법시대에 태어나기 어렵고, 태어나서 부처님
   의 정법을 만나기가 어렵다. 또한 정법을 가르치는 스승을 만나기가 어렵
   다. 이렇게 만나게 되는 것이 바로 선업의 공덕에 대한 결과이다. 그러므
   로 소중한 기회가 왔을 때 소홀히 하지 말아야 한다.

분명한 앎

몸을 알아차림에 있어서 '분명한 앎'을 가진다는 것은 자신의 경험을 통한 분명한 앎(正知)으로 물질적 현상을 알아차리는 것입니다.

알아차림의 확립(사띠빳타나)의 주된 특징은 알아차림입니다.[1] 그러나 알아차림에는 네 가지 부문(身受心法)이 있고, 네 가지 특성이 있고, 네 가지 형태의 제거하는 방법이 있습니다.

알아차림의 네 가지 부문은 다음과 같습니다.
(1) 몸을 알아차림(身念處) : 육체적 현상이 일어날 때마다 알아차리는 것입니다.
(2) 느낌을 알아차림(受念處) : 괴롭고, 즐겁고, 덤덤한 느낌을 알아차리는 것입니다.

(3) 마음을 알아차림(心念處) : 망상하고 생각하는 마음을 알아차리는 것으로써 마음에 일어나는 여러 가지 양태를 알아차리는 것입니다.

(4) 마음의 대상을 알아차림(法念處) : 봄, 들음, 가슴이 두근거림, 맥박 등의 마음의 대상을 알아차리는 것은 위의 세 가지 범주(身受心)에서 발견되지 않는 나머지 모든 현상인 무상·고·무아를 알아차리는 것입니다.

알아차릴 대상이 갖고 있는 네 가지 특성은 다음과 같습니다.
(1) 무상(無常), 즉 항상(恒常) 하지 않은 특성
(2) 고(苦), 즉 고통스런 특성
(3) 무아(無我), 즉 제어할 수 없는 특성(자아 없음)
(4) 부정(不淨), 즉 싫어하는 특성

이것을 제거하는 네 가지 방법은 다음과 같습니다.
(1) 항상 한다는 생각은 무상으로 제거합니다.
(2) 즐거움이라는 생각은 고로 제거합니다.
(3) 자아가 있다는 생각은 무아로 제거합니다.
(4) 아름답게 보는 생각은 부정관(不淨觀)으로 제거합니다.

부처님께서는 몸을 알아차리는 열네 가지 방법을 제시하셨습니다.
(1) 들이마시는 숨과 내쉬는 숨을 알아차리는 들숨날숨법.[2]

(2) 가고 서고 앉고 눕는 자세를 알아차리는 행주좌와법(行住坐臥法).

(3) 분명하게 의식하면서 모든 물질적 현상을 알아차리는 분명한 앎을 하는 방법(마하시 방법은 주로 (2)와 (3)을 근거로 합니다).

(4) 몸을 주시하는 방법은 몸의 32가지 부분을 알아차리는 것입니다. 몸의 32가지는 머리카락, 몸의 털, 손톱과 발톱, 이, 피부, 살, 힘줄, 뼈, 골수, 콩팥, 심장, 간장, 횡경막, 지라, 허파, 대장, 장간막, 식도, 대변, 뇌, 담즙, 가래, 고름, 피, 땀, 고형 지방질, 눈물, 액상 지방질, 침, 콧물, 관절액, 오줌을 가리킵니다.

(5) 요소로 주시하는 방법은 일반적으로 땅, 물, 불과 바람이라는 네 가지 물질적 요소(四大)[3]에 대해 알아차리는 것입니다.

(6) 아홉 가지 시체를 관찰하는 방법은 부정관(不淨觀)이라고도 불립니다. 이것은 시체를 대상으로 알아차리는 것으로, 아홉 가지 종류의 시체 관찰법으로 구성되어 있습니다.

그러므로 몸을 알아차리는 방법만도 열네 가지 장(章)으로 구성되어 있습니다. 그러나 여기서는 세 번째 장인 '분명한 앎'이라고 하는 삼빠잔냐(sampajañña)에 대해 이야기를 나누도록 하겠습니다.

그것은 가고 서고 앉고 눕는 몸의 네 가지 동작만 알아차리는 것이 아니라, 가고 올 때 분명히 알아차리고, 앞을 보거나 뒤를 볼 때도 분명히 알아차리고, 먹고 마시고 씹고 맛볼 때도 분명히 알아차리고, 대소변을 볼 때도 분명히 알아차리고, 걷고 서고 앉고 잠들고 잠에서 깰 때도 분명하게 알아차리고, 말하거나 침묵을 지킬 때도 분명하게 알아차리는 것입니다. 부처님께서는 몸의 움직임을 상세히 알아차리는 방법에 대해서 자세히 설명하셨습니다.

앞으로 혹은 뒤로 움직일 때 수행을 하는 여러분들은 분명하게 알아차려야 합니다. 인식하지 못한 채로 앞으로 혹은 뒤로 움직여서는 안 됩니다. 여러분의 움직임이 지금 앞으로 가고 있는지 뒤로 가고 있는지 분명하게 알아차리지 않으면 안 됩니다. 일반적으로 앞으로 가는 것은 쉽게 알아차리지만 뒤로 가는 것은 무시하기 쉽습니다. 그러므로 움직임을 '앞으로 감, 앞으로 감'만이 아니라 '뒤로 감, 뒤로 감'도 알아차려야 합니다.

앞을 볼 때는 '앞을 봄, 앞을 봄' 하면서 알아차리고, 옆을 볼 때는 '옆을 봄, 옆을 봄'하면서 알아차리십시오.

몸을 굽히고 펼 때는 '굽힘, 폄'을 알아차리십시오. 먹고 마시는 등의 일상생활을 할 때에는 손이나 몸을 굽히고 펴는 동작을 합니다. 이 모든 동작들을 상세히 알아차려야 합니다.

승려가 가사를 입을 때는 분명히 알아차리면서 입어야 합니다. 재가불자가 옷을 입을 때도 분명히 알아차려야 합니다. 여러분은 동시에 두 가지 일을 분명히 알아차리면서 할 수 없기 때문에 걸으면서 옷을 입어서는 안 됩니다. 행선 중에 옷을 고쳐 입는다든지 옷매무새를 가다듬을 때는 걷기를 멈추고 각 단계를 알아차리면서 변경하십시오. 승려가 장삼을 입을 때나 발우를 받을 때나 위치를 바꿀 때에는 걷기를 멈춘 다음에 해야 합니다. 재가불자가 옷을 갈아입거나 바꿔 입을 때, 심지어는 머리를 빗을 때도 걸음을 멈추고 알아차리면서 하지 않으면 안 됩니다.

마시고, 먹고, 씹고, 맛볼 때도 분명히 그 순간순간 일어나는 것을 알아차려야 합니다. 식사를 할 때도 마찬가지입니다. 식탁에 앉을 때부터 반찬을 보고, 숟가락을 들고, 반찬을 담아오고, 숟가락으로 음식을 떠서 입으로 가져가고, 입을 벌리고, 음식을 입 안에 넣고, 씹는 등의 모든 행위를 알아차려야 합니다. 수행하는 여러분은 먹을 때 눈은 내리깔고 손은 움직이지 않은 상태로 '씹음, 씹음, 삼킴, 삼킴'을 알아차려야 합니다.

무엇을 하거나 알아차림을 놓치는 일이 없어야 하며, 심지어는 대소변을 볼 때도 분명히 알아차려야 합니다. 목욕을 할 때에는 이를 닦고, 비누칠을 하고, 물을 끼얹고 하는 등의 모든 단계를 상세하고도 분명히 알아차리면서 해야 합니다.

아침에 세수할 때에도 세수하고 수건으로 얼굴을 닦는 등의 모든 단계를 상세히 알아차려야 합니다. 아침에 잠을 깨고, 앉고,

서고, 걷고, 멈추고 하는 것들도 상세히 알아차려야 합니다. 잠잘 때도 단지 침대로 가서 습관적으로 잠들어서는 안 됩니다. 집으로 돌아와서 열쇠로 자물쇠를 풀고 문을 열고 신을 벗고 들어가서 전기 스위치를 켜고 모기장을 치고 침대에 올라가서 눕고 눈을 감고, 그리고 배가 일어나고 꺼짐 등을 분명한 앎의 상태로 알아차려야 합니다.

만약에 알아차림이 예리하다면 이렇게 알아차림으로써 금방 잠들지 않고 상당한 시간 동안 명상할 수 있습니다. 만약 알아차림이 예리하지 않다면 곧 잠들 것입니다. 만약 한밤중에 잠이 깬다면, 배의 일어남 꺼짐이나, 혹은 몸이 누워 있음, 닿아 있음을 알아차리십시오.[4] 알아차림이 날카로울 경우에는 다시 잠들지 않을지도 모르지만, 알아차림을 계속하는 것을 걱정할 필요는 없습니다. 다음날 아침에는 잠을 깊이 잔 것처럼 상쾌할 것이니까요. 잠든 다음에는 알아차리려고 애쓸 필요가 없습니다. 왜냐하면 잠들면 의식이 작동하지 않기 때문입니다.

잠에서 깨어날 때도 같은 방법으로 모든 물질적·정신적 현상을 알아차리는 과정이 아주 중요합니다. 눈을 뜨는 것부터 시작해서 일어나려고 하는 것, 일어나는 것, 침대에서 내려오고, 모기장을 걷고, 이불을 개고, 침대를 정돈하는 등을 각 단계별로 알아차려야 합니다.

세수하러 갈 때에도 수건, 칫솔과 비누를 가지고 문을 열고 나가서 세면장으로 가는 등을 단계별로 알아차려야 합니다. 이렇게 함으로써 여러분은 아침에 잠에서 깼을 때부터 잠들 때까지 아무 것도 놓치지 않게 될 것입니다. 그렇게 행하는 여러분은 대단히 예리한 알아차림을 갖춘 모범적인 수행자가 될 것입니다.

그리고 말하지 않으면 안 될 경우에도 무심코 말하지 마십시오. 분명한 앎을 가지고 말하려고 노력하고, 필요한 의견 교환을 했으면 즉시 멈추십시오. 이렇게 알아차리면서 주시한다면, 제대로 분명한 앎(正知)을 실천하고 있는 것입니다.

분명한 앎에는 네 종류가 있습니다.

첫째는 삿타까 삼빠잔냐(satthaka sampajañña, 목적에 대한 분명한 앎)를 파악하는 것입니다. 삿타까는 유용한 것을 말합니다. 말하거나 어떤 목적을 가지고 행동할 때 그것이 유익한지 해로운지 생각해 봐야 합니다. 그것이 자신에게 이롭다면 받아들이십시오. 나에게는 이롭지 않지만 다른 사람에게 도움이 되는 것이라면 그것도 받아들이십시오.

그것이 현재에 이롭다면 받아들이십시오. 현재에는 이득이 없지만 미래에 유익할 것이라고 추측되는 목적이나 과제도 또한 받아들여야만 합니다. 그러나 현재만이 아니라 미래에도 유익하지 않은 것, 또한 자신만이 아니라 다른 사람들에게도 유익하지 않은 일이라면 그만두어야 합니다.

수행이 진전되기 시작한 초심자가 신심이 생겨서 보시하고 싶어 하고, 종교적인 이유로 베풀고 싶더라도, 현재의 수행에 도움이 되지 않으므로 그런 생각은 그만두어야 합니다.

둘째는 삽빠야 삼빠잔냐(sappāya sampajañña, 적합성에 대한 분명한 앎)입니다. 삽빠야는 적합한 것을 말합니다. 그러므로 일이 아무리 정당하고 유익해도 시기의 적절성을 고려해야 합니다. 어떤 사람들은 일이 정당하고 유익하다고 생각한다면 적절한 시기가 올 때까지 기다리려고 하지 않습니다. 그렇게 서두르는 것은 권장할 만한 일이 못 됩니다.
바른 말이라도 적절하지 못한 때나 적합하지 않은 상대에게 말한다면 유익하지 못합니다.

부처님께서는 말을 여섯 가지로 분류하셨습니다.
(1) 옳고, 유익하고 즐겁게 하는 말(듣는 사람에게)
(2) 옳고, 유익하지만 즐겁지 않게 하는 말
(3) 옳고, 유익하지 않지만 즐겁게 하는 말
(4) 옳고, 유익하지도 않고 즐겁게 하지도 않는 말
(5) 옳지 않고, 유익하지 않지만 즐겁게 하는 말
(6) 옳지 않고, 유익하지도 않고 즐겁게 하지도 않는 말

여섯 가지 중에서 (1)과 (2)만 말해야 합니다. 둘째 경우인 '옳고, 유익하지만 즐겁지 않게 하는 말'인 경우에는 적절한 시기에만 말해야 합니다. 사용하는 단어도 중요합니다. 말은 어떤 지역에서는 예의바른 단어지만 다른 지역에서는 거만하게 들릴 수도 있습니다. 한 나라에서는 아무렇지도 않은 말이 다른 나라에서는 모욕이 될 수도 있습니다. 따라서 바른 장소, 바른 시기, 바른 상황을 선택하는 것이 중요합니다. 그렇게 배려하는 것이 삽빠야 삼빠잔냐입니다.

셋째는 고짜라 삼빠잔냐(gocara sampajañña, 수행 대상에 대한 분명한 앎)입니다. 고짜라는 행경(行經), 알아차릴 감각의 대상 안에 있는 것을 말합니다. 다른 말로 '영역'이라고 번역할 수 있습니다. 자기 영역에 있다면 적과 대적하여 힘껏 싸울 수 있습니다. 그러므로 여러분은 자신의 영역을 벗어나지 말아야 합니다. 수행자의 영역은 사념처(四念處) 수행을 하는 것으로 신수심법(身受心法)을 알아차리는 것입니다. 언제나 사념처 수행을 하는 것이 자신의 영역에 머무는 것입니다. 수행을 하는 여러분이 자기 영역 밖으로 나가서 사념처 수행을 하지 않고 있을 때는 탐진치(貪瞋癡)의 공격을 받기 쉽습니다.

넷째는 아삼모하 삼빠잔냐(asammoha sampajañña, 무지가 없는 분명한 앎)입니다. 아삼모하는 미혹됨이 없이, 즉 무지함이 없이 진리를 아는 것입니다. 사념처 수행을 하기 전에 사람들은 무지하여 '내가 걷는다, 내가 발을 내딛는다, 내가 잔다, 내가 본다'라고 알고 있습니다. 그러나 정신적·물질적 현상을 알아차리면서 주시하는 사념처 수행을 하게 되면, 여러분은 정신과 물질을 알게 됩니다. 걷는 것은 물질이고 아는 것은 마음이라는 것을 알게 됩니다. 그리고 걷기 전의 걸으려는 의도는 원인이며, 걷는 것은 결과라는 것도 알게 됩니다. 여러분은 이렇게 원인과 결과를 알게 됩니다.

그런 다음에 소멸하고 사라짐을 발견하게 됩니다. 그러면 여러분은 모든 정신적·물질적 현상의 무상함을 알게 됩니다. 이들 수행으로 얻어지는 통찰지는 사념처 명상 수행을 통해서만 얻어지는데, 이를 아삼모하 삼빠잔냐라고 합니다.

여러분이 전력을 다하여 이 네 가지 분명한 앎(삿타까 삼빠잔냐, 삽빠야 삼빠잔냐, 고짜라 삼빠잔냐, 아삼모하 삼빠잔냐)을 수행하고 준수한다면, 적절한 시기에 도(道)의 지혜와 과(果)의 지혜를 얻게 될 것입니다.

여러분들은 부처님의 가르침을 기꺼이 받아들이고 그에 따라 네 가지 삼빠잔냐를 성취하도록 수행하십시오. 그리하여 수행이 무르익었을 때, 모든 고통이 소멸해 버린 평화롭고 가장 행복한 닙바나를 가장 쉬운 방법으로 얻게 될 것입니다.

1) 빨리어 사띠(sati)는 기억이라는 뜻과 알아차림이란 두 가지 뜻으로 사용된다. 기억은 현재를 아는 기억을 말하며 알아차림은 육근이 육경에 부딪쳐서 인식되는 것을 확실히 아는 것을 말한다. 부처님께서 깨달음을 얻은 위빠사나 수행은 12처와 18계 안에서 일어나는 모든 것을 대상으로 인식하는 바로 이때를 알아차림이라고 한다.

상좌불교에서는 팔만사천법문을 하나로 요약하면 알아차림이라고 하며 알아차림은 위빠사나 수행에 있어서 가장 기본적인 것이다. 알아차림은 깨끗한(선한) 마음의 작용으로 행위에 속하며 대상을 자세히 알기 위해 새로 마음을 내서 아는 것을 말한다. 알아차림과 같은 뜻으로 주시, 마음챙김, 염(念), 관찰, 보다 등등을 사용한다.

2) 수행을 할 때 호흡을 알아차리는 방법으로 코에서 일어나는 들숨과 날숨을 말한다. 또는 출입식(出入息), 안반(安般)이라고도 한다. 코의 들숨과 날숨을 알아차리는 것을 아나빠나(ānāpāna) 사띠라고 하는데 안반념(安般念), 수식관(隨息觀)이라고 한다.

대념처경에 있는 호흡의 알아차림은 코의 들숨과 날숨을 집중하는 수식관을 말한다. 그러나 마하시 사야도에 의해 널리 보급된 배의 일어남, 꺼짐은 몸의 풍대 요소를 알아차리는 호흡법으로 사용되기도 한다.

호흡을 대상으로 수행할 때 코, 배, 가슴, 또는 몸의 일부에서 알아차리는 방법과 전면에서 알아차리는 방법이 있다. 이러한 위치는 수행방법에 따라 약간씩 다르게 사용되고 있다. 수행방법에 따라 한곳의 호흡을 위주로 알아차리는 경우가 있고, 호흡의 위치가 느껴지는 곳에서 자유롭게 알아차리는 방법도 있다.

3) 네 가지 물질적 요소(四大, mahābhūta)를 빨리어로 마하부따(mahābhūta)라고 한다. 마하(mahā)는 크다는 접두사이며, 부따(bhūta)는 생성된, 태어난, 요소, 일어난 일 등을 말한다. 마하부따는 물질의 큰 요소를 말하는데, 이것은 네 가지 요소로 나누어진다. 이것은 물질을 인식하는 기본적인 것이

며 실재하는 것이다.

물질은 존재하지만 존재가 실재하는 것이 아니라 무엇이라고 인식할 수 있는 것을 실재하는 것으로 보는 것이 불교적 관점이다. 바로 이러한 물질의 인식은 기본적으로 사대가 있고, 나머지 파생된 것으로 24가지가 있다. 몸은 물질의 형태를 띠지만 물질이 가지는 성품이 내재한다. 이것이 몸이 가지고 있는 네 가지 요소이다. 이것을 지(地), 수(水), 화(火), 풍(風), 즉 사대(四大)라고 한다. 몸이 가지고 있는 성품을 아는 것이 몸의 빠라맛타(paramattha, 실재, 성품)를 알아차리는 것이다. 이렇게 존재하는 모든 물질은 이 네 가지 성품을 가지고 있다.

지대(地大)는 흙의 본성으로, 단단한 고체성과 강도를 나타내는 특성이 있다. 그러나 단단함 안에는 항상 부드러움이 함께 있다. 단단함의 요소는 부드러움의 요소가 있어서 단단하다고 느껴지는 것이다. 부드러움 또한 마찬가지로 부드러움 안에 단단함이 있어서 부드러움을 알 수 있다. 지대는 몸이 가지고 있는 단단함, 부드러움, 무거움, 가벼움, 딱딱함 등을 통틀어서 말한다. 손이나 발, 몸이 어디에 닿았을 때 단단하거나 부드럽게 느껴지는 것이 지대의 성품을 아는 것이다. 그리고 물이나 바람이 피부에 닿았을 때 강하거나 부드럽거나 단단하게 느껴지는 것도 지대의 성품이다.

수대(水大)는 물의 본성으로, 흐름이 있으므로 유동성이 있다. 물은 축축하고 습기가 있는 습성이 있으며, 흘러서 한곳으로 모이기 때문에 응집성이 있다. 물은 물질과 연결하여 결합시켜 엉기게 한다. 몸의 기관인 물질과 물질을 서로 응집시켜서 결합하도록 한다. 그래서 시멘트와 같은 접착성이 있다. 수대에도 단단함과 부드러움이 있다.

화대(火大)는 불의 본성으로, 따뜻함과 늙어감과 소모되는 것과 소화를 돕는 열기의 성품이 있다. 그리고 차가움의 성품도 아울러 가지고 있다. 따뜻함에는 항상 차가움이 함께 있어서 따뜻함이 느껴진다. 화대는 소화를 돕는 36.5℃의 열기를 유지한다. 또한 몸의 병충해와 싸우는 열기를 나타낸다. 뿐만 아니라 체온을 유지하는 것은 생명을 유지하는 것이다. 화대는 숙성의 성품이 있다. 새로운 생명이 만들어지고 성장하고 병들고 하는 것이 모두 화대의 영향이다.

풍대(風大)는 바람의 본성으로, 공기의 요소이다. 바람의 요소는 몸의 움직임으로 가볍게 일어나는 모든 움직임을 말한다. 그리고 에너지, 운동, 긴장, 지탱의 요소가 있다. 바람은 상승하는 바람과 하강하는 바람이 있다. 상승하는 바람은 몸의 움직임의 원인이 되는 공기나 공기 같은 것, 또는 이것에 달라붙는 것들이 있다. 여기에는 재채기, 트림, 하품, 구토, 딸꾹질 등이 있다. 하강하는 바람에는 배에서 부는 바람, 창자에서 부는 바람, 팔과 다리를 통해서 부는 바람, 코의 호흡이 되는 들숨과 날숨의 바람이 있다. 호흡은 에너지의 요소를 가진다.

그러나 물질을 크게 분류할 때는 근본물질인 지·수·화·풍의 4대를 말하고, 다시 여기서 파생된 물질로 구분한다. 그래서 4대의 4가지와 파생된 물질 24가지를 합해서 28가지의 물질로 나눈다. 파생된 물질을 소조색(所造色)이라고도 하며, '뒤에 생긴', '후자적인', '파생된'이라는 의미를 가지고 있다.

근본물질 4대의 4가지와, 4대에서 파생된 나머지 물질인 24가지의 분류는 다음과 같다. 아비담마(論藏, abhidhamma)에서는 물질의 요소를 28가지로 분류할 때 크게 구체적인 물질과 추상적인 물질로 나눈다.

구체적인 물질
근본물질 : 1) 지대, 2) 수대, 3) 화대, 4) 풍대
감성(淨信, 육근의 맑음)의 물질 : 5) 눈의 감성, 6) 귀의 감성, 7)코의 감성, 8) 혀의 감성, 9) 몸의 감성
대상(色·聲·香·味의 경계)의 물질 : 10) 색(色), 11) 소리(聲), 12) 냄새(香), 13) 맛(味)
성(性) : 14) 여성, 15) 남성
심장의 물질 : 16) 심장의 토대
생명의 물질 : 17) 생명의 기능(命根)

음식의 물질 : 18) 영양소

추상적인 물질
제한 : 19) 허공의 요소
암시 : 20) 몸의 암시, 21) 말의 암시
변화 : 22) 물질의 가벼움, 23) 물질의 부드러움, 24) 물질의 적합함
특징 : 25) 생성, 26) 상속, 27) 쇠퇴, 28) 무상함

4) 배의 일어남이나 꺼짐, 혹은 몸이 누워 있음, 닿아 있음을 알아차린다. 와
선(臥禪)을 할 때에도 호흡을 알아차린다. 이때 배의 움직임이 가장 크게
일어나므로 배의 호흡에 집중한다. 배의 움직임이 빠를 때는 일어남, 꺼짐
을 한다. 그러나 일어남, 꺼짐을 하고 휴지부가 길어질 때는 일어남, 꺼짐,
누움을 한다. 누움을 붙이고도 휴지부가 생기면 다시 일어남, 꺼짐, 누움,
닿음을 한다.
　　휴지부는 호흡과 호흡사이의 정지된 순간을 말하는데 호흡을 알아차리는
것은 일어남과 꺼짐을 아는 것이다. 그러나 호흡의 꺼짐이 있고 나서 다
음 일어남이 있을 때까지 순간을 휴지부라고 한다. 이때 쉼의 상태인 휴
지부가 길어질 때는 무엇인가를 알아차리기 위해 호흡을 알아차리는 것
외에 몸의 누워 있는 상태를 알아차리거나 또는 몸이 바닥에 닿아 있는
상태를 알아차리는 것이 누움, 닿음을 하는 것이다. 이것은 명칭을 붙였을
때의 방법이므로 명칭을 붙이지 않는 수행을 할 때는 누워 있는 느낌을
알고, 닿아 있는 느낌을 알아차리면 된다.
　　만약 누웠을 때 호흡의 일어남과 꺼짐을 알아차리기 어려울 때는 그냥 몸
의 누움, 닿음을 알아차린다. 누움을 할 때는 몸이 누워 있는 전신을 알아
차리는데 누운 몸의 윗부분을 알아차린다. 다시 닿음을 할 때에는 누운
몸의 바닥에 닿아 있는 몸의 밑 부분을 알아차린다. 배의 일어남, 꺼짐을
알아차리기 어려우면 코나 가슴 등 호흡이 느껴지는 곳에서 알아차리면
된다.

수행의 이익

수행을 통해서 얻을 수 있는 이익에 대해 상세히 이야기해 보도록 하겠습니다.

어느 때 어떤 천인(天人)이 부처님께 와서 예를 표한 다음 자신의 견해를 확인하려고 다음과 같이 말씀드렸습니다.

"부처님이시여, 제 의견을 말씀드린다면, 저는 모든 중생들이 자신의 어린이들을 가장 사랑한다고 믿습니다. 소를 가장 많이 가지고 있는 사람이 가장 부자입니다. 햇빛이 우주에서 가장 밝습니다. 물을 담고 있는 호수 중에서는 대양(大洋)이 가장 크고 넓습니다."

그의 말은 전통적인 진리처럼 보입니다. 그렇습니다. 사람들은 그들의 후손을 너무도 사랑하여 자식들을 안기도 하고 목말을 태우기도 합니다. 아이가 부모 옷에 똥오줌을 싸도 화를 내거나 싫어하지 않고 더욱더 사랑과 자애를 퍼붓습니다. 이런 것들을 알아차린 천인은 중생들이 자기 후손을 가장 사랑한다고 결론을 내렸습니다.

소를 가장 많이 보유한 사람을 가장 부유하다고 하는 것이 현실입니다. 부처님이 태어난 곳은 소를 신성하게 여기는 인도입니다. 힌두문화는 고기를 먹지 않으나 우유를 사람들에게 필요한 단백질을 공급해 주는 자연의 원천으로 생각합니다. 사람들에게 영양분을 공급해 주는 버터, 요구르트와 치즈도 우유에서 나옵니다. 그래서 인도 사람들은 소를 많이 키우고 소를 많이 가진 사람을 부유한 사람으로 생각합니다.

햇빛이 가장 밝다는 그의 말은 진실인 것처럼 들립니다. 왜냐하면 전깃불, 배터리 불 혹은 다른 빛의 원천들은 밝기에 있어서 비교가 되지 않기 때문입니다. 호수 중에서 대양이 가장 넓고 크다는 말도 또한 아주 그럴 듯하고, 이들 말들의 적절함은 전통적인 진리처럼 들립니다.

그러나 우리는 여기서 평범한 사람들의 보통 지식과, 일체지자이신 부처님의 훌륭한 지혜의 현명함과의 차이를 비교해 보도록 하겠습니다.

천인의 여러 가지 말을 검토해 보신 부처님께서는 천인에게 다음과 같이 반박하셨습니다. 부처님의 말씀과 비교해 보면 천인의 주장은 모두 틀린 것이란 것을 알 수 있습니다.

(1) 모든 중생은 자신을 가장 사랑합니다.

사람들이 후손을 사랑하는 것은 자연스러운 것이지만, 언젠가는 의견 차이가 생겨 서로 헤어집니다. 우리들은 부모가 그들의 자녀와 여러 가지 이유로 인연을 끊은 경우를 볼 수 있습니다. 끔찍하게 서로 사랑하던 부부도 불화가 생기면 이혼합니다. 그것을 보면 그들이 어느 정도까지는 상대방을 사랑하지만, 자신을 사랑하는 것처럼 지극히 사랑하지는 않는다는 것을 알 수 있습니다. 그러므로 부처님께서는 중생은 그들의 후손을 가장 사랑한다는 천인의 말은 옳지 않으며 모든 중생은 자기 자신을 가장 사랑한다고 지적하셨습니다.

(2) 가장 부유한 사람은 곡식을 가장 많이 보유한 사람입니다.

두 번째 말도 틀렸습니다. 왜냐하면 궁핍할 때, 즉 기근이 들었을 때 생존을 위해 가장 중요한 것은 쌀(곡식)이기 때문입니다. 쌀이 없으면 비참한 재앙이며 죽음의 원인이 될 수도 있습니다. 그것은 차빳띠(chapatti, 인도 빵)나 빵을 먹는 사람들에게도 마찬가지입니다. 왜냐하면 밀도 곡식이기 때문입니다. 곡식에는 쌀, 보리, 귀리, 옥수수, 기장, 밀이 있습니다. 그러므로 곡식을 가장 많이 보유한 사람이 가장 부자인 것입니다.

(3) 지혜의 빛이 가장 밝습니다.

햇빛이 겉으로 보기에는 가장 밝은 것 같지만, 깊은 곳, 예를 들면 동굴 속을 비칠 수는 없습니다. 그리고 탐욕·성냄·어리석음(貪瞋癡)에 빠져 있는 사람들에게 빛을 줄 수는 없습니다. 또한 햇빛은 선량하지 못하고 어리석은 사람을 착하고 현명하게 바꿀 수도 없습니다. 사람은 지혜에 의해서만 착하고, 현명하고 교양 있는 사람으로 교육됩니다. 그러므로 지혜의 빛이 가장 밝습니다. 부처님께서 "지혜의 빛보다 밝은 빛은 없다"고 하신 말씀은 매우 지당합니다.

(4) 비와 샘물이 대양으로 가는 물의 근원입니다.

바다와 대양은 빗물과 샘물이 바다로 흘러 들어가지 않는다면 채워지지 않을 것입니다. 샘물과 빗물이 작고 큰 수많은 강을 거쳐서 대양으로 흘러 들어가는 것입니다.

여기서 주장하는 가장 중요한 요점은 중생은 자신을 가장 사랑한다는 것입니다. 집에 불이 나면, 그 집에 살고 있는 사람은 자신의 목숨을 구하기 위하여 집에서 재빨리 뛰쳐나옵니다. 모든 중생은 자신의 안전과 안락을 추구하며 부유해지고 행복하기를 바라고 있습니다.

그러므로 모든 중생은 자신을 가장 사랑한다는 부처님의 말씀은 절대적 진리입니다. 그렇게 사람이 자신을 가장 사랑한다면 자신에게 최대한 이롭게 하기 위하여 어떻게 살아가야 할까요?

감각적 쾌락만 즐기는 것은 자신을 적절하게 사랑하는 것이 아닙니다. 과거의 대학자들은, 게으르지 않고 적극적으로 선업(善業)을 실천하는 사람들만이 자신을 올바르게 사랑하는 사람이라고 말했습니다. 만약 자신을 사랑한다면, 몸과 마음을 다하여 적극적으로 선업을 쌓아야 합니다. 선업을 행하려면 바른 견해와 더불어 바른 신념을 갖는 것도 중요합니다.

선업은 반드시 청정하며 항상 좋은 과보를 가져옵니다. 건전한 행위를 하는 데 게을러서는 안 됩니다. 보시하는 것은 자신을 위하는 것입니다. 보시를 받는 사람도 이롭지만, 보시의 목적은 보시하는 사람이 자신의 재산을 관용으로 남에게 줌으로써 자신의 탐욕을 제거하는 것과, 수혜자가 보시자의 자애에 보답하는 것이므로 이는 매우 가치 있는 일입니다.

계를 지키는 것도 선업입니다. 살생이나 도둑질을 하지 않고, 다른 나쁜 행동이나 말을 하지 않는 것은 선업입니다. 이런 선업을 행함으로써 탐욕과 성냄을 막고, 그 결과 건강하고 오래 살게 됩니다. 지혜에 관련해서 위빠사나 수행을 하는 것도 선업입니다. 위빠사나 수행은 육문에서 발생하는 탐욕과 성냄을 예방합니다. 그리하여 탐욕과 성냄으로부터 자유롭게 되어 슬픔과 불안에서 벗어난 마음의 순수함을 즐기게 됩니다.

수행의 마지막 목표는 도과(道果)의 지혜를 얻어서 열반을 실현하는 것이므로, 그것이 가장 바람직한 선업입니다. 몸과 마음으로 보시, 지계(持戒), 수행을 실천하는 것만이 자신을 바른 방법으로 사랑하는 것입니다. 그러한 수행은 다른 사람을 위한 것이 아니라 바로 자신을 위한 것입니다. 보시, 지계, 사마타 수행(평온명상)과 위빠사나 수행(지혜 명상)은 선업입니다. 그러나 그 결과로 생기는 이로운 점은 저마다 다를 수 있습니다.

보시와 지계는 인간계와 천상에서의 부유함과 행복을 가져오는 선업입니다. 사마타 수행을 하면 천상에 태어납니다. 선정(禪定)의 지복(至福)에 사는 천인들은 음식, 물, 다른 영양분을 필요로 하지 않습니다. 천인들의 수명은 대단히 깁니다. 그러나 천상의 단점은 길고도 행복한 삶이 끝나면 인간계나 사악도(四惡道, 지옥·축생·아귀·아수라)로 떨어질 수 있다는 것입니다.

위빠사나 수행을 잘하면 유신견이 제거되어(즉, 성자의 흐름에 든 수다원도에 도달하여) 도과를 거쳐 닙바나라는 소중한 목표를 달성할 수 있습니다. 따라서 네 가지 선업 중에서 위빠사나 수행이 가장 좋습니다.

다시 정리를 해 보면, 보시와 지계의 선업은 천상이나 인간으로 태어나는 좋은 과보를 받습니다. 사마타 수행이란 선업은 천상에 태어나는 좋은 과보를 받습니다. 위빠사나 수행은 닙바나의 지복을 얻을 수 있습니다. 수행을 하는 여러분들은 닙바나란 소중한 목표를 달성하기 위하여 위빠사나 수행을 하고 있는 것입니다.

이 단계에서 의문이 떠오를 것입니다. 지금 이 시대에 위빠사나 수행을 한다고 닙바나에 들 수 있을까?

그렇습니다. 지금 이 시대에 위빠사나 수행을 하면 닙바나에 들 수 있습니다. 부처님께서는 열반하시기 직전에 수밧다라는 고행자에게 말씀하셨습니다.
"내가 열반에 든 다음이라도, 수행승이거나 재가불자이거나 간에 내가 설한 법문대로 실천하고, 올바른 통찰로 위빠사나 수행을 한다면 아라한이 끊어지는 일은 없을 것이다."

'올바른 통찰로 수행'한다는 말은 무슨 뜻일까요? 생멸의 지혜(새로운 현상이 언제나 재빨리 생겼다가 사라지는 것을 아는 지혜)를 얻은 사람이 다른 수행자나 친구를 자기처럼 수행하도록 격려해서 같은 결과를 얻었다면, 그것을 올바른 통찰로 수행했다고 할 수 있습니다.

올바른 수행으로 정신적·물질적 현상이 소멸하는 지혜를 획득한 수행자가 다른 수행자를 격려하여 정신적·물질적 현상이 소멸하는 지혜를 알도록 한다면, 올바른 통찰로 수행하고 있다고 간주할 수 있습니다. 마하시 선원에서는 고참 수행자가 자신이 수행하여 얻은 것을 신참 수행자들도 얻을 수 있도록 도와주려고 노력합니다. 이것도 또한 올바른 수행자의 삶을 사는 것이며, 올바른 통찰로 수행하는 것입니다.

만약 수행하는 여러분들이 부처님께서 예언하신 대로 부처님 말씀을 잘 실천하고 서로 도우면서 위빠사나 수행을 한다면, 아라한이 사라지는 일이 없을 것입니다. 만약 지금 이 시대에 아라한이 성취된다면, 자연적으로 아나함, 사다함, 수다원도 지금 이 시대에 존재할 것입니다. 그러므로 수행자들이 올바른 통찰로 수행한다면 지금 이 시대에서도 성인의 지위에 도달하리라는 것은 의심의 여지가 없습니다.

몸이 아프기 때문에 지금 효율적으로 수행할 수 없는 사람들조차도 낙담할 필요가 없습니다. 왜냐하면 『맛지마빤나사 마하 라훌로와다 숫따 앗타까타(중부 62경 교계라훌라 대경의 주석서)』에서 다음과 같이 말하고 있기 때문입니다.

(1) 명상 수행을 한 경험이 있는 사람은 그의 생애에서 한 번 또는 몇 번의 좌선으로 성인위를 성취할 수 있습니다. 그는 명상의 방법에 숙달되어 있기 때문에 조건이 성숙된 적절한 때와 장소에서 그 호기를 놓치지 않고 어떻게 하면 완전한 명상에 몰두할 수 있다는 것을 알기 때문에 그 순간에 도과의 지혜를 얻을

기회가 많이 있습니다. 이것이 수행을 하는 여러분이 소중한 목표를 달성할 첫 번째 좋은 기회입니다.

(2) 만약 수행하는 여러분이 위와 같은 기회를 실현하지 못하더라도 죽기 직전에 두 번째 기회가 있습니다. 죽음이 다가오면 모든 중생은 죽음을 두려워하기 때문에 위안과 도움을 받으려 합니다. 대부분의 사람들은 죽음을 두려워하지만, 죽음을 두려워하지 않는 두 부류의 사람들이 있습니다.

1) 첫 번째 부류는 초인(超人)으로, 코끼리형 영웅(elephant-hero), 황소형 영웅(bull-hero)입니다. 그들은 유신견이 너무나 강하기 때문에 죽음을 두려워하지 않습니다.
2) 두 번째 부류는 벽지불(辟支佛, 홀로 깨달은 부처), 아나함, 아라한입니다. 그리고 완전히 깨달은 부처입니다. 왜냐하면 그들에게는 유신견이 없으며 두려움의 원인이 되는 성냄이 소멸되었기 때문입니다.

다른 모든 사람들은 죽음을 두려워합니다. 아무도 죽은 다음에 무슨 일이 벌어지는지 모르고, 어디에 다시 태어날지 모르기 때문에 죽는다는 것은 두려운 사건입니다. 죽을 때 도와주기를 바라면서 자식이나 의사나 누구든 가까이 있는 사람에게 의지하려고 합니다. 그러나 막상 죽는 순간에는 어떤 약도 효험 없고, 자식도 전혀 도움이 되지 않습니다.

죽는 순간에 실제로 도움이 되는 것은 수행입니다. 명상 수행의 경험이 없는 사람들은 어떻게 법(마음의 대상)을 알아차리는지 모를 것입니다. 그들이 마지막으로 할 수 있는 것은 자식들에게 나 좀 살려 달라고 호소하는 것뿐입니다. 마치 날개 잃은 새가 날지 못하고 개나 고양이의 먹이가 되는 것과 같습니다.

만약 사람이 죽을 때 법을 알아차리지 못하면 사악도에 떨어지기 십상입니다. 그러나 명상 수행을 하고 있는 사람은 위빠사나 지혜를 알아차리게 되고, 그로 인해 도과(道果)의 지혜를 얻을 수 있는 두 번째 기회가 주어지며, 죽기 직전에 성인이 될 수도 있습니다. 죽는 순간에 법을 알아차릴 기회가 없을 수도 있다고 상상해 보면, 살아생전에 위빠사나 수행을 했던 것은 결코 헛된 것이 아닙니다.

(3) 비록 성인이 되지 못했다고 할지라도, 법을 알아차리면서 죽었다는 바로 그 사실은 그가 사악도에 떨어지지 않고 천상에 천인으로 태어나는 데 도움이 될 것입니다. 그는 틀림없이 고따마(Gotama)[1] 붓다 시절에 명상 수행을 한 천인들을 만날 것이며, 이 경건한 천인들과 함께 성인이 될 또 한 번의 기회를 가질 수 있게 될 것입니다.

천상은 인간계와 조건이 비슷합니다. 즐거운 감각적 쾌락을 추구하는 천인이 있는가 하면, 법을 추구하고 위빠사나 수행을 하는 천인도 있습니다. 그래서 죽을 때 법을 알아차렸기 때문에 천상에 태어난 사람은 다른 경건한 천인을 만날 것이고, 천인들은 보다 지성적이기 때문에 큰 어려움 없이 성인이 될 수 있을 것입니다. 이것이 명상 수행을 경험한 사람들이 깨달을 세 번째 기회입니다.

(4) 천상에서 깨달을 세 번째 기회를 놓쳤지만 윤회하여 부처님과 불법이 존재하지 않는 시기에 인간으로 태어났다고 가정하더라도, 여러 생에서 위빠사나 수행을 하면 벽지불이 될 수 있습니다. 벽지불은 부처님 가르침 없이 '독자적으로 깨달은 분(獨覺)'입니다. 벽지불은 그렇게 별도로 혹은 개인적으로 깨달은 분입니다. 그는 스스로의 노력으로 사성제를 이해했지만 완전하게 깨달은 부처님처럼 알아듣게 법문을 할 능력은 없습니다. 여성들도 이때 의식을 고양시켜 벽지불이 될 수 있습니다.

(5) 네 번째 기회인 벽지불이 되는 데 실패했다 하더라도, 이전에 수행했던 힘으로 다음에 오는 불법시대에 쉽게 아라한이 될 수 있습니다. 이에 대한 선례가 있습니다. 깟사빠 붓다(Kassapa Buddha) 시절에 7일 동안 용맹정진을 했지만 성인위를 성취하지 못한 '바히야 다루짜리야'라는 사람이 고따마 붓다 시절에 살았습니다. 그는 고따마 붓다의 법문을 듣고 한번의 충실한 좌선으로 아주 쉽고도 편안하게 사성제를 즉시 깨닫고 아라한이 되었습니다.

결론적으로 수행하는 것은 우리 모두에게 매우 유익한 것이며, 여러분은 바로 이 순간 위빠사나 수행을 할 기회를 놓치지 않도록 노력해야 합니다.

위빠사나 수행을 하면 ;
1) 첫 번째 기회에 도(道)의 지혜와 과(果)의 지혜를 얻을 수 있습니다.
2) 첫 번째 기회에 성인이 되지 못한다면, 두 번째 기회인 죽는 순간에 그것을 획득할 수 있습니다.
3) 두 번째 기회에 실패한다면, 세 번째 기회인 천상에서 천인이 되어 도과의 지혜를 얻을 수 있습니다.
4) 세 번째 기회를 놓친다면, 불법이 없는 시대에 태어나도 벽지불이 될 수 있습니다.
5) 벽지불이 되는 네 번째 기회를 놓치더라도, 다음 불법시대에 사성제를 증득하고 아라한이 될 수 있습니다.

명상의 이득이 이렇게 위대하며 틀림없이 성취할 수 있는 것이므로, 지금 이 순간 위빠사나 수행을 하는 데 전력을 다해야 합니다.

1) 고따마(Gotama)는 부처님 가계(家系)의 성(姓)이다. 고따마의 가계는 사끼
   야(釋迦, Sakiya)족에 속하는데, 남자들은 모두 고따마라고 불렸다. 외도들
   은 부처님을 부를 때는 고따마라고 했으며, 석가모니 부처님을 다른 부처
   님들과 구별할 때는 고따마 붓다라고 호칭했다. 고따마 가계에 속하는 여
   인들은 고따미(Gotami)라고 한다.

명상에서 균형 잡힌 기능의 중요성

명상을 할 때 균형 잡힌 기능이 얼마나 중요한지에 대하여 알아보도록 하겠습니다. 명상을 하는 데는 다섯 가지 주요 기능이 있는데, 알아차림(sati), 집중(samādhi)[1], 노력(viriya), 믿음(saddhā), 지혜(pañña)입니다. 이들 다섯 기능 중에서 집중과 노력, 믿음과 지혜는 명상을 하는 데 모두 균형이 이루어져야 합니다. 믿음이나 노력 또는 집중을 지나치게 강조하는 것은 바람직하지 않습니다. 그렇지만 알아차림은 아무리 강조해도 지나치지 않습니다. 알아차림을 강조하면 할수록 명상 수행은 그만큼 더 좋아집니다.

명상 수행에는 걷고, 서고, 앉고, 눕는 네 가지 종류의 자세(行住坐臥)가 있습니다. 이 중에서 걷고 서는 행선은 정진력(努力)을 계발하고 증진시킵니다. 물론 집중력도 증가되지만 노력이 더 많이 계발됩니다. 행선을 하기 위해 서 있는 동안 여러분은 쓰러지지 않으려고 특별한 노력을 하지 않으면 안 됩니다. 걸을 때에도 한 발이 똑바로 서 있는 동안 다른 발을 내디디려는 특별한 노력을 하지 않으면 안 됩니다. 그래서 우리가 걷고 서는 행선은 노력을 계발하는 데 더 적합하다고 하는 것입니다.

좌선과 와선은 집중을 계발하는 데 도움이 됩니다. 좌선하고 있을 때에는 몸을 움직이지 않은 채 눈을 감고 있기 때문에 집중이 더 잘 이루어집니다. 이때도 물론 노력도 있지만 그것은 미미합니다. 와선할 때에는 눈을 감고 가만히 누워 있기 때문에 집중하는 힘이 더 강해집니다. 그러므로 좌선과 와선 자세에서는 집중이 더 계발된다고 하는 것입니다.

그러므로 경전에는 성자들이 집중과 노력 그리고 믿음과 지혜가 균형 잡혀 있는 수행자를 칭찬했다고 분명하게 언급되어 있습니다. 이렇게 칭찬하는 것은 적절합니다. 왜냐하면 현실적으로도 집중과 노력, 믿음과 지혜가 균등하게 계발되었을 때에만 위빠사나 수행의 진보가 신속하게 진행되기 때문입니다.

자전거의 예를 들면, 안락하고 빠르게 자전거가 달리기 위해서는 두 바퀴에 바람이 똑같은 압력으로 들어가 있어야 합니다. 두 바퀴 중 하나가 바람이 빠지면 자전거는 잘 굴러가지 못합니다. 사람도 마찬가지입니다. 사람은 두 눈과 두 귀가 똑같이 작동할 때 정상입니다. 한 눈에 이상이 있으면 볼 수는 있지만 두 눈이 정상인 사람처럼 효율적으로 보지는 못합니다. 마찬가지로 한 귀에 이상이 있다면 듣기는 하지만 두 귀가 정상인 사람처럼 잘 듣지는 못합니다. 두 손과 두 다리도 마찬가지입니다. 손발 가운데 어느 하나에 이상이 있다면 두 손과 두 발이 정상인 사람처럼 자유롭게 활동하지 못합니다.

수행자도 이와 같아서 집중과 노력, 믿음과 지혜가 알맞게 균형을 이룰 때 통찰의 진보는 정상적이고 빠르게 이루어집니다. 균형이 깨어져 지혜보다 믿음이 강한 사람들은 잘못된 길로 빠진다고 경전에 기록되어 있습니다. 삿다(saddha)는 믿음이며 어떤 것이나 한 가지를 믿는 것도 믿음입니다. 믿음을 갖는 것은 좋지만 맹신은 바람직하지 못합니다. 맹신자들은 잘못된 견해를 믿는 경향이 있습니다. 그들은 삿된 사람을 성인으로 잘못 생각합니다. 심지어 부처님께서 살아 계실 때에도 옷을 입지 않음으로써 탐욕과 성냄을 극복했다고 생각하고 나체 수행자를 숭배하는 사람들이 있었습니다.

어떤 사람들은 개나 소처럼 행동하는 사람을 숭배했습니다. 어떤 사람들은 사람의 머리카락으로 만든 옷을 입은 사람 또는 괴팍한 옷을 입은 사람을 숭배했습니다. 그런 사람들을 숭배한 이유는, 그들이 믿음은 있었지만 어느 것이 옳고 그른지 식별하는 지혜가 없었기 때문입니다. 나체로 살아가는 사람들은 적절함에 대한 감각이 없는 것이며, 덕망 있는 사람이나 존경받는 사람, 점

잖고 지성적인 사람들에게 어떻게 보이는지에 대하여 올바른 시각이 없는 것입니다.

어떤 사람들은 누가 정법을 가르치고, 누가 여러 가지 불행을 초래하고, 심지어는 누가 날조된 신을 맹신하다가 목숨을 잃어버리게도 하는 사기꾼이고, 누가 잘못된 길로 인도하는지 적절하게 판별하지 못합니다.

그런 종류의 불상사는 확고한 믿음은 있으나 바른 길과 잘못된 길을 구별하는 지혜가 없는 사람들에게 일어날 수 있습니다. 그들은 쉽게 가짜 부처, 가짜 법, 가짜 승가의 추종자가 될 수 있습니다.

미얀마 속담에 "지혜가 모자라는 열렬한 맹신자는 잘못된 길로 접어들 수 있다"라는 말이 있습니다. 그리고 영리하고 지성적이지만 확고한 믿음과 정직성이 결여된 사람은 교활하고 사악해질 수 있습니다. 여러분들 주위에서 책을 많이 읽어 아는 것은 많지만 믿음이 부족한 사람들은 남에게 보시하는 관용이 없고, 계를 지킬 마음도 없고, 위빠사나 명상 수행도 하지 않는 것을 볼 수 있을 것입니다.

그들은 보시, 지계(持戒)와 수행을 별로 하지 않을 뿐 아니라, "보시하지 마십시오. 그것은 윤회의 고통을 연장시킬 뿐입니다"

라고 악담을 늘어놓음으로써 신심이 깊고 보시와 계를 실천하려는 사람들의 길을 방해합니다. 그들은 "보시는 쉬운 것입니다. 설거지를 할 때 음식물 찌꺼기를 버리면 곤충들이 그 음식을 먹을 수 있게 되는데, 그것도 보시입니다"라고 말합니다. 물론 그것도 일종의 보시이지만, 그런 종류의 보시는 저급한 것이어서 복덕이 적습니다.

교활하고 사악한 사람들은 신심 깊고 관대한 사람들의 선행을 방해하는 그런 악담을 합니다. 그들은 전통적인 방법으로 절에 가서 계를 지키는 청정한 스님의 지도로 정중하게 수계(受戒)하려는 사람들을 방해합니다. 그들은 집에서 마음의 청정을 실천하면 되니까 수계하기 위해서 절에 갈 필요가 없다고 말하며 신심 깊은 사람을 비웃습니다.

청정한 스님의 입회 하에 장중한 의식을 통해서 수계해도 때로는 계를 지키기 어렵습니다. 하물며 집에서 혼자 계를 준수한다는 것은 더더욱 어려운 일입니다. 그것은 계를 준수하는 것을 마음대로 파기하기 쉬워서 아무런 제재 없이 살생을 한다든지 낮 12시 이후에 음식을 먹을지도 모릅니다. 그러므로 존경하는 스승 앞에서 계를 지키는 것이 보다 더 엄숙하고, 보다 더 준수하기 쉽고 진지하고 유익합니다.

소위 박식한 사람들도 위빠사나 명상 수행에 대해 이렇게 빈정

거립니다.

"선원에 굳이 갈 필요가 없다. 부처님께서 자신의 몸을 알아차리는 것이 법이라고 하셨다. 수행은 자기 집에서 혼자 할 수 있는 것이다."

어떤 일을 하든지 일을 하려면 조직적으로 접근해야 합니다. 그래서 수행방법(方便)을 올바르게 알려주는 훌륭한 스승이 있어야 합니다. 위빠사나 명상 수행은 최상의 준비와 올바른 안내가 필요한 진지한 과업입니다. 거기에 더해서 영감을 주는 장소와 서로 격려해 주는 도반이 있어야 합니다.

환경도 대단히 중요합니다. 선원은 정숙한 환경이 독특한 특징이고, 좌선과 행선이 되풀이되는 시간표가 기본적으로 정해져 있습니다. 개인의 집이 선원의 환경, 분위기, 영감, 숭고한 특징을 다 갖추고 있을 수는 없습니다. 어느 가정이나 세속적인 일이 없을 수 없는 것이어서 집에서는 잡다한 보통 사람이 하는 일상 업무에 쉽사리 휘말리게 됩니다.

소위 박식한 사람들은 수행을 방해하는 발언을 하면서 정작 그들 자신은 스스로 수행하려 들지 않습니다. 그러나 여기서 수행하는 여러분들은 잠자는 네 시간을 제외한 거의 모든 시간을 정신적·물질적 현상을 알아차림으로써 부처님의 가르침을 따르고 있습니다.

미얀마 속담에 "너무 아는 것이 많고 믿음이나 확신이 부족한 사람은 교활하고 사악해진다"라는 말이 있습니다. 그러므로 명상 수행을 할 때 바람직하지 못한 효과를 피하고 체계적으로 발전하기 위해서는 지혜와 믿음의 균형이 맞아야 합니다. 우리는 합리적이고 실질적인 것을 믿어야 합니다. 우리가 하지 말아야 할 단 하나는 맹목적인 믿음으로 어떤 교리를 추종하는 것입니다. 어떤 것을 믿기 전에 찬성의 입장과 반대의 입장에서 모든 주장을 잘 검토해 보아야 합니다.

지성적이면서도 진지한 믿음과 확신을 가지고 있는 사람은 대중의 자산입니다. 그는 같이 사는 모든 사람과 전체 사회의 좋은 친구가 될 것입니다. 이것이 지혜와 믿음이 균형을 이룬 결과로 얻어지는 이익입니다. 그리고 집중과 노력도 균형이 맞아야 합니다. 집중은 마음이 하나의 대상에 집중된 상태를 말하며, 노력은 에너지라고 하는 활력입니다.

앞에서 설명한 바와 같이, 좌선과 와선은 집중의 계발을 촉진시킵니다. '걷고 서고' 하는 행선은 정진력을 촉진시킵니다. 그러므로 이곳에서의 명상 일정은 한 시간 행선과 한 시간 좌선이 되풀이되도록 짜여져 있습니다. 좌선만이 명상의 진전에 도움이 된다면 스승들이 좌선만 계속하라고 지시했겠지만 그렇지 않습니다. 만약 좌선만 강조한다면 집중만 지나치게 계발되기 때문입니다.

집중만 지나치게 강조하고 노력이 부족한 사람은 게으름과 혼침(昏沈)이 많아지는 경향이 있다고 경전의 주석서에 기록되어 있습니다. 좌선과 와선을 많이 하고 행선을 별로 하지 않는 수행자는 게으름과 혼미함으로 졸음이 많아지는 경향이 있습니다. 만약 그런 종류의 증상이 나타나면 여러분은 집중이 지나쳤다는 것을 알아야 합니다.

각 단계의 지혜의 끝 부분에 머리를 너무 자주 끄덕이는 등의 일종의 졸음이 나타나는 경향이 있습니다. 그러면 노력을 증가시켜야 한다는 것을 깨달아야 합니다. 노력을 증가시킨다는 것은 닿는 부위를 네 군데에서 열 군데 등으로 증가시키는 것과 행선을 더 많이 하는 것을 의미합니다. 노력과 집중이 균형을 이루었을 때 해태(게으름)와 혼침(정신이 혼미함)이 극복될 것입니다.

그러나 여러분이 필요 이상으로 행선을 많이 하고 좌선을 적게 한다면 노력을 강조한 것입니다. 노력이 지나치면 좌선할 때 망상, 즉 백일몽이 많아집니다. 이렇게 되면 수행하는 여러분은 이를 즉시 알아차리지 못하고 한참 후에야 알아차릴 수도 있습니다. 행선을 할 때에도 시작하는 시점에서는 발걸음을 알아차리지만, 그 다음부터는 망상에 빠질지도 모릅니다. 치유방법은 집중을 증가시키는 것입니다. 이런 방법으로 여러분은 집중과 노력의 균형을 맞춰 나갈 수 있습니다.

부처님 시절에 살았던 소나라는 백만장자 아들의 이야기를 해 드리겠습니다. 백만장자의 아들이어서 그는 매우 섬세하고 연약했습니다. 그의 발바닥은 부드러운 털로 덮여 있었다고 합니다.

그는 온 정성을 다해서 위빠사나 명상을 수행하기로 결심하고 스님으로부터 계를 받았습니다. 수계 후 신참 승려가 된 소나 비구는 "나는 이제까지 백만장자의 아들로서 안락하고 편안한 삶을 살았으니, 이제부터는 육체적인 어떠한 안락함도 추구하지 말고 불굴의 인내로 열심히 수행하지 않으면 안 된다"라고 생각했습니다.

그는 울퉁불퉁한 길에서 행선을 했는데, 그의 발이 너무 연약하고 부드러워서 물집이 생겼습니다. 그렇게까지 했지만 그는 집중을 계발하지 못했습니다. 그가 걸을 수 없게 되었을 때 무릎과 손으로 기었습니다. 너무나 열심히 노력했기 때문에 그가 행선하는 길은 피로 물들여졌습니다. 그런 노력에도 그는 아무런 위빠사나 지혜를 달성하지 못했습니다. 낙담한 그는 "나는 법을 깨닫고 실현하지 못할 운명인가 보다"라고 생각하고 모든 수행을 포기할 지경에 이르렀습니다.

그때 부처님께서 행선 장소에 오셔서 물으셨습니다.

"왜 이곳이 백정이 일한 것처럼 온통 피로 뒤덮여 있는가?"

다른 비구가 백만장자의 아들인 소나 존자가 행선하면서 발에서 피를 흘렸기 때문이라고 말씀드렸습니다. 부처님께서는 신참 승려인 소나 존자에게 가셔서 그가 젊었을 때 하프를 연주한 적이 있는지 물으셨습니다. 소나 존자는 자기가 하프를 아주 잘 연주한다고 말씀드렸습니다. 부처님은 그에게 하프의 현들이 아름다운 소리가 나도록 유지하려면 어떻게 해야 하는지 물으셨습니다. 소나 존자는 현들은 너무 느슨해도 안 되고 너무 팽팽해도 안 된다고 말씀드렸습니다.

그러자 부처님은 하프를 연주하는 것처럼 행동하라고 가르쳐 주셨습니다. 왜냐하면 너무 느슨하면 줄이 늘어지고 너무 팽팽하면 줄이 툭 끊어지기 때문입니다. 명상 수행에서 중도를 따르는 것이 결과를 얻는 데 최선의 길입니다. 부처님께서는 소나 존자에게 노력과 집중이 균형 잡히도록 하기 위해 행선과 좌선을 똑같이 하고, 규칙적으로 식사하고, 약을 써야 할 상황이 생기면 약을 쓰라고 가르치셨습니다.

신참 승려 소나 존자는 부처님의 지시를 따랐습니다. 그는 약을 사용하여 물집 생긴 발을 치료했고, 알맞게 먹었으며, 노력과 집중을 똑같이 실천했습니다. 그는 얼마간의 시간이 지난 다음 도과(道果)의 지혜를 증득하고 성자가 되었습니다.

여러분들도 지혜와 믿음, 집중과 노력을 똑같이 균형 있게 실천하여 고통의 소멸인 닙바나를 이루기 바랍니다.

주해

1) 집중을 빨리어로 사마디(samādhi)라고 한다. 사마디는 수행에서 필요한 다섯 가지 기능(五根)인 믿음, 노력, 알아차림, 집중, 지혜 중의 하나이다. 이것을 오근이라고 하며, 오근 중에서 노력, 알아차림, 집중, 이 세 가지가 기본적인 중심을 이룬다.

수행은 먼저 믿음이 선행되어야 하고, 그리고 언제나 노력, 알아차림, 집중이란 세 가지가 함께해야 하며, 이것이 이루어지면 자연스럽게 지혜가 뒤따르게 된다. 수행을 할 때 그 순간 대상을 알아차리는 것으로는 부족하다. 대상을 알아차리는 것이 지속되어야 한다. 이때의 지속이 집중에 의해 이루어진다. 이러한 알아차림과 집중은 노력에 의해 이루어지기 때문에 이 세 가지는 항상 함께하는 기능이다.

사마디는 집중, 삼매, 정(定)의 뜻으로 쓰인다. 그러나 단지 집중하는 것으로만 이해해서는 안 된다. 사마디의 더 정확한 뜻은 '청정한 마음으로 대상에 집중하는 것'이다. 이때 청정함이란 육근이 육경에 부딪쳐 육식을 하는 과정에서 대상을 있는 그대로 보기 때문에 청정해졌음을 말한다. 이러한 청정함으로 고요한 마음이 생기고 자연스럽게 대상에 집중을 하게 되는 것을 사마디라고 한다. 그러므로 사마디란 대상을 있는 그대로 알아차려서 생긴 고요한 마음이 이루어진 상태에서 하는 집중을 말한다.

사마디의 종류에는 세 가지가 있다.

① 근본삼매(appanā samādhi): 깊은 삼매, 안지정(安止定), 근본정(根本定)
② 근접삼매(upacāra samādhi): 근행에 대한 집중, 초기삼매, 근행정(近行定)
③ 찰나삼매(khaṇika samādhi): 순간적 삼매, 찰나정(刹那定)

근본삼매는 사마타 수행의 선정에서 사용되는 깊은 삼매로써 4선정의 상태이다. 그리고 접근삼매는 초선에서 제4선의 근본삼매에 다가가는 삼매이다. 근접삼매의 빨리어 우빠짜라(upacāra)는 접근 또는 던지면 돌이 닿는 곳이란 말로 깊은 선정에 이르기 전에 근행에 대한 집중을 말한다.

근접삼매는 근본삼매에 이르기 전의 집중이므로 사마타 수행에서 사용하는 삼매로 분류한다. 그러나 위빠사나 수행을 할 때 순수 위빠사나가 아니고 사마타로 시작해서 위빠사나로 전환하는 과정에서는 근접삼매가 이용된다. 그러므로 근접삼매는 사마타 수행에서나 위빠사나 수행에서 모두 활용되는 삼매이다.

찰나삼매는 위빠사나에서 사용되는 삼매이다. 위빠사나의 대상은 몸과 마음의 실재하는 것을 알아차리는 수행이다. 이때 인식되는 실재하는 대상은 끊임없이 변하는 성품을 알아차리는 것이기 때문에 집중이 잠시도 깊게 머물 수가 없다. 그래서 찰나와 찰나를 지속시켜서 순간순간을 집중한다. 그래서 대상을 분명하고 객관화해서 알아차려 성품을 꿰뚫어 보게 된다. 이처럼 위빠사나는 알아차릴 대상 자체가 변화하는 과정이므로 구조적으로 깊게 집중하거나 고정해서 알아차릴 수가 없다. 그래서 찰나삼매를 사용한다.

모든 불자의 기본 교리

부처님은 네 가지 궁극적 진리(사성제)를 아시는 분입니다. '붓다(Buddha)'라고 불리기 위해서는 다음 두 가지 조건을 충족시켜야 합니다.

첫째, 붓다는 그 자신의 노력과 뛰어난 지혜로 사성제를 알고, 둘째, 다른 사람들이 이해할 수 있게 사성제를 가르치는 방법을 알아야 합니다.

사성제는 다음과 같습니다.
(1) 고성제(苦聖諦) : 고통의 고귀한 진리
(2) 집성제(集聖諦) : 고통의 원인의 진리
(3) 멸성제(滅聖諦) : 고통의 소멸의 진리
(4) 도성제(道聖諦) : 고통의 소멸로 인도하는 길의 진리

자신의 지혜로 깨달은 이들 사성제를 다른 사람들에게 알아듣
도록 가르치는 방법을 아는 사람을 '붓다'라고 부릅니다. 불자란
부처님의 가르침을 진심으로 믿고, 받아들이고, 실천하는 사람을
말합니다.

　　여기에는 자신을 불자라고 주장하는 사람들이 상당히 많이 있
습니다. 그들은 불자인 부모에게서 태어났기 때문에 자신을 불자
라고 주장하는 전통적인 불자입니다. 그러나 그들이 흔들리지 않
는 신념을 가진 확고부동한 신자라고 할 수는 없습니다. 그들은
부처님의 진정한 교리를 이해하려고 노력하지 않고 그들의 부모
와 친척들처럼 일반적인 불교 의식에만 참여합니다. 그런 사람들
은 심오한 종교적 이해나 진정한 불자로서의 신념이 없으며, 상
황이 바뀌면 다른 종교로 개종할 수 있습니다.

　　아직 깊은 믿음을 갖지 못한 그런 전통적인 불자들은 그들이
사악도로부터 영원히 벗어났다고 주장할 수 없습니다. 그러므로
확고한 믿음과 불교의 기본 교리에 대한 올바른 지식을 갖춘 진
정한 불자가 되는 것은 대단히 중요합니다. 확고한 믿음을 가진
진정한 불자가 된다는 것은 부처님의 가르침의 세 가지 주요 특
성을 실천한다는 것입니다.

　　이 세 가지는 다음과 같습니다.
　　(1) 불선업(不善業)인 불건전한 행위를 하지 않음.

(2) 항상 선업(善業)을 쌓으려고 노력함.

(3) 마음을 청정하게 하고 번뇌로부터 자유롭게 함.

다음 시에서는 이를 간명하게 표현하고 있습니다.

모든 악한 행위를 그만두고
착한 일을 하며
마음을 깨끗하게 하는 것
이것이 모든 부처님들의 가르침이다.

불선업이란 무엇인가? 불선업은 청정하지 않고 나쁜 결과를 가져오는 행동이라고 정의할 수 있습니다. 예를 들면 산목숨을 죽이는 일입니다. 죽이는 것 자체가 죄악입니다. 만약 사람을 죽였다면 그것은 큰 죄악일 뿐 아니라 그 과보로 다음 생에 수명이 짧고, 가난하고, 사악도에 떨어지게 됩니다. 훔치는 것도 불선업입니다. 이것은 죄악이며, 다음 생에서도 가난하고 비참한 삶을 살게 되는 과보를 받습니다. 거짓말, 이간질하는 말, 쓸데없는 말을 지껄이는 것도 선(善)하지 못한 말입니다. 선량하지 않은 생각, 옳지 않은 말, 옳지 않은 행위도 모두 불선업입니다. 이 행동들은 청정하지 않으며 나쁜 과보를 가져옵니다.

그래서 부처님께서는 그런 행위를 하지 말라고 설법하셨습니다. 만약에 아기가 날카로운 대나무 조각이나 동전을 입에 넣으려고 하는 것을 본다면, 어머니는 아기로부터 즉시 그것들을 빼앗을 것입니다. 또는 아기가 콩이나 다른 곡식을 코 속으로 넣으려 하는 것을 본다면, 어머니는 아기를 해로운 것으로부터 보호하려는 선의(善意)가 있기 때문에 즉시 그것들을 빼앗을 것입니다.

그러나 아기들은 엄마가 왜 그러는지 모르므로 울고 화를 낼 것입니다. 이러한 어머니의 행동은 연민에서 우러나온 것이며, 아기를 위험에서 구하고자 하는 것입니다. 이와 마찬가지로, 산 목숨을 죽이거나 남의 것을 훔치지 말고, 잘못된 음행을 하지 말고, 거짓말하지 말고, 이간질하지 말고, 거친 말이나 쓸데없는 말을 지껄이지 말며, 그 외 정신적으로 몸으로 말로 불선한 행위를 하지 말라고 부처님께서 금지하는 것은 좋지 않은 과보로부터 사람들을 보호하기 위한 것입니다.

진정한 불자의 두 번째 특성은 항상 선업을 쌓는 것입니다. 선업은 관용의 마음으로 보시하는 것, 청정한 계를 지키는 것, 명상 수행을 하는 것을 의미합니다. 선업은 청정하고 좋은 과보를 가져오는 것입니다. 보시는 청정할 뿐 아니라 보시를 받는 사람이 이번 생에서 자애로써 보답합니다. 그러면서도 그것은 다음 생에 과보를 가져오고 번영하게 하는 업으로 축적됩니다. 계를 지키는 것도 훌륭한 일입니다. 계를 청정하게 지키는 사람은 탐욕과 성냄으로부터 자유롭고, 이번 생만이 아니라 다음 생에서

도 장수합니다.

자비관(慈悲觀)[1]을 하는 것은 유익하고 청정한 것입니다. 자비
관은 다음과 같은 열한 가지의 유익한 결과를 줍니다.

(1) 평온하게 잠자고,

(2) 상쾌하게 잠에서 깨며,

(3) 악몽을 꾸지 않고,

(4) 사람들에게 사랑을 받을 뿐 아니라,

(5) 천인들로부터도 사랑 받으며,

(6) 천인들이 도와주고,

(7) 불이나 독약이나 무기의 해를 입지 않으며,

(8) 정신적으로 안정되고,

(9) 얼굴이 빛나고 조용하며,

(10) 죽을 때도 평온하며,

(11) 죽은 다음에는 보다 나은 세상에 태어납니다.

위에서 이야기한 이 모든 선행은 사람이 윤회의 굴레에서 좋은
과보를 받기 위한 것입니다. 우리들은 모두 다시 태어나고, 늙고,
고통 받고, 죽고 하면서 계속되는 과정인 윤회의 여행자입니다.
아라한이 되었을 때만 이 계속되는 과정이 멈춥니다.

그러므로 아라한이 되기 전까지는 윤회의 긴 여행을 하게 되는
데 준비물이 필요합니다. 다른 나라로 여행하든지 다른 지방에

가려고 해도 우리는 돈, 비행기표, 기차표와 식량 등이 필요합니다. 마찬가지로 영원히 계속되는 윤회라는 여행을 위해서도 우리는 훌륭한 준비물이 필요합니다. 그러나 이 여행길에는 이번 생의 돈, 비행기표, 기차표, 식량을 가져갈 수 없습니다. 우리가 가져갈 수 있는 유일한 준비물은 윤회의 긴 여행에서 우리를 편안하게 해 줄 좋은 과보를 주는 보시, 지계, 명상 수행을 함으로써 얻은 유익한 행위뿐입니다. 그래서 불선업을 하지 말고 선업을 쌓으라고 부처님께서 설법하신 것입니다.

부처님 가르침의 세 번째 특성은 마음이 청정하고 번뇌로부터 자유롭도록 유지하는 것입니다. 사람들은 보통 육체적 청결에 집착합니다. 육체적으로 단정하고 청결하게 보이기 위해서 사람들은 아침, 낮, 저녁 때, 즉 온종일 세수하고 목욕하고 옷을 갈아입습니다. 극소수의 사람만이 번뇌에서 벗어나기 위해 마음을 정화시킵니다. 육체적으로 불결하다고 해서 사악도(지옥, 축생, 아귀, 아수라의 세계)에 태어나는 것이 아닙니다. 그러나 마음이 청정하지 못하면 사악도에 떨어질 수 있습니다.

수행하는 여러분은 소, 말, 돼지, 닭, 오리 등의 축생들의 비참한 삶을 볼 것입니다. 그들은 전생에서 몸을 깨끗이 씻지 않았기 때문이 아니라 마음을 청정하게 하고 번뇌로부터 해방되지 않았기 때문에 고통 받고 있는 것입니다. 그들은 잔인한 행동과 기타 불선업을 행했기 때문에 그 과보로 이번 생에서 고통 받는 것입니다. 이렇게 말하는 것은 몸을 깨끗이 유지하려는 노력을 그만두라는 뜻은 아닙니다. 건강을 위해서 청결을 유지해야 하지만, 마음의 청정을 위해서 노력하는 것이 더 중요하다는 뜻입니다.

마음의 청정을 위해서는 어떻게 노력해야 할까요? 부처님께서는 "오, 비구들이여, 마음의 청정으로 인도하는 유일한 길은 알아차림을 확립(四念處)하는 것이다"라고 말씀하셨습니다.

그 네 가지에 대한 알아차림의 확립은 다음과 같습니다.
(1) 물질인 몸을 알아차림
(2) 느낌을 알아차림
(3) 마음을 알아차림
(4) 마음의 대상을 알아차림

이 네 가지 알아차림의 확립을 실천하는 것이 마음을 정화하는 유일한 길입니다. 냅킨이 새 것일 때는 깨끗하고 하얗습니다. 그러나 손이나 입을 닦는 데 사용하면 냅킨은 더러워지고, 다시 깨끗해지기 위해서는 물과 비누를 사용하여 세탁해야 합니다. 그와 마찬가지로 마음이 탐욕과 성냄으로 더럽혀졌을 때에는 알아차림의 확립이라는 물과 비누로 정화시켜야 합니다.

마음의 기능은 생각하고, 지각기관이 감지한 촉감을 아는 것입니다. 수행하는 여러분은 자신의 오고 가는 움직임을 의식으로 알아차립니다. 그러나 이러한 마음을 아주 이상하고 괴팍한 것으로 생각할 수도 있습니다. 여러분들이 볼 때 요즈음 라디오, 레이더, 컴퓨터, 텔레비전, 인공위성, 로켓, 원자폭탄 등의 이상한 것들이 많이 발명되었고, 현대의 그림들도 이상하고 난해하다고 주장할지도 모르겠습니다.

그러나 사람의 마음은 이러한 모든 새로운 과학적 발명이나 그림보다도 더 이상하다고 단언할 수 있습니다. 왜냐하면 이러한 새로운 것들을 발명하기 위해서는 과학자들이 우선 마음으로 그런 새로운 상품들은 생각해야 하기 때문입니다. 그러므로 사실은 마음이 더 이상하고 괴팍한 것이라고 볼 수 있습니다.

어떻게 보면 마음은 물에 비유될 수 있습니다. 물을 담아두려면 컵이나 냄비에 담아야 하고, 농업용수인 경우에는 제방으로 막아놓아야만 물을 저장해 놓을 수 있습니다. 이와 비슷하게, 마음은 사념처 위빠사나 수행으로 관리할 수 있습니다. 마음을 선업으로 가두어 놓지 않으면 오욕락(五慾樂)을 찾아 방황할 것입니다. 오욕락은 아름다운 형상, 즐거운 소리, 좋은 맛, 좋은 향기, 좋은 몸의 감각에 대한 쾌락입니다.

원래 물은 깨끗하고 순수합니다. 만약 석회석이 들어가면 뿌옇게 되고, 초록 물감이 들어가면 초록색이 되고, 검은 가루가 들어가면 검은색이 될 것입니다. 마찬가지로 마음은 원래 순수하지만 탐욕과 성냄의 영향을 받으면 오염됩니다. 마음은 조각용 나무와도 비유됩니다. 조각가는 나무로 용을 조각할 수도 있고 악마를 조각할 수도 있습니다. 또 예쁜 왕자와 공주를 조각할 수도 있습니다. 꼭두각시 연극에서 추하고 잔인한 성격은 악마와 용으로부터 나오고, 사랑과 동정적인 연기를 나타내는 아름다운 춤은 왕자와 공주에게서 나옵니다. 왜냐하면 연기하는 배우는 여러 가지 배역의 특성에 따라 역할을 맞춰야 하기 때문입니다.

조각가가 탐욕, 성냄, 어리석음으로 가득 찬 마음으로 조각하게 되면, 그 조각은 동물이나 악마, 혹은 가난하고 하류층의 일그러진 사람의 모습일 것입니다. 만약 조각가가 선업과 불선업이 혼합된 상태에서 조각한다면, 그 모습은 불구자이거나 낮은 계급의 천인(天人)일 것입니다. 그런 조각은 선업과 불선업이 교차되는 상태로 좋지 못한 환경에서 태어났기 때문에 아름답지 않고 손발이 불구인 인간이나 천인의 모습을 하고 있을 것입니다.

그러나 조각가의 마음이 선업으로 충만한 상태에서 조각했다면, 그 형상은 높은 계층의 인간이거나 높은 신분의 천인으로서 아름답고 잘생겼을 것입니다. 그 조각가는 높은 계급으로서 부유하고 안락한 삶을 살 것입니다.

마음은 종종 숲 속의 야생 코끼리에 비유되기도 합니다. 야생 코끼리는 인간에게 유익한 것이 아니라 해만 끼치는 동물입니다. 그러므로 사람들은 야생 코끼리를 그대로 두지 않고 해롭지 않고 유용하게 길들입니다. 길들은 암 코끼리를 이용하여 야생 코끼리를 커다란 구덩이 속으로 유인한 다음 물과 먹이를 주지 않고 가두어 놓습니다. 코끼리가 기력이 떨어지고 목마를 때 쇠사슬로 감아 놓고 사람이 부릴 수 있을 때까지 먹이와 물을 조금씩 주면서 길들입니다.

숲 속의 야생 코끼리의 예에서 보는 바와 같이, 길들여지지 않은 마음은 아름다운 형상, 즐거운 소리, 좋은 맛, 좋은 향기, 좋은 몸의 감각 등의 감각적 쾌락에 탐착하게 됩니다. 우리의 마음이 이러한 번뇌에서 벗어나지 못한다면 우리는 사악도에 떨어집니다. 거친 마음을 길들이기 위하여 믿음과 의지를 미끼로 사용하여 마음을 계(戒)와 수행이라는 구덩이 속으로 데리고 와야 합니다. 살생하지 않고, 거짓말하지 않는 등등의 계를 지키는 것은 거친 마음을 길들이는 과정의 일환으로 구덩이 속에 넣는 것입니다.

감각적 쾌락은 예방되어야 합니다. 그러므로 여러분이 집중수행을 할 때에는 노래 부르거나 음악을 듣거나 춤추는 것이나 텔레비전을 보는 것은 금지되어야 합니다. 하루 중 어느 때건 음식을 먹는 것, 배부르게 먹는 것과 맛있는 음식을 먹는 것도 길들이는 과정의 일환으로 제한되어야 합니다. 구덩이 속의 코끼리가 길들여지기 위해서 쇠사슬에 묶여 있는 것처럼, 마음도 알아차리는 명상 수행에 묶여 있어야 합니다. 길들여진 코끼리가 인간의 재산이 되듯이, 길들여진 마음도 사람을 보다 좋은 인간계나 천상계로 인도하는 수단이 됩니다. 야생 코끼리와 같은 마음은 정화되어야 합니다. 손과 발이 먼지나 흙으로 더러워졌을 때에는 물로 씻어야 합니다. 마음이 더럽혀졌을 때 깨끗이 하는 방법은 끊임없는 알아차림으로 모든 물질적·정신적 현상을 계속 주시하는 것입니다.

이러한 알아차림 명상으로 여러분은 마음을 정화시키고, 정신과 물질의 현상을 구별하는 지혜2)와, 원인과 결과를 식별하는 지혜3)로부터 수다원위를 성취할 때까지 점차적으로 깨닫게 될 것입니다. 그런 과정을 통해 마음이 정화될 것입니다.

마음의 정화를 얻은 여러분은 세 가지 주요 특성인 모든 악한 행위를 그만두고, 착한 일을 하며, 마음을 깨끗하게 하는 것이 저절로 충족되어 진정한 불자가 될 것입니다. 여러분은 흔들리지 않는 신자가 될 것이며, 영원히 사악도에 떨어지지 않을 것입니다. 그리고 모든 고통이 소멸한 닙바나를 증득할 때까지 삶의 순환에서 편안하게 살게 될 것입니다.

1) 자비관(慈悲觀, mettā-bhāvanā)은 사마타(samatha) 수행으로 선정(禪定)을 키
우기 위해서 하는 수행방법의 하나이다. 자비(慈悲, mettā)는 자애(慈愛),
사랑을 뜻하는 말로 자신과 모든 존재가 행복하기를 바라는 마음이다.
높고 고상하게 지내는 수행을 하기 위해서는 사무량심(四無量心, 慈悲喜
捨)이 필요한데, 이것이 자비, 연민(karuṇā), 기쁨(muditā), 평정(upekkhā)이
란 네 가지 마음의 작용이다. 이처럼 자비는 사무량심의 하나로 이것들
은 깨끗한 마음의 작용에 속한다. 마음에는 오온 중에서 식이라는 마음
과 수, 상, 행이라는 마음의 작용이 있다. 그래서 마음의 작용이 깨끗해지
면 마음이 함께 깨끗해지는 효과가 있다.

자비관 수행은 자비경을 읽는 것으로 그치지 않고 일정한 수행방법이 있
다. 그래서 처음에는 스승에게 자비관 수행을 배워서 해야 한다. 자비관
수행은 먼저 근심 걱정을 없애고 수행을 시작하기 전에 화를 내는 것의
허물과 참는 것의 이익을 생각해야 한다. 자비는 성냄이 없는 것을 말하
므로 화가 사라진 상태에서 하는 것이다.

'청정도론'에서는 자비관을 할 때 다른 사람들에게 무조건 자비를 펴지
말라고 한다. 처음 시작할 때부터 다음과 같은 사람에게 자비관을 펼 경
우에는 수행을 망가뜨리게 될 것이라고 경고하고 있다.

① 좋아하지 않는 사람(싫어하고 미워하는 사람)

② 매우 좋아하는 사람

③ 좋아하지도 싫어하지도 않는 사람

④ 원수나 적

이상의 사람들에게는 자비관을 하지 말아야 한다. 그리고 죽은 사람에게
도 절대 하지 말아야 한다. 또한 성별이 다른 이성에게도 따로 자비관을
펴지 말아야 한다. 이럴 때는 탐착이 생기고 피곤하고 자비관이 잘 되지
않기 때문이다.

그래서 모든 사람들에 앞서 먼저 자기에게 내가 행복해지는 것, 자신의
몸과 마음의 고통이 사라지는 것, 나에게 원수가 사라지는 것 등등을 통
해서 스스로의 자비심을 키운다. 그러고 나서 다른 모든 사람들을 위해

서 자비관 수행을 해야 한다.

2) 위빠사나 수행은 정신과 물질의 현상을 구별하는 지혜를 계발하는 수행이다. 수행을 시작하면 일정한 과정에 의해 지혜가 성숙되어 가는데 분류에 따라서 열 가지, 또는 더 자세하게 세분화해서 열여섯 가지의 지혜로 나누기도 한다. 이러한 지혜는 위빠사나 수행의 알아차림을 한 결과로 오는 통찰지(洞察智)이다. 바로 이런 통찰지로 닙바나에 이르게 된다. 그래서 위빠사나의 지혜는 오직 실 수행을 통한 것이며 철학적인 사유로 얻어지는 지혜가 아니다.

정신과 물질의 현상을 구별하는 지혜는 위빠사나 수행을 시작하면 처음으로 맞이하는 지혜의 단계이다. 이것은 물질이라고 하는 몸에서 일어나는 모든 현상을 마음이 알아차릴 때 물질과 마음이 서로 다름을 아는 것이다. 물질과 마음이 일어나고 사라지는 현상을 체험으로 진실하게 알 때 정신과 물질에 대한 분석적인 지혜가 난다. 호흡을 알아차릴 때도 호흡은 물질적인 현상이고 그것을 아는 것은 마음의 현상임을 알아차린다. 그래서 몸과 마음에 대한 바른 견해를 갖는다.

3) 원인과 결과를 식별하는 지혜(Paccaya Pariggaha Ñaṇa)는 정신과 물질을 구별하는 지혜가 성숙된 다음으로 알게 되는 지혜이다. 이것은 조건을 식별하는 지혜라고도 한다. 물질과 마음의 현상은 반드시 원인과 결과에 의해 조건지어진다는 것을 알게 되는 지혜이다.

수행을 계속하면 물질과 마음이 상호관계를 이루며 조건에 의해 일어나고 사라지는 현상만이 있음을 알게 된다. 몸을 움직이는 모든 행위도 마음이 선행되어 일어난다는 것을 안다. 눈이 대상을 보고 마음이 그 대상을 인지하고 다시 마음이 좋거나 싫거나 하는 느낌을 내게 된다. 이러한 모든 과정이 원인과 결과에 의해 조건지어져 일어난다.

일어남을 아는 마음이 원인이 되어 사라지는 결과를 아는 것을 낳게 한다. 마음이 하려고 하는 의도가 일어남으로써 행동을 하는 결과가 나타난다. 몸은 마음에 의해 움직이는 조건만 있지 이런 현상에 어떤 절대자나 외부의 힘이 개입될 여지가 없음을 아는 지혜이다.

세 가지 종류의 사람들

'세 종류의 사람들'에 대한 이야기를 들려드리겠습니다. 이는 여러분들이 슬기롭고 지성적인 사람이 되어 인생의 두 가지 측면에 대해 통찰력을 갖도록 도와주기 위함입니다.

일반적으로 오늘날 현대인들은 물질적 풍요와 이번 생애에서 부유하게 살려고 노력하는 데 많은 관심을 기울이는 경향이 있습니다. 또한 모든 사람들은 슬기롭고 선량한 사람이라는 소리를 듣고 싶어 합니다. 슬기롭고 선량한 사람이라는 칭호는 이번 생에서만 어떻게 하면 부자가 되고 성공하는지를 아는 사람에게 주어지는 것이 아닙니다. 불교에서 '슬기롭고 선량한 사람'이란 말은 한 생에서만 부유하고 잘 살기 위해 노력할 정도로 현명할 뿐 아니라 윤회하는 미래생에서도 잘 살 수 있도록 투자할 정도로 선견지명이 있는 사람을 말합니다.

부처님께서는 다음과 같이 세 가지 종류의 사람이 있다고 말씀
하셨습니다.
(1) 두 눈이 다 먼 사람
(2) 한쪽 눈은 정상인데 다른 쪽 눈은 먼 사람
(3) 두 눈이 다 정상인 사람

여기서 '눈'이라는 단어는 은유적으로 사용되었습니다. 그것은
인간의 육체적 눈을 말하는 것이 아닙니다. 여기서 눈은 인간의
'슬기로움과 지혜'를 상징하고 있습니다.

부처님께서 질문하셨습니다.
"오, 비구들이여, 그대들은 누가 두 눈이 다 먼 사람인지 아
는가?"

부처님께서는 듣는 사람들의 주의를 환기시키기 위하여 질문
하시는데, 부처님의 질문은 다음과 같이 다섯 가지로 분류됩니다.
(1) 대답을 요구하는 질문
(2) 다른 사람의 의견을 듣기 위한 질문
(3) 다른 사람의 소원을 알기 위한 질문
(4) 다른 사람이 이해하고 있는지 확인하기 위한 질문
(5) 부처님 스스로 대답하기 위한 질문

위의 질문은 다섯 번째 범주인 스스로 대답하시기 위한 것입니

다. 왜냐하면 일체지자(一切智者)이신 부처님은 천안통으로서 무한한 지식을 가지고 계시기 때문입니다. 천안통은 깨달았을 때 얻는 여섯 가지 신통력(六神通)1) 중의 하나입니다. 여섯 가지 신통력은 천안통(天眼通), 신족통(神足通), 천이통(天耳通), 타심통(他心通), 숙명통(宿命通), 누진통(漏盡通)을 말합니다.

부처님께서는 세 가지 종류의 사람들에 대해 스스로 대답하셨습니다.

(1) 그대들은 누가 두 눈이 다 먼 사람인지 아는가?

"오, 비구들이여! 두 눈이 먼 사람이란 이번 생에서 삶을 성공적으로 살지 못하는 사람이란 뜻이다. 그는 경제적인 능력이 없고 일을 어떻게 해야 하는지 알지 못한다. 그는 부를 축적하기 위해서 돈을 어떻게 다루어야 하는지 알지 못한다. 그는 정열도 없고 사업에 대한 안목도 없으므로 가난하며 실패한 생을 살아간다. 또한 윤회하는 미래의 삶을 위하여 투자할 정도로 현명하지도 슬기롭지도 않다. 그는 어떻게 행동해야 유익하고 청정한지, 혹은 어떻게 행동하는 것이 불건전한 것(不善業)이고 청정하지 못한지 구별조차 하지 못한다. 그리하여 그는 현생만이 아니라 미래생에서도 잘살지 못한다."

그런 사람을 두 눈이 먼 사람이라고 합니다. 한때 인도 베나레스라는 곳에 부자의 아들이 살았습니다. 부모는 그가 어렸을 때부터 아무런 부족함 없이 풍족하게 키웠습니다. 부모는 외아들인 그를 한없이 사랑했습니다. 그는 공부는 하지 않고 화려하고 웅장한 곳에서 환락에 빠진 태평스런 삶을 살았습니다. 그는 응석받이가 되었으며 인생살이가 어렵고 복잡하다는 것에 대해서는 아무것도 몰랐습니다. 그래서 부모가 모두 죽은 다음에 그는 가업을 이어갈 능력이 없었습니다. 배운 것도 없고 게을렀기 때문에 부모가 남긴 재산을 유지할 능력이 없었습니다. 미래를 위해서 선업을 쌓을 아무런 지혜나 지식이 없었으므로 그가 할 수 있는 일은 부모가 남긴 유산을 탕진하는 일 외에는 없었습니다. 그런 사람이 두 눈이 다 먼 사람입니다.

(2) 한 눈은 정상이고 다른 한 눈은 먼 사람이란 무슨 뜻인가?

"오, 비구들이여, 어떤 사람들은 경제적인 문제를 다루는 데 현명하여 재산을 증식시킬 줄 안다. 그들은 사업에 대한 안목은 있지만, 보시하거나 계를 지키거나 수행을 하지 않는다."

그들은 가치 있는 행위와 가치 없는 행위를 구별하지 못합니다. 그들은 어느 것이 유익하고 청정한 행위인지, 어느 것이 청정하지 못하고 불건전(不善)한지를 알지 못합니다. 그들이 현생에서는 사업에 성공할지 모르지만, 선업을 쌓지 못했기 때문에 그들의 다음 생은 가난하고 계급이 낮아지고, 사악도인 지옥, 축생,

아귀, 아수라의 세계에 떨어집니다. 그런 부류의 인간들이 한 눈은 정상이고 다른 눈은 먼 사람들입니다. 이 부류에 속하는 사람들이 많습니다. 비록 이번 한 생애 동안에는 부유하고 성공적인 삶을 살더라도, 그들은 보시, 지계, 수행이 부족합니다. 현재 살아있는 대부분의 사람들이 이 부류에 속할 것입니다.

(3) 어떤 종류의 사람들이 두 눈이 정상인 사람들인가?

"오, 비구들이여! 어떤 사람들은 사업을 슬기롭고 지성적으로 운영한다. 그들은 재산을 늘리는 방법을 안다. 그래서 그들은 이번 생에서 성공적인 삶으로 아주 부유하게 살게 된다. 그러나 그들은 다음과 같이 생각할 정도로 현명하다. '지금은 내가 부유해서 필요한 모든 것을 갖춘 편안한 생활을 하고 있다. 그러나 이 부유함은 영원한 것이 아니다. 그것은 화재나 홍수나 도둑이나 불량하고 어리석은 상속자에 의해 없어질 수도 있다. 또한 내가 죽으면 사라지고 말 것이다.' 그래서 그들은 이런 올바른 생각에 의해 보시와 지계와 같은 선업에 투자한다. 그들은 불건전한 행위나 말을 삼간다. 그들은 또한 위빠사나 수행을 한다. 다른 말로 하면, 그들은 금생에서 보시와 지계와 수행을 하는 방법을 안다. 부유함과 육체적 몸 자체는 자신의 진정한 재산이라고 할 수 없다. 부유함은 어느 날 갑자기 탕진될 수 있고, 자신의 몸은 어느 날 병들거나 죽어서 썩어 없어질 운명(즉, 무상이란 피할 수 없는 운명)에 처해 있다."

이번 생에서 부와 재산을 축적하는 슬기로움과 지혜를 가졌을
뿐 아니라, 동시에 다음 생을 위하여 보시와 지계와 수행 등의
선업을 쌓을 정도로 현명한 사람들은 두 가지 통찰력을 소유한
건강한 두 눈을 가진 사람들입니다.

부처님 시절에 베나레스에 마하다나(Mahādhana)라는 영리한
상인이 있었습니다. 사위성(舍衛城)에서 전통적인 축제가 있어서
사람들이 많이 모인다는 것을 안 그는 그 당시에 인기 있고 가격
도 적절한 분홍색 비단 옷을 엄청나게 많이 사 모았습니다. 그는
소가 끄는 수레 500대를 준비하여 부하들과 함께 사위성으로 떠
났습니다. 저녁 무렵 사위성 근처에 있는 강둑에 도착했을 때 그
들은 다음날 강을 건너기로 하고 하룻밤을 그곳에서 묵어가기로
했습니다.

그날 밤중부터 폭우가 내리기 시작하여 7일간 계속 내렸습니
다. 상인과 500수레의 일행은 강을 건널 수가 없어서 건너편 강둑
에서 오도 가도 못했습니다. 7일 후 비가 그친 후 마하다나와 그
의 일행이 강을 건넜을 때는 축제는 이미 끝나 버려 그들의 상품
인 '분홍색 옷'을 한 벌도 팔지 못했습니다. 그는 심사숙고한 끝
에 다시 베나레스로 돌아가려면 엄청난 비용이 들므로 다음 겨울
철에 상품을 팔기 위해 그곳에 머물기로 결정했습니다. 만약 겨
울에 다 팔지 못한다면, 물건을 다 팔아서 상당한 이익을 남기기
위해 다음 여름철과 그 다음 우기까지라도 머물기로 작심하였습
니다. 그는 그에 맞춰 여행계획을 짰습니다.

같은 날 부처님께서는 충실한 시자인 아난다 존자와 함께 탁발하러 왔습니다. 세존께서는 상인 마하다나가 강둑에 캠프를 치고 있는 것을 보자마자 미소를 지으셨습니다. 부처님의 성스러운 치아로부터 섬광이 번쩍 일었습니다. 아난다 존자는 부처님의 성스러운 치아로부터의 반짝이는 빛으로 주변이 밝아졌기 때문에 부처님께서 미소를 지으셨다는 것을 즉시 알아차리고 부처님께 미소를 지으시는 연유를 물었습니다.

부처님께서는 아난다 존자에게 상인 마하다나가 그의 상품을 다 팔 때까지 이번 겨울, 여름, 심지어는 다음 우기까지라도 여기에 머물 계획이라고 설명하셨습니다. 그러나 그 사람은 앞으로 7일밖에 더 살지 못하게 된 것입니다. 부처님께서는 모든 인간들은 물건을 사고팔고 이익이 남을 때까지 오랜 기간 동안의 계획을 짜지만, 그것이 실현되기 전에 그 계획을 몽땅 뒤엎어 버리는 늙고 병들고 죽게 되는 불가피한 법칙을 모른다고 말씀하셨습니다. 그들은 이 자연법칙을 감안하지 않으며 불가피한 무상의 법칙을 인식하지 못합니다.

아무런 선업도 쌓지 못하고 죽어야만 하는 상인 마하다나를 불쌍히 여긴 아난다 존자는 상인에게 금방 닥쳐올 그의 비극을 경고하겠으니 허락해 주기를 부처님께 요청했습니다. 부처님의 허락을 얻은 아난다는 상인 마하다나의 500수레가 있는 캠프로 갔습니다. 상인 일행의 환영을 받은 아난다 존자는 그들이 누구인지, 그들의 계획이 무엇인지, 왜 강둑에 캠핑을 하고 있는지 물었습니다. 상인 마하다나는 그들이 분홍 비단 옷을 팔러 베나레스에서 사위성에 왔으며, 7일간의 폭우로 여행을 멈추게 되어 축제 때 옷을 팔 수 없게 된 경위를 설명하였습니다. 그래서 그 상품을 팔아 이익을 남길 때까지 이번 겨울, 다음해 여름, 나아가서는 우기까지 머물려고 한다는 것도 설명했습니다.

아난다 존자는 상인 마하다나가 앞으로 7일밖에 더 살지 못하기 때문에 장기간의 계획을 실천할 수 없다는 부처님의 예언을 전해 주었습니다. 아난다 존자는 상인에게 부처님의 말씀은 틀린 적이 없음을 상기시켰습니다.

상황을 제대로 파악한 상인 마하다나는 자기가 죽으면 이 모든 재산과 부유함은 자기에게 아무런 가치가 없다고 단언했습니다. 그래서 그는 "내가 죽기 전에 보시하고, 계를 지키고, 수행하기를 원합니다"라고 말했습니다. 그리고 부처님과 그 제자들에게 공양을 바치겠으니 다음날 500수레 캠프로 오시라고 아난다 존자를 통해서 초청했습니다.

다음날 아난다 존자가 부처님과 승가를 모시고 캠프에 왔을 때, 상인 마하다나와 그 일행은 공양을 올리고, 그들 자신은 7일 동안 계를 지키고 명상 수행을 했습니다. 마지막 날인 제7일에 상인 마하다나는 공손하게 부처님의 발우를 들고 수도원까지 부처님을 수행했습니다. 캠프에 돌아오자마자 그는 평화롭게 죽은 다음 7일간의 선업으로 천상에 천인으로 태어났습니다.

이번 생에서 부유하고 풍족한 삶을 사는 슬기로움과 지혜를 가지고 있는 동시에, 윤회하는 다음 생을 위해서도 보시하고, 계를 지키고, 수행을 할 정도로 현명한 사람은, 두 눈이 다 정상인 사람, 또는 두 가지 측면의 통찰력을 가진 사람으로 분류되어야 합니다.

수행하고 있는 여러분들도 두 개의 정상인 눈을 가진 사람의 종류에 포함시켜야 됩니다. 왜냐하면 여러분들은 현생에서 적절한 소득을 올릴 정도로 슬기로움과 지혜를 가졌을 뿐 아니라, 그보다 더 중요한 것은 이 집중수행에 참여함으로써 윤회하는 미래의 삶을 위하여 계를 지키고 수행을 하여 선업을 쌓는 것의 중요함을 아는 현명함, 즉 지혜의 눈이라는 통찰력을 가졌기 때문입니다.

그러므로 여러분들은 틀림없이 두 개의 통찰력을 가진 세 번째 부류에 속합니다.

이들 세 부류의 사람 중에 두 눈이 다 먼 사람과 한 눈은 정상이지만 다른 눈은 먼 사람과는 사귀지 말아야 합니다. 두 눈이다 정상인 사람, 즉 두 가지 측면의 통찰력을 가진 사람을 찾아내서 도반이나 친구로 삼아야 합니다.

1) ① 천안통(天眼通)

"수행승들이여, 나는 내가 원하는 대로 청정한 인간을 뛰어넘는 천안(天眼)으로 중생을 본다. 죽거나 다시 태어나거나 천하거나 귀하거나 아름답거나 추하거나 행복하거나 불행하거나 업의 과보에 따라서 등장하는 중생을 본다. 어떤 중생들은 몸으로 악행을 짓고 입으로 악행을 짓고 마음으로 악행을 짓는다. 그들은 고귀한 사람들을 비난하고 삿된 견해를 지니고 삿된 견해에 따라 행동한다. 그래서 그들은 몸이 파괴되고 죽은 뒤에 고통스러운 곳, 떨어지는 곳, 지옥에 태어난다. 그러나 다른 중생들은 몸으로 선행을 하고 입으로 선행을 하고 마음으로 선행을 쌓는다. 그들은 고귀한 사람들을 비난하지 않고 올바른 견해를 지니고 올바른 견해에 따라 행동한다. 그래서 그들은 육체가 파괴되고 죽은 뒤에 좋은 곳, 하늘나라에 태어난다. 이와 같이 나는 청정한 인간을 뛰어넘는 천안으로 중생을 알아차린다."

② 신족통(神足通)

"수행승들이여, 나는 내가 원하는 대로 여러 가지 정신적 능력을 즐긴다. 나는 하나에서 여럿이 되며 여럿에서 하나가 된다. 나는 나타나기도 하고, 사라지기도 하고, 자유로운 공간처럼 장애 없이 담을 통과하고, 성벽을 통과하고, 산을 통과해서 간다. 나는 물 속처럼 땅 속을 드나든다. 나는 땅 위에서처럼 물에서도 빠지지 않고 걷는다. 나는 날개 달린 새처럼 공중에서 앉은 채로 움직인다. 나는 손으로 이처럼 큰 위력을 지니고 이처럼 큰 능력을 지닌 달과 해를 만지고 쓰다듬는다. 나는 범천(梵天)의 세계에 이르기까지 육신으로 영향을 미친다."

③ 천이통(天耳通)

"수행승들이여, 나는 내가 원하는 대로 인간을 초월한 청정한 천이(天耳)로 멀고 가까운 천신들과 인간의 두 소리를 듣는다."

④ 타심통(他心通)

"수행승들이여, 나는 내가 원하는 대로 나 자신의 마음을 미루어 다른 중생, 다른 사람의 마음을 안다. 나는 탐욕으로 가득 찬 마음을 탐욕으로 가득 찬 마음이라고 알고, 탐욕에서 벗어난 마음을 탐욕에서 벗어난 마음이라고 안다. 나는 성냄으로 가득 찬 마음을 성냄으로 가득 찬 마음이라고 알고, 성냄에서 벗어난 마음을 성냄에서 벗어난 마음이라고 안다. 나는 어리석음으로 가득 찬 마음을 어리석음으로 가득 찬 마음이라고 알고……."

⑤ 숙명통(宿命通)

"수행승들이여, 나는 내가 원하는 대로 전생의 여러 가지 삶의 형태를 기억한다. 예를 들면 한 번 태어나고 두 번 태어나고 세 번 태어나고 네 번 태어나고 다섯 번 태어나고 열 번 태어나고…… 십만 번 태어나고 수많은 파괴의 겁(劫)을 지나면서 수많은 세계 생성의 겁을 지나면서, 수많은 세계 파괴와 생성의 겁을 지나면서 '당시 나는 이러한 이름과 이러한 성을 지니고, 이러한 용모를 지니고, 이러한 음식을 먹고, 이러한 괴로움과 즐거움을 맛보고, 이러한 목숨을 지녔고, 나는 그곳에서 죽은 뒤에 나는 여기에서 태어났'라는 식으로 나는 나의 전생의 여러 가지 삶의 형태를 구체적으로 기억한다."

⑥ 누진통(漏盡通)

아라한의 도과를 성취할 때 특별하게 능력을 개발한 아라한은 초감각적 지각으로 이루어진 수승한 지혜인 누진통이 생긴다. 이것은 현세에서 사마디 상태에서 갈애(渴愛)의 속박에서 벗어나는 심해탈(心解脫)과 무명의 속박에서 벗어나는 혜해탈(慧解脫)이 모두 완성되어 깨달음을 얻은 것이다.

"수행승들이여, 나는 번뇌가 부서져 누진의 심해탈과 혜해탈을 현세에서 스스로 증지(證知)하고 깨달아 거기에 도달했다."

이것은 궁극적인 해탈지견(解脫智見)으로 닙바나(열반)에 대한 깨달음을 의미한다.

수행자의 다섯 가지 조건

　　수행하는 여러분이 노력해야 하는 다섯 가지 조건이 있습니다. 수행자의 다섯 가지 조건은 믿음, 건강, 솔직함, 부지런함, 생멸의 (일어나고 사라지는 현상의) 지혜[1]입니다.

　　(1) 첫 번째 조건은 믿음입니다. 통찰 명상 수행에 대한 확신은 대단히 중요한 요소여서 수행에 대한 확고한 신념이 없는 사람은 의심 때문에 수행이 잘 안 될 수가 있습니다. 『염처경』[2]의 도입부에서 부처님은 면밀하게 알아차리는 수행의 이익을 다음과 같이 제시하셨습니다.

　　1) 정신적 번뇌의 정화
　　2) 슬픔의 극복
　　3) 비탄의 극복

4) 육체적 고통의 소멸

5) 정신적 고통의 소멸

6) 도(道)와 과(果)의 획득

7) 닙바나의 증득

경(經)의 중간 부분에서 부처님께서는 수행방법을 상세히 설명하셨습니다.

"알아차리는 명상 수행을 할 때에 수행자는 움직일 때 움직임의 모든 특성을 알아차려야 한다."

'왼발, 오른발'을 알아차리거나 '발을 들어서, 앞으로, 놓음'을 알아차리는 것은 움직임의 특성을 알아차리는 것입니다. 멈추었을 때에도 여러분은 멈춤을 알아차려야 합니다.

앉아 있을 때 앉아 있는 것의 특성을 알아차려야 하고, 누워 있을 때는 누워 있는 것의 특성을 알아차려야 합니다. 일어남과 꺼짐과 닿음이 물질적 현상인 것처럼 구부리고 뻗는 것도 물질적 현상입니다. 이 모든 현상들을 각자가 경험하는 대로 상세히 알아차려야 합니다. 이것이 경전에서 제시한 그 어떤 것도 놓치지 않고 모든 것을 알아차리는 실질적인 방법입니다.

경의 결론 부분에서 부처님께서는 수행의 결과를 보증하십니다. 사람은 결과를 보증해 주면 더욱 확신을 갖게 되고 신뢰하는 경향이 있습니다. 부처님은 실제로 "『염처경』에서 제시한 대로 7

년간 수행하면 아라한위를 성취한다"라고 선언하셨습니다. 만약 수행하는 여러분에게 집착이 남아 있다면 아나함위를 성취하게 될 것입니다.

집착에는 네 가지 종류가 있습니다.
1) 감각적 욕망에 대한 집착
2) 견해에 대한 집착
3) 계율과 의식에 대한 집착
4) 유신견에 대한 집착

수행하는 여러분들은 7년이 너무 길다고 말할지 모르겠습니다. 만약 7년이 너무 길다면 6년간, 혹은 5년간, 혹은 4년간, 혹은 3년간, 혹은 최소한 1년간 열심히 노력할 수 있습니다. 부처님께서는 『염처경』에 써 있는 글자 그대로, 부처님께서 말씀하신 대로 수행하는 사람들에게는 아라한위나 아나함위를 보증하셨습니다.

또한 부처님께서는 예외도 말씀하셨습니다. 1년이 너무 길다고 생각하는 수행자는 7개월, 혹은 6개월, 혹은 5개월, 혹은 4개월, 혹은 3개월, 혹은 1개월, 그리고 바라밀(波羅蜜)³⁾ 공덕을 쌓은 사람은 15일이나 7일 만에도 아라한이나 아나함위를 증득할 수 있다고 하셨습니다. 물론 7일이나 15일 만에 성취하는 사람은 무척 드물고, 전생에 바라밀 공덕을 쌓은 사람이 이 짧은 기간 내에 성취할 자격을 갖게 됩니다.

보통 성공적인 성취를 하려면 두 달 혹은 석 달이 걸립니다. 부처님의 가르침은 부처님께서 스스로 경험하신 것만 가르치기 때문에 가장 믿을 만하며 그 결과를 확신해도 좋습니다. 『염처경』의 도입부에서 수행의 이로운 점들이 설명되었고, 중간 부분에서 실제적인 수행방법이 설명되었으며, 마지막 부분에서는 결과가 보증되었습니다.

그러므로 수행하는 여러분이 가져야 할 첫 번째 요인은 부처님의 가르침의 수행에 절대적인 신뢰를 가지는 것입니다. 부처님은 철학적인 이론에 근거해 말씀하신 것이 아니라, 스스로 경험하고 성취하신 후에 그 방법을 설명하셨습니다.

그리고 알아차림을 하는 명상의 스승들은 이론가가 아니라 그들 스스로 도(道)의 과정을 끝마친 명상가들입니다.

또한 자신의 능력에 대해서 확신을 가져야 합니다. 어떤 사람들은 겸손하게 자신은 이번 생에서는 해탈을 얻을 수 없을 것이라고 생각합니다. 그들 생각에 수행은 단지 미래의 성취를 위해 바라밀 공덕을 쌓는 것입니다. 그런 생각은 패배주의자적인 생각입니다.

우리가 부처님의 정법이 있는 시대에 인간으로 태어났다는 사실 자체가 해탈을 위해 노력할 수 있는 얻기 어려운 특권을 가진 것입니다. 부처님의 가르침이 그대로 전승되어 오고 있는 미얀마의 이 훌륭한 선원에 와서 위빠사나 명상 수행을 할 정도로 여러분 모두가 부처님 법에 관심을 갖게 되었다는 것은, 여러분들이 전생에 상당한 바라밀 공덕을 쌓았음을 말해 주는 것입니다.

명상 스승의 능력에 대해서 의심하지 마십시오. 스승이 실제로 수행을 아는지 모르는지, 스승이 책 등에서 배운 방법대로 가르치고 있는지 아닌지에 대해서 의심하는 것은 도의 성취에 도움이 안 됩니다. 마하시 선원의 스승들은 알아차림을 하는 위빠사나 실수행을 했을 뿐만 아니라 이론까지 마스터했습니다.

마하시 수행법은 오랜 전통을 가지고 있습니다. 민돈 왕 통치 시절(AD 1850년경) 틸론 사야도(Theelon Sayādaw)라는 유명한 명상 스승이 계셨습니다. 그 틸론 사야도 다음에 민군 수도원의 우 민주타 사야도(U Minzutha Sayādaw), 그리고 타톤 민군 제타운 사야도(Thaton Mingun Zetawun Sayādaw)가 가르침을 이어 갔습니다.

이 마하시 선원의 설립자이고 대학자인 마하시 사야도 우 소바나(U Sobhana) 큰스님은 타톤 민군 제타운 사야도의 제자였습니다. 이 선원의 스승들은 금세기 가장 저명한 명상 스승인 마하시 사야도이신 우 소바나 큰스님의 철저한 지도로 훈련되었습니다.[4]

그러므로 수행하는 여러분들은 스승이 유능한지에 대해서 어떤 의구심도 가져서는 안 됩니다. 그렇게 스승을 믿을 때에만 수행의 발전을 가져올 수 있는 수행자의 자질이 됩니다. 그렇게 되면 명상의 진보를 위한 주요 기준은 부처님에 대한 믿음, 법에 대한 믿음, 스승에 대한 믿음 그리고 자신의 능력에 대한 믿음입니다.

(2) 수행하는 여러분이 갖춰야 할 두 번째 조건은 건강입니다. 어떤 사람들은 집중수행 기간 동안 자신의 건강을 적절히 돌보지 않습니다. 어떤 사람들은 지나치게 오랫동안 좌선을 합니다. 어떤 사람들은 적게 먹는 것이 명상 성취에 도움이 된다고 잘못 생각하여 아주 적게 먹기도 합니다.

그런 종류의 행동은 건강을 해치는 원인이고 건강이 나빠지면 수행을 제대로 할 수 없습니다. 그러므로 여러분 각자는 영양분이 충분한 식사와 균형 있는 운동을 통해 건강하고 활력이 넘치는 상태를 유지하도록 주의를 기울여야 합니다.

(3) 수행하는 여러분이 가져야 할 세 번째 조건은 솔직한 마음과 정직한 견해를 갖는 것입니다. 솔직함은 훌륭한 수행자에게 필요한 자질 중의 하나입니다. 어떤 수행자들은 나쁜 경험을 보고하는 것을 싫어해서 언제나 좋은 것만 스승에게 보고하려고 노력합니다. 그러나 실제로 일어난 사건을 보고하지 않으면 스승이

여러분의 수행 현황을 판단하는 데 헷갈리게 됩니다. 어떤 단계에서는 비관적 견해를 경험하기도 하고, 두려움을 알아차리고, 고난의 지혜, 혐오감 또는 지루함의 지혜를 알아차리게 됩니다. 여러분은 그런 종류의 경험을 사실대로 보고해야 합니다. 그래야만 스승이 여러분의 실제의 단계를 알 수 있고, 수행에 어떤 잘못이 있으면 바로잡아 줄 수 있습니다. 만약에 스승이 여러분에게 적절한 가이드를 해 줄 수 없다면 여러분의 수행 진보가 아주 늦어질 수 있습니다. 좌선이 잘된 것을 과장하지도 말고 잘못된 좌선을 숨기지도 마십시오.

(4) 수행하는 여러분이 가져야 할 네 번째 조건은 부지런함입니다. 부처님께서는 닙바나의 증득은 쉬운 일이 아니라고 말씀하셨습니다. 그러므로 지속적으로 최대한의 노력을 기울이지 않으면 안 됩니다. 수행의 목적은 이 모든 윤회의 굴레로부터 해탈하는 것입니다. 따라서 여러분은 아침에 잠에서 깨어나면서부터 밤에 잠들 때까지 줄곧 자신의 물질적·정신적 현상을 알아차려야 합니다.

이렇게 지속적으로 알아차림을 추구하는 수행자를 부지런하다고 합니다. 그런 식으로 알아차림에 의해 현상이 일어나고 사라질 때 정신과 물질의 진정한 본성을 알게 될 것입니다. 여러분이 '왼발, 오른발' 하면서 행선을 할 때 알아차리는 것은 마음이고, 육체적 발걸음은 물질입니다. 소리를 알아차릴 때 귀와 소리는 물질이고, 듣는 것은 마음입니다. 배가 일어나고 꺼지는 것을 알아차릴 때 배가 일어나고 꺼지는 것은 물질이고, 알아차리는 것은 마음입니다. 그것이 일어나고 사라지는 현재의 순간을 알아차린다는 뜻입니다.

(5) 마지막으로 현재의 순간을 알아차리면 진정한 특성을 깨닫게 됩니다. 여러분은 사라짐에서 무상(無常)을 알아차립니다. 여러분이 자기가 원하는 대로 일어나는 것은 아무것도 없다는 것을 알게 됩니다. 조건은 통제되는 것이 아니며, 일어나고 사라지는 것은 단지 법의 현상일 뿐으로, 자아라는 실체가 없이 스스로 일어나고 사라지는 것입니다.

그렇게 관찰하면 알아차림의 대상과 알아차림 자체가 소멸하는 것, 즉 사라지는 것을 경험하고 현상을 바르게 아는 지혜[5]를 성취합니다. 현상을 바르게 아는 지혜 다음에 수행자의 통찰지혜가 성숙하면 생멸의 지혜가 나타납니다. 이 지혜가 나타나게 되면 알아차림은 불쾌한 느낌 없이 쉽고 편안해짐을 경험하게 됩니다. 여러분은 비정상적인 빛을 경험하게 되고, 몸 전체가 빛이 되기도 하고, 기쁨과 환희가 나타날 수도 있습니다. 심지어 어떤 사람은 약간의 공중부양(空中浮揚)을 경험하기도 합니다. 이 모든 현상들 또한 '올라감, 올라감, 봄, 봄, 흔들림, 흔들림, 좋아함, 좋아함' 등등으로 알아차리지 않으면 안 됩니다. 만약 여러분이 그런 종류의 기쁨에 집착한다면 수행은 불필요하게 지연

될 수 있습니다.

어떤 경우에는 몸 전체에 시원하고 평화로운 감각을 느끼면서 몸 전체가 뻣뻣해지고 돌처럼 되는 것을 느낄 수도 있습니다. 그런 감각이 일어나더라도 그건 단지 평온일 뿐이므로 집착해서는 안 됩니다. 그것도 또한 평상시와 마찬가지로 알아차려야 합니다. 이 평온에 집착하면 수행이 발전되지 않습니다.

그 다음에 확신이라고 번역될 수 있는 '아디목카(adhimokkha)' 가 계발될 수 있습니다. 이것은 이제 "나는 진정한 법을 증득했다, 깨달음의 경지에 이르렀다"라고 생각하는 것입니다.

때로는 전체 공동체 구성원에게 보시하려는 열망, 도반에게 설법하려는 열망, 자기 나라의 모든 국민에게 불법을 전파하려는 열망이 자기 자신을 압도합니다. 만약 여러분이 그런 열정적인 유혹에 넘어간다면 수행의 발전은 지체됩니다. 그러므로 그런 경우에 여러분은 이렇게 숙고하면서 부지런히 알아차려야 합니다.

"지금은 나 자신의 수행의 발전과 해탈에 몰두해야 할 시기이다. 나는 다른 사람에게 법을 펼치려는 열망을 당분간 연기하지 않으면 안 된다."

때로는 지나친 열정에 압도되어 자신의 활기에 넘치는 열의에

만족스러워합니다. 그런 종류의 열의는 '만족, 만족'이라고 하면서 부지런히 알아차려서 버려야 합니다. 이 단계에서 고통과 들뜸과 괴로운 느낌의 고난과의 오랜 투쟁 끝에 여러분은 고요함과 몸의 가벼움과 마음의 평온을 즐기게 되고 자신이 깨달음을 얻었다고 생각합니다. 그러나 아직은 아닙니다. 이것은 다만 다섯 가지 선정 요소의 하나인 '행복'일 뿐입니다.

때로는 지혜가 예리하게 계발되고 알아차림도 예리하게 계발되지만 수행하는 여러분은 여기에 속아서는 안 됩니다. 그것은 단지 집중이 성숙해진 것일 뿐입니다. 또 하나의 잘못된 길은 자신이 법을 증득했다고 자만하는 '미세한 집착(nikanti)'입니다. 때로는 알아차림이 예리해져서 사건을 예측할 수도 있습니다. 그런 예측이 실제로 맞아떨어졌을 때 수행자는 자신의 성취에 만족해서 도(道)에서 빗나갑니다. 그것 또한 위빠사나 수행에서 잘못된 길일 수 있습니다. '기쁨, 평온'과 알아차림의 예리함, 몸의 가벼움, 빛을 봄, 마음의 고요함과 평온함을 경험했을 때, 이러한 것들이 여러분의 정신을 들뜨게 해서 자신이 특별한 깨달음을 성취했다고 생각하고 수행을 그만두는 경우도 있습니다.

만약 그러한 물질적 · 정신적 즐거움에 집착한다면, 여러분은 잘못된 길로 접어든 것입니다. 여러분이 스승의 충고를 경청하고 모든 물질적 · 정신적 즐거움을 부지런히 알아차린다면, 여러분은 높은 수준의 '생멸의 지혜'를 성취하게 되어 모든 즐거움에 집착하는 것이 사라질 것입니다. 이 단계를 넘어선 수행자는 점진적으로 발전해서 잘못된 길로 떨어지는 일이 없다는 것을 확신할 수 있습니다.

그러므로 바른 길에서 벗어나는 일이 없도록 하기 위하여 다섯 번째 조건인 자기 몸의 '일어나고 사라지는 현상의 지혜(생멸의 지혜)'를 명백하게 이해할 때까지, 여러분은 스승의 철저한 지도를 받아야 합니다.

이것이 수행자가 가져야 하는 다섯 가지 조건입니다.

수행하는 여러분 모두 믿음, 건강, 솔직함, 부지런함, 그리고 통찰 지혜로 현상이 일어나고 사라지는 것을 아는 다섯 가지 조건을 갖추게 되어, 잘못된 법을 극복하고 도(道)의 법을 성취하여, 가장 쉽고도 가장 빠른 기간 내에 모든 고통이 끝나고 모든 갈애가 소멸된 소중한 닙바나를 증득하기를 기원합니다.

1) 생멸(生滅)의 지혜(Udayabbaya Ñāṇa)는 위빠사나 수행의 과정에서 네 번째 나타나는 지혜를 말한다. 이것을 일어나고 사라지는 현상의 지혜라고도 하며, 일어나고 사라짐이 확실하게 지혜로 느껴지게 된다. 모든 현상은 일어나고 사라지며 일어났으면 사라지고 사라졌으면 일어남을 알게 된다. 이 지혜의 단계에서는 알아차리는 대상에 집중이 잘된다. 알아차리는 힘이 생기기 때문이다. 이때 빛이 보이고 알아차림이 섬세해진다. 그리고 미세한 것을 알아차리기 시작한다. 또는 기쁨(pīti)이 생겨 소름이 끼치거나 떨리거나 물결 같은 전율이 일어나기도 한다. 때로는 몸이 순간적으로 움직여지며 매우 특별한 경우에는 공간 이동이 되기도 한다. 그리고 몸과 마음이 부드러워지고 편안해진다. 이때 수행자는 자신이 깨달음을 얻었다고 자만하거나 착각하기 쉽다. 그래서 수행을 그만두는 경우가 있다. 그러나 이때 나타나는 여러 가지 현상은 수행과정에서 일어나는 단계적인 현상에 불과하다. 수행의 마지막 목표는 삼법인을 깨달아 열반에 이르는 것이다. 그러므로 어떤 특별한 현상이 생기더라도 그것은 지혜의 성숙과정에서 나타나는 현상이며 오직 알아차릴 대상에 불과하다는 것을 알아야 한다. 이런 현상이 있을 때 있는 그대로 알아차려야 다음 단계의 지혜로 발전할 수 있다.

2) 붓다께서 설하신 빨리어 경전에는 두 가지의 『염처경(念處經, Satipaṭṭhāna Sutta)』이 있다.

   ① 맛지마 니까야(中部, Majjhima Nikāya)의 10번째 경인 사띠빳타나 숫따 (Satipaṭṭhāna Sutta)를 '염처경'이라고 한다.
   ② 디가 니까야(長部, Dīgha Nikāya)의 22번째 경인 마하 사띠빳타나 숫따 (Mahā Satipaṭṭhāna Sutta)를 '대념처경'이라고 한다.

   『염처경』에 비해서 『대념처경』은 수행에 관한 내용을 좀더 상세히 말씀하셨는데, 법념처를 설명하는 부분에서 사성제(四聖諦)에 관하여 자세하게 기록되어 있다.

붓다께서는 염처경을 깨달음으로 가는 유일한 수행방법이라고 말씀하셨다. 붓다 스스로도 이 사념처 수행을 통하여 깨달음을 얻으셨고, 붓다 이전의 붓다들도 모두 사념처 수행을 통하여 깨달음을 얻으셨다고 말씀하셨다.

3) 바라밀(波羅蜜, paramī)은 완성, 완전함, 도피안(渡彼岸)이란 뜻이다. 완전한 것을 말하고 피안의 세계로 건너감을 의미한다. 이는 깨달음의 세계에 이른 것을 뜻하며 수행의 완성을 말한다. 깨달음은 먼저 바라밀을 쌓은 결과로 오는 것이며 이 결과는 닙바나(열반)로 나타난다. 바라밀은 보살이 부처가 되기 위하여 목표를 세우고 노력하는 과정이다.

주석서에 말하는 바라밀은 연민에 의해서 함양되고, 이성에 의해서 이끌리고, 이기적 동기에 의해 영향을 받지 않으며, 그릇된 믿음과 자만심에 의해서 타락되지 않는 덕목들이라고 말한다.

바라밀에는 열 가지가 있다. 그 열 가지는, ① 보시(布施, dāna) ② 지계(持戒, sīla) ③ 출가(出家, nekkhamma) ④ 지혜(智慧, paññā) ⑤ 정진(精進, viriya) ⑥ 인내(忍耐, khanti) ⑦ 진실(眞實, sacca) ⑧ 발원(發願, adhiṭṭhāna) ⑨ 자비(慈悲, mettā) ⑩ 평정(平靜, upekkhā)이다.

4) 마하시 선원의 스승들은 금세기 가장 저명한 명상 스승인 마하시 사야도우 소바나 큰스님의 지도를 받았다.

상좌불교의 위빠사나 수행방법과 지도방법은 철저하게 경전에 근거하고 검증된 방법을 사용한다. 먼저 빨리어 경전의 『대념처경』에 입각하여 수행을 한다. 또한 빨리어 경전의 경장과 율장을 모두 망라하여 철저하게 부처님의 가르침 안에서 수행을 한다. 만약 여기서 벗어날 경우에는 교학이나 계율에 있어서 비난의 대상이 된다. 수행방법에 관하여 상좌불교 국가간에 경전에 근거한 논쟁이 있었던 적도 있다. 계율 또한 가장 우선시되는 지침이다.

다음으로 아비담마(論藏, Abhidhamma)에 근거하여 분석적인 수행을 한다. 모든 수행방법이 미세한 부분까지 아비담마에 근거해서 분석되고 제시된다. 그러므로 자연스럽게 분별지혜가 생기고 삿된 견해가 자리 잡을 수 없다. 논장에 의해 분석된 몸과 마음에 관한 것이 완벽하게 제시되어 결코 뜬구름 잡는 말이나 행동이 용납될 수 없다. 불교에서의 분석은 치유의 목적을 둔 것이다.

이상의 경전에 대한 모든 것을 붓다고사의 청정도론(Visuddhi magga)에 기초하여 해석한다. 위빠사나 지도자들은 절대 스승들이 자의적으로 해석하지 않는 특징이 있다. 바른 불법 안에서 해석하려는 무한한 노력을 한다. 이것은 부처님께 대한 절대적 신뢰이며 존경심에서 우러나온 결과이다. 또한 법을 대하는 철저한 겸손함이 있기 때문이다. 이처럼 『대념처경』과 경장과 논장과 청정도론에 입각해서 수행을 하기 때문에 부처님의 목소리를 들으며 수행한다는 믿음을 가질 수 있다.

5) 현상을 바르게 아는 지혜(Sammasana ñāṇa)는 위빠사나 수행의 과정에서 세 번째 나타나는 지혜를 말한다. 현상에 대한 바른 이해는 물질과 마음의 현상이 일어나고 사라지는 과정에서 반드시 처음부터 시작과 중간과 끝이 있는 것을 알게 된다. 몸의 통증도 처음에 일어나서 점점 커져가다가 나중에 차츰 작아지는 것을 알 수 있다. 마음에서 일어나는 기쁨이나 슬픔도 모두 이러한 과정을 거쳐 발전하고 사라져 가는 현상을 안다. 이렇게 몸과 마음에서 일어나는 시작과 중간과 끝의 현상을 알면서 무상(anicca), 고(dukkha), 무아(anatta)를 확실히 알아가게 된다. 이때가 삼법인을 느끼기 시작하는 시기이다. 그 중에 괴로움을 강하게 알아차리게 된다. 이것이 현상을 바르게 아는 지혜이다.

때가 되면 합당한 과보가 나타난다

　　모든 중생들은 때가 되어야만 그들이 행한 선업과 불선업의 과보를 받습니다. 불교 철학은 '업(業)¹⁾을 믿는 것'이고, 업은 자신의 행위입니다. 중생들은 업에 의해서만 윤회의 세계에서 여러 가지 존재의 모습으로 태어납니다. 세존께서는 "모든 중생들의 단 하나의 재산은 자신의 업이다"라고 설명하셨습니다. 좋은 일이건 나쁜 일이건 이번 생에서 일어난 모든 사건(결과)의 원인은 자기 자신의 업입니다. 업은 중생들의 단 하나의 친척이며, 단 하나의 피난처입니다. 그 결과로 생기는 업보(業報)는 모든 중생들이 모두가 서로 다른 운명을 갖는 유일한 원인입니다. 그리고 부처님께서는 "그러한 좋거나 나쁜 합당한 결과는 반드시 때가 되어야만 과보가 나타난다"고 말씀하셨습니다.

　　선하거나 불선한 행위와 행동의 근원적인 요소는 마음입니다.

그러므로 부처님께서는 "마음이 앞서가는 요소이고, 모든 행위는 마음이 시키는 대로 한다"라고 말씀하셨습니다. 만일 사람이 좋은 의도를 가지고 말하면 좋은 과보를 받을 것입니다. 그것은 그림자에 비유될 수 있습니다. 그림자가 항상 사람을 따라가는 것처럼 선업이 윤회하는 삶에서 행위자를 따라갈 것입니다. 사람이 나쁜 의도를 갖고 행동하거나 말하면, 수레바퀴가 황소의 바로 뒤를 따라가듯 나쁜 과보를 받을 것입니다. 좋은 결과나 나쁜 결과는 시간이 무르익었을 때만 나타납니다.

한때 밀린다 왕이 나가세나 존자에게 물었습니다.

"나가세나 존자여, 존자께서는 좋은 선업은 좋은 결과를 가져온다고 말씀하셨습니다. 나는 실제적인 사람이기 때문에 내 눈으로 볼 수 있는 것만 믿고 싶습니다. 존자여, 나에게 이 좋은 결과를 보여주실 수 있습니까? 그것은 한 자 떨어져 있습니까, 석 자 떨어져 있습니까, 아니면 여섯 자 떨어져 있습니까?"

그러자 나가세나 존자는 존자 특유의 날카로운 질문으로 대답했습니다.

"대왕이시여, 저도 또한 대왕님께 여쭙겠습니다. 저는 지금 이 나무를 보고 있습니다. 이 나무는 잘 자랐으며, 물도 충분하고 땅도 비옥해 보입니다. 이 나무가 열매를 맺을 것인지 아닌지 말씀해 주실 수 있으십니까?"

"존자여, 이 나무는 잘 자랐으며 물도 풍족하고 땅도 비옥하니 틀림없이 열매를 맺을 것입니다."

나가세나 존자는 그 말을 받아서 말했습니다.

"만약 이 나무가 열매를 맺으리라고 확신하신다면 열매를 보여주실 수 있습니까? 어디 있습니까? 그것은 뿌리에 있습니까, 줄기에 있습니까, 가지에 있습니까, 아니면 잎에 있습니까? 저도 실제적인 사문(승려)이어서 제가 본 것만 믿습니다."

"존자여, 어떻게 열매가 맺기 전에 보여줄 수 있단 말입니까? 그러나 나는 때가 되고 환경이 갖춰지면 열매를 맺을 것을 확신합니다."

나가세나 존자는 선업과 불선업의 결과도 마찬가지여서 그 과보가 어디 있는지 아직 보여줄 수 없다고 대답했습니다. 그러나 나무가 충분히 자라고 조건이 갖춰지면 열매를 맺듯이, 선업과 불선업의 과보도 때가 되면 틀림없이 나타날 것이라고 했습니다. 그러자 왕은 나가세나 존자의 대답을 인정했습니다.

경우에 따라서는 의구심이 들 수도 있습니다. 어떤 사람은 이렇게 말할 것입니다.

"우리 가족은 보시, 지계, 수행 등의 선업을 쌓고 있는데도 비탄, 고통, 슬픔과 걱정거리가 많다. 반면에 다른 집은 불선업을 행하고 있음에도 불구하고 건강하고 번영하고 행복하다. 그들의 불선업이 좋은 과보를 가져오고 우리의 선업이 나쁜 결과를 가져오는 것은 아닌가?"

물론 그렇지 않습니다. 아직 그들의 불선업이 결과로 나타날 때가 되지 않았기 때문에 그들이 아직은 즐거운 생활을 하고 있습니다. 그러나 그들의 불선업이 성숙되고 과보가 나타날 시간이 되면 그들의 즐거운 생활은 갑자기 좋지 않은 방향으로 전환되어 나타날 것입니다.

부처님께서도 불선업을 행한 사람들은 그들의 불선업에 대한 과보가 나타날 시간이 될 때까지는 즐거운 생활을 할 수도 있다고 말씀하셨습니다. 그러나 시간이 되면 불선업에 합당한 과보를 틀림없이 받게 됩니다. 선량한 선업을 쌓은 사람들에게도 마찬가지입니다. 시기가 무르익지 않았을 때까지는 인생의 역경을 만날지도 모르지만, 때가 되면 그들의 선업에 알맞은 좋은 과보가 찾아와서 역경을 극복하고 그들의 선업에 맞는 좋은 과보를 즐길 것입니다.

여기서 받아들여야 할 격언은 "때가 되어야만 합당한 과보가 나타난다"는 것입니다. 불선업은 나쁜 결과를 가져오고 선업은 좋은 결과를 가져옵니다. 불건전한 불선업은 살생과 도둑질과 삿된 음행 등이며, 건전한 선업은 보시와 지계와 수행입니다. 선업을 행할 때에도 범부, 즉 속인들은 좋은 동기를 가지고 하기 때문에 그들의 업이 됩니다. 그러나 부처님, 아라한과 벽지불²⁾은 아무런 동기 없이 선행을 해서 좋은 사례만을 만들 뿐입니다. 그들은 좋은 생활이나 행위에 대한 좋은 과보를 받겠다는 목적이 없습니다. 부처님이 사리뿟따 존자에게 가사를 줄 수도 있고, 선한 사례를 만들기 위해서 아난다 존자가 가사나 성자들이 준 선물을 사리뿟따 존자에게 줄 수도 있습니다. 그러므로 선한 행위가 그들에게는 선업이 되지 않습니다.

범부들은 어떤 선행을 할 때 그들의 주된 목표는 생활을 보다 즐겁게 하기 위해서이거나 다음 생에서 보다 나은 존재가 되고자 하는 것입니다. 그런 종류의 건전한 행위는 비록 선업이라고는 하지만 어느 정도는 탐욕적인 요소(번뇌 요소)가 잠재되어 있어서 선한 과보를 받을 수도 있고 불선의 과보를 받을 수도 있습니다. 두 가지 중에서 불선업 쪽으로 기운다면 나쁜 과보를 받아서 비탄과 걱정거리가 생길 수 있습니다.

그렇게 되면 정신적·육체적 고통에 의해 지옥, 축생, 아귀, 아수라의 세계인 사악도에 떨어질 수 있습니다. 그런 나쁜 과보를 피하는 단 하나의 치유법은 수다원위(須陀洹位, 도의 흐름에 든 자의 지위)를 얻으려고 노력하는 것뿐입니다. 수다원위를 얻은 사람은 불선업을 더 이상 하지 않게 되어 사악도에 떨어지는 것을 막을 수 있습니다.

불선업을 하지 않는 사람은 선업만을 즐기게 될 것입니다. 이러한 선업은 인간, 천계와 범천(색계·무색계)에 태어나는 것을 도와줄 것입니다. 범부의 눈에는 이 성취가 좋은 존재로 보일 것입니다. 그러나 성자들에게는 이러한 삶의 존재가 바람직하지 못합니다. 왜냐하면 윤회의 굴레에서 보면 이렇게 태어나고, 늙어

가고, 고통 받고, 죽는 지속적인 과정은 악순환이기 때문입니다.

성자들은 이 윤회하는 삶을 인간의 배설물로 생각합니다. 배설물은 그 양이 적거나 많거나 간에 혐오스런 것입니다. 그러므로 윤회하는 삶은 천인일지라도 성자에게는 혐오스런 것입니다. 그러므로 모든 '윤회' 과정을 거부하기 위해서는 아라한도(성스러운 길을 실현한 자)를 성취하기 위해 노력하지 않으면 안 됩니다. 일단 아라한도를 성취하면 모든 종류의 업이 소멸되어 더 이상의 탄생, 늙음과 죽음이 없습니다(모든 고통의 소멸). 업의 과보에서 해방되기 전에는 시간이 무르익으면 선업에 대해서는 선과(善果)를, 악업에 대해서는 악과(惡果)를 받게 마련입니다.

여기서 세존의 시자가 되기 전까지 아난다 존자가 거쳐야 했던 일련의 환생에 대한 몹시 놀라운 이야기를 해 드리겠습니다.

한때 미래의 아난다 존자는 금세공을 하는 집안에서 태어났습니다. 금세공을 하는 사람으로서 잘생겼고 부유했던 그는 바람둥이의 삶을 살았고 다른 사람의 아내들과 삿된 음행을 했습니다. 그는 죽은 다음에 다시 부자의 아들로 태어났습니다. 삿된 음행을 한 불선업의 과보는 아직 때가 되지 않아 나타나지 않았고 이번에 그는 부자의 아들로 정상적인 삶을 살았습니다. 이 두 번째 삶에서 그는 보시와 지계와 수행을 하면서 선업을 쌓았습니다. 이번에 죽었을 때는 금세공을 하는 사람이었을 때 행한 악행(불선업)의 과보를 받을 때가 되어 그는 '요루와(Yoruva)' 지옥에 떨어져서 오랫동안 비참한 삶을 살면서 고통을 받았습니다.

'요루와' 지옥 다음에 그는 축생계에 떨어져서 숫염소가 되었습니다. 숫염소는 크고 힘이 셌으며 거세되어 동네 어린이들의 평범한 노리개가 되었습니다. 숫염소가 늙은 다음에 정육점 주인에게 보내졌습니다. 그 다음에는 수컷 원숭이가 되었습니다. 우두머리 원숭이는 새로 태어난 수컷 원숭이가 힘세고 건강해서 자기의 경쟁자가 될 수 있다고 생각하고는 이제 막 태어난 원숭이의 고환을 뭉개버리고 그를 죽여 버렸습니다. 우두머리 원숭이에게 살해된 다음, 다음 생에서 황소로 태어났습니다.

힘세고 건강했으므로 주인은 수레를 끌기 좋게 황소를 거세했습니다. 황소가 늙어서 힘이 약해졌을 때 또다시 정육점 주인에게 보내졌습니다. 그 다음에 중성인(성기가 없는) 인간으로 태어났습니다. 이 비참한 삶을 산 다음에 그는 다섯 번이나 연속해서 천인(天人)들과 제석천의 아내인 천인으로 태어났습니다. 여자로서 다섯 생을 산 다음에 '루짜(Rūca)'라는 이름의 여자로 태어났는데 엔가띠 왕의 공주였습니다. 부유한 금세공을 하는 사람이었을 때 저지른 불선업(간음)으로 인한 좋지 못한 과보로 그는 루짜 공주로 태어날 때까지 수많은 고통을 받았습니다.

루짜 공주의 삶을 산 다음에 부자의 아들이었을 때 행한 선업이 과보를 받을 때가 되어 그는 천인(남자 천인)으로 환생하여 불선업에 대해 받아야 하는 좋지 못한 과보로부터 벗어났습니다. 불선업에 대한 모든 악한 과보로부터 자유롭게 된 그는, 나중에 고따마 붓다가 되는 싯닷타(Siddhattha) 왕자의 사촌으로 인간계에 태어났습니다.

싯닷타 왕자가 완전한 깨달음을 얻고 정등각자(正等覺者)가 되었을 때, 아난다 존자는 일체지자이신 부처님의 시자가 되었습니다.

부처님의 시자였으며 아주 뛰어난 지성과 비범한 기억력을 타고 태어난 그는 부처님의 생존 45년 동안 세존께서 설하신 8만4천 법문 전부에 완벽하게 정통한 유일한 사람이었습니다.

부처님께서 돌아가셨을 때(반열반에 드셨을 때), 세존의 제자인 499명의 아라한과 아난다 존자가 선발되어 모든 세존의 가르침을 결집(기록)하기 위한 첫 번째 회의가 소집되었습니다. 그는 45년간 설하신 8만4천 법문 전부에 완벽하게 정통한 유일한 사람이었으므로, 아라한이 아닌 수다원이었지만 아난다 존자로 선발되었던 것입니다.

500명 가운데 아라한인 다른 참석자들이 그를 아직도 번뇌에 시달리는 사람이라고 놀리자, 아난다 존자는 결집이 시작되기 전에 아라한도를 성취하기로 결심하고 수행을 시작했습니다. 그는 좌선과 행선을 번갈아 하면서 하루 종일 부지런히 사념처(위빠사나) 수행을 했습니다. 밤이 되어 피곤해져서 엄습해 오는 게으름과 혼침을 막기 위해 한밤중까지 행선을 계속했지만 아라한을 성취하지 못했습니다.

아난다는 충분한 바라밀 공덕을 쌓았으므로 부지런히 집중적으로 수행하면 아라한을 성취할 수 있다고 부처님께서 예언하셨음에도 불구하고, 왜 수행에 진전이 없는지 의아하게 생각하였습니다. 한밤중이 지난 다음에 아난다 존자는 아주 피곤해져서 잠시 쉬어야겠다고 생각하고, 발걸음을 알아차리면서 침대로 갔습니다. 침대에 도착하자 서 있음을 알아차렸고, 슬리퍼를 벗는 것도 알아차렸으며, 침대에 올라가는 것도 알아차렸으며, 그 다음에 누우면서 등이 서서히 바닥에 닿고 있는 것을 알아차렸으며, 머리가 베개로 향하여 서서히 내려가고 있음도 알아차렸습니다. 머리가 베개에 닿기 전에, 발이 바닥에서 떨어져서 허공을 향한 상태에서, 아난다 존자는 사다함도와 아나함도와 아라한도를 연이어서 증득했습니다.

그래서 그는 고따마 붓다 가르침에 있는 가고 서고 앉고 눕는(行住坐臥) 네 가지 수행 자세가 아닌 자세로 깨달음을 증득한 유일한 아라한이 되었습니다. 아난다 존자가 아라한이 되었을 때 그는 모든 업에서 벗어났으며, 업에서 벗어났기에 더 이상의 '바와(bhava, 有)' 즉, '존재의 과정(생성)'은 있을 수 없게 되었습니다. 아난다 존자는 수계한 이래 수다원이었으므로 이미 불선업은 행하지 않고 있었습니다. 아라한이 됨으로써 그는 모든 업에서 벗어나서 더 이상 이 윤회의 세계에 존재하는 일이 없게 된 것입니다.

이제 모든 수행자 여러분들은 때가 되어야만 선업과 불선업의 합당한 과보를 받는다는 것을 알았을 것입니다. 그러므로 불선업을 행하는 것을 그만두고, 선업을 많이 쌓도록 항상 힘써 노력하기 바랍니다.

1) 빨리어로 깜마(kamma)를 업(業), 행위, 행동, 일이라고 한다. 생각(意)과 말
   (口)과 행위(身)로 하는 모든 의도적 행위가 모두 업으로 간주된다. 그래서
   좋고 나쁜 모든 행위가 업을 구성한다.

   업에 대한 부처님의 말씀을 요약하면 다음과 같다.
   "모든 살아 있는 존재는 그들 자신의 업을 가지고 있다."
   "의지가 업이다."
   "오, 비구들이여, 나는 선언한다. 의지가 업이다. 의지를 가지고 있는 인간
   은 몸으로, 말로, 생각으로 행위를 한다."
   "사물을 있는 그대로 알지 못하는 무지가 업의 주요한 원인이다."
   "업에 의해서 이 세계는 이끌려 간다."

   청정도론에서는 업에 대해 "행위를 하는 자는 없다. 그 과보를 받는 자도
   없다. 구성하는 부분들만이 혼자 굴러간다. 이것이야말로 올바른 분별이
   다"라고 말한다.
   그러나 사실 업의 작용은 부처님만이 완전하게 이해하실 수 있는 난해한
   법칙이다. 그래서 업의 정확한 적용범위도 부처님밖에 모른다. 이러한 업
   으로부터의 해방이 바로 닙바나(열반)이다. 그래서 닙바나를 무위법이라
   고 한다.
   업의 진행은 자동적이며, 강력할 때는 인간이 그것을 막을 수 없다. 그러
   나 선업을 지속하면 악업을 막을 수 있다. 사실 인간들의 모든 불평등이
   모두 업의 적용을 받지는 않는다. 조건이 형성되어서 생긴 결과일 수도
   있다. 그러므로 모든 것이 업 때문만은 아니다. 인간의 마음도 특별히 따
   로 존재하는 것이 아니고, 몸이라는 물질의 형태와 함께 조건지어진 하나
   의 현상일 뿐이다. 단지 이 현상이 지닌 특성이 업이라는 형태로, 과보라
   는 결과를 나타낸 것이다.

2) 벽지불(Pacceka Buddhas)은 빨리어로 빳쩨까 붓다(Pacceka Buddhas)를 벽지

불, 연각(緣覺), 독각(獨覺), 홀로 깨달은 분으로 부른다. 빳쩨까(Pacceka)는 '따로따로, 각각의, 홀로의'라는 뜻이다. 벽지불은 연기법에 따라 홀로 깨달았지만 남에게 법을 펼 만한 지혜가 없어 청정한 계율을 지키며 남에게 계율이 있는 삶을 지도해 준다. 부처가 출현하지 않은 시대에 벽지불이 출현하며, 부처가 출현한 시대에는 벽지불이 출현하지 않는다.

계를 지키는 경

상윳따니까야(相應部)의 무더기(蘊)에 대한 장(Khandha Vagga Saṁyutta)에 있는 '계를 지키는 경(戒行經)'에는 위빠사나 수행방법이 상세하게 설명되어 있습니다. 이 경은 수행의 절차를 명백하게 설명하고 있기 때문에 수행하는 여러분들에게 아주 적합합니다. 여기서는 대장로 꼿티까(Koṭṭhika) 존자가 질문하고 대장로 사리뿟따(Sāriputta) 존자가 대답하는 형식으로 되어 있습니다. 경전 결집(기록)을 할 때 이 경은 서문부터 시작하여 가장 완벽한 형태로 편집된 것으로도 유명합니다.

이 『계행경』은 이렇게 시작됩니다.
"한때, 사리뿟따 존자와 꼿티까 존자가 베나레스에 있는 이시빠따나 미가다와나 숲의 사원에 같이 머물고 있었습니다. 어느 날 오후, 꼿티까 존자는 과정(果定)1) 수행을 한 다음 사리뿟따 존자를 찾아갔습니다. 두 대장로 간에 서로 안부를 교환한 다음 꽂티까 존자가 사리뿟따 존자에게 물었습니다."

여기서 우리는 유명한 두 대장로의 특성을 알아야 합니다. 사리뿟따 존자는 가장 박식하고 세존의 상수 제자입니다. 꽂티까 존자는 가장 저명한 분석적인 지식(分析智)²⁾의 대가입니다.

분석지는 다음 네 가지(四無碍解)로 나눌 수 있습니다.

(1) 의미를 통달한 분석지(義無碍解)는 세존의 모든 가르침의 의미, 목적, 결과와 기능적 필요성을 이해하는 것을 의미합니다.

(2) 법에 대한 분석지(法無碍解)는 모든 결과에는 원인이 있다는 것(인과법, 연기법), 고귀한 팔정도, 설해진 법, 법과 관련된 범위 내에서 있는 모든 지식을 이해하는 것을 의미합니다.

(3) 언어에 대한 분석지(詞無碍解)는 실재를 표현하는 언어에 관한 지식으로서 언어로 표현하는 데 걸림이 없음을 의미합니다.

(4) 언어 구사력에 대한 분석지(辯無碍解)는 임기응변에 능한 분석지인데, 법의 의미에 대해 미사여구를 자유자재로 사용하여 누구나 쉽게 알아듣도록 설명하는 능력을 의미합니다.

세존을 제외한 모든 아라한들 중에 네 가지 분석지(四無碍解)에 관한 한 꽂티까 존자가 단연 최고였습니다. 그리고 두 장로는 모두 여덟 가지 성인위(네 가지 출세간의 도와 네 가지 출세간의 과)를 증득한 성자였습니다.

그러므로 이 경전에 수록된 질문과 대답은 모든 관점에서 수행에 대해 자세하고 분명하게 설명하고 있습니다. 이 대답들은 다음 세대를 위한 선례와 참고 사항으로 알아야 합니다.

꽂티까 존자가 물었습니다. "고귀한 계를 완벽하게 지키고 있는 사람은 무슨 종류의 수행을 해야 합니까?" 여기서 중요한 말은 '고귀한 계를 완벽하게 지키고 있는 사람'입니다. 그는 단순히 "보통 사람이 어떻게 수행해야 하는가?"라고 묻지 않았습니다. 그러므로 수행을 하고자 하는 사람은 무엇보다 먼저 계를 완전히 지키지 않으면 안 된다는 것에 주목하는 것이 가장 중요합니다.

진지하게 수행하기 전에 법에 대한 일반적인 지식도 필요하다는 것이 '계를 지키는 경'에 나와 있습니다. 수행하는 여러분들이 알아야 할 법에 대한 최소한의 지식은 무엇일까요?

마하시 큰스님에 의하면, 조건에 따라 모든 몸과 마음의 행들이 무상하고 고통이며 무아라는 것을 어느 정도 아는 사람은 위빠사나 수행을 배울 수 있다고 했습니다.

사리뿟따 존자는 대답했습니다. "고귀한 계를 완벽하게 지키고 있는 사람은 오취온(五取蘊)을 알아차려야 합니다."

이미 앞에서 말했듯이, 오취온은 색온(色蘊), 수온(受蘊), 상온(想蘊), 행온(行蘊), 식온(識蘊)을 말합니다. 이 오취온에 대한 알아차림은 현재 여러분들이 『염처경』에 의거하여 수행하고 있는 것입니다.

여러분이 '왼발, 오른발'을 알아차릴 때, 발의 움직임은 색온(물질의 무더기)이며, 좋거나 싫어하는 것은 수온(느낌의 무더기)입니다. 발걸음을 알아차리는 것은 상온(지각의 무더기)이며, 걸으려고 노력하는 것은 행온(정신적 형성의 무더기)입니다. 걷는 것을 자각하는 것은 식온(의식의 무더기)입니다. 그래서 오취온(몸과 마음의 다섯 가지 집착의 무더기)입니다. 요약하면, 걷는 것은 몸(물질)이고 발걸음을 알아차리는 것은 마음이며, 존재하는 것은 몸과 마음뿐입니다. 그것을 상세하게 나누면 위에서 말한 바와 같이 오취온을 느끼게 되는 것입니다.

만약 여러분이 마음과 물질의 진정한 본성을 알아차리지 못한다면, 여러분은 "내가 가고 있다, 사람이 가고 있다, 여자가 가고 있다"라고 생각할지도 모르며, 이런 신념이 자아라는 실체가 있다고 잘못된 개념을 갖게 하는 것입니다. 그것을 집착(upādāna)이라고 합니다. 여러분이 배의 '일어남, 꺼짐'을 알아차릴 때에도 같은 원칙이 적용됩니다. 배가 일어나고 꺼지는 것은 색온입니다.

좋고 싫은 느낌은 수온이며, 일어남과 꺼짐을 알아차리는 것은 상온이며, 일어나고 꺼지는 것을 알아차리려고 노력하는 것은 행온입니다. 일어나고 꺼짐을 자각하는 것은 식온입니다.

형상을 볼 때도 마찬가지입니다. 눈과 형상은 색온이며, 형상을 좋아하고 싫어하는 느낌은 수온입니다. 알아차리는 것은 상온이며, 노력하는 것은 행온이며, 자각하는 것은 식온입니다. 이 모든 알아차림이 오취온인데, 간단히 설명하면 오취온은 마음과 물질 두 가지로 구성된 것입니다.

만약 여러분이 이들 오취온의 진정한 본성을 자각하지 못하고 있다면, 여러분은 '나, 사람, 여자' 등을 자아라는 실체라고 생각할 수 있는데, 그것을 집착이라고 합니다. 집착에는 1) 감각적 욕망에 대한 집착, 2) 견해에 대한 집착, 3) 계율과 의례일 뿐인 것에 대한 집착, 4) 유신견의 집착, 이렇게 네 가지 종류가 있습니다.

사리뿟따 존자의 대답은 '오취온을 알아차리는 것'이었습니다.3) 그리고 "오취온을 알아차리면 무엇을 발견할 것이라고 기대합니까?" 대답은 광범위하지만, 요약해서 결론을 말한다면 다음과 같습니다. 무상, 고, 무아를 알 수 있을 때까지 알아차려야 한다는 것입니다.

그렇게 알아차려서 무슨 이익을 얻을 수 있겠는가, 하는 것이 다음 질문입니다. 사리뿟따 존자는 대답했습니다.

"나의 벗 꽃티까 존자여, 고귀한 법을 완전히 지키고 오취온을 알아차리면 수행자는 마음과 물질을 구별하는 지혜, 원인과 결과를 식별하는 지혜, 언제나 새로운 현상이 신속하게 일어나고 사라지는 것을 알아차려서, 모든 정신적·물질적 현상이 소멸하는 것을 증득할 때까지의 위빠사나 지혜를 차례차례 획득하고, 마지막에는 수다원도와 수다원과를 증득하여 완전히 성숙한 수다원 성자가 됩니다."

최종적으로 수다원도의 지혜를 얻은 다음에는 '서원을 세우는 것'4)에 의해 검증하지 않으면 안 됩니다. 진지한 서원을 세울 때의 내용은 보통 다음과 같습니다.

(1) "정신적·물질적 현상이 소멸된 상태에 오랫동안 머물겠다." 오랫동안이라는 것은 '30분, 45분, 한 시간, 혹은 두 시간 동안 계속해서'라는 뜻입니다. 그런 서원이 성공적으로 달성된 다음에는 검증해야 할 두 번째 서원으로 넘어가야 합니다.

(2) "가장 빠른 시간 내에 모든 현상이 소멸하는 상태에 이르겠다." 이 서원이 이루어진 다음에는 오랫동안 알아차리지 않아도 됩니다. 빠른 시간 내에 '모든 현상의 소멸'은 쉽게 달성됩니다. 그러면 그 다음에 검증해야 할 세 번째 서원으로 넘어갑니다.

(3) "모든 현상의 소멸에 매우 자주 도달하겠다." 어떤 수행자들은 정신적 · 물질적 현상의 소멸에 성공적으로 매우 자주 도달합니다. 다음으로 검증해야 할 네 번째 서원으로 넘어갑니다.

(4) "이번 좌선에 소멸에 도달하겠다" 또는 "다음 좌선에는 소멸에 도달하지 않겠다." 이 서원이 이루어지면 검증해야 할 다섯 번째 서원으로 넘어갑니다.

(5) "정신적 · 물질적 현상의 소멸을 달성한 다음에 의식을 그때의 상황에 따라 오후 8시에 혹은 오전 10시에 되찾겠다, 혹은 30분 만에 의식을 되찾겠다."

어떤 수행자들은 진지한 서원을 성공적으로 달성하지만 어떤 사람들은 그렇지 못합니다. 그렇더라도 용기를 잃지 말고 성공할 때까지 몇 번이고 되풀이하여 시도하여야 합니다. 검증과정이 성공적으로 끝나서 확실하게 성취되면, 다음 단계는 상위 수준을 향해 수행하는 것입니다.

여기서 꼿띠까 존자는 사리뿟따 존자에게 또다시 묻습니다.
"사리뿟따 존자여, 수다원도를 획득한 사람은 사다함도(一來者의 道)를 성취하기 위하여 무엇을 알아차려야 합니까?"
사리뿟따 존자는 대답했습니다.
"사다함도를 위해서 노력하려는 수다원도를 경험한 사람은 마찬가지로 오취온을 알아차리지 않으면 안 됩니다."

더 높은 수준의 달성을 위한 절차는 이렇습니다. 수행하는 여러분들은 진지하게 "나는 이전에 성취한 모든 법을 버리고, 내가 아직까지 경험하지 못한 보다 높은 법을 성취하겠다"라고 서원을 세우지 않으면 안 됩니다. 그리고는 같은 방법으로 같은 수행을 되풀이합니다.

그런 수행자는 마음과 물질을 구별하는 지혜 등을 구하는 초보 단계로 떨어지지 않습니다. 보통 그들은 모든 새로운 현상이 신속하게 일어나고 사라지는 것을 자각하는 '생멸의 지혜부터 시작'합니다.5) 거기서부터 소멸의 지혜, 두려움에 대한 지혜, 고난의 지혜, 혐오감에 대한 지혜, 해탈을 원하는 지혜, 다시 살펴보는 지혜, 현상에 대한 평등의 지혜, 적응의 지혜 등을 거쳐서 드디어는 사다함도의 지혜와 과의 지혜를 증득하게 되는 것입니다.

그렇게 성취한 다음, 마찬가지로 오랫동안 소멸되고, 빠른 시간 내에 소멸되고, 아주 자주 소멸되고, 필요한 정해진 시간에 의식을 되찾기를 바라는 진지한 서원, 즉 결심을 세움에 의한 검증과정이, 모든 검증이 성공할 때까지 적용됩니다.

꽃티까 존자는 다시 사리뿟따 존자에게 사다함을 성취한 사람이 아나함도와 과의 지혜를 성취하기 위해서는 어떻게 수행해야 하는지 물었습니다. 사리뿟따 존자는 아나함도와 과의 지혜를 얻기 바라는 사다함을 성취한 사람은 같은 오취온을 알아차려야 한다고 대답했습니다. 사다함을 성취한 사람은 대개 생멸의 지혜로부터 시작해서 연속적으로 지혜의 단계들을 거쳐 머지않아 아나함도와 아나함과의 지혜를 획득하게 됩니다.

아나함 도과의 지혜를 얻은 사람은 더 이상의 감각적 욕망과 악의(惡意)와 분노가 일어나지 않습니다. 그러므로 아나함을 성취한 사람은 가정생활을 즐기지 않게 되어 8계(八戒)를 영원히 지킬 것입니다. 그에게는 적극적인 분노나 소극적인 분노가 더 이상 일어나지 않습니다. 그에게는 불안도 없고 비탄도 없습니다. 아나함도의 지혜나 아나함과의 지혜의 성취도 또한 진지한 서원에 의해서 검증되어야 합니다. 오랫동안 소멸되고, 빠른 시간 내에 소멸되고, 아주 자주 소멸되고, 필요한 정해진 시간에 의식을 되찾기를 바라는 진지한 서원, 즉 결심이 모든 검증이 성공할 때까지 행해집니다.

꽂티까 존자는 또다시 아나함을 성취한 사람이 보다 높은 상태로 나아가기를 원한다면 어떻게 수행해야 하는가를 물었습니다. 사리뿟따 존자는 아라한도를 성취하기를 바라는 아나함을 성취한 사람은 마찬가지로 오취온을 알아차려야 한다고 대답했습니다. 아나함을 성취한 사람이 마찬가지로 오취온을 알아차린다면 위빠사나 지혜가 차례로 발전되어 머지않아 아라한위를 획득할 것입니다. 아나함을 성취한 사람이 오취온을 알아차리기 시작할 때, 그도 또한 생멸의 지혜로 돌아가서 위빠사나 지혜의 각 단계를 거쳐 또다시 모든 정신적·물질적 현상의 소멸에 이르고 아라한도의 지혜와 과의 지혜를 증득하게 될 것입니다.

아라한도의 지혜와 과(果)의 지혜를 성취해도 오랫동안 소멸, 빠른 시간 내의 소멸, 대단히 자주 소멸, 정해진 시간에 다시 의식을 찾는 것 등등에 대한 서원을 세워서 모든 검증이 성공될 때까지 검증하는 같은 과정을 거쳐야 합니다. 그러한 방법으로 검증해서 성취가 확인된 다음에 아라한도를 획득한 사람(성자의 도를 증득한 사람)이 계속적으로 수행할 때 아라한과에 도달하여 그것을 즐기게 될 것입니다. 이와 같이 출세간의 과실(果)에 도달하고 그것을 즐길 수 있으려면 지속적으로 수행해야 합니다.

같은 원리가 다른 세 가지 출세간도를 성취한 사람에게도 적용됩니다. 예류자의 도(수다원도)를 증득한 사람이 규칙적인 수행을 지속적으로 하지 않는다면 예류자의 과(수다원과)에 쉽게 도달하지 못하고 수다원과를 즐기지도 못합니다. 일래자의 도(사다함도)를 증득한 사람이 규칙적인 수행을 지속적으로 하지 않는다면 일래자의 과(사다함과)에 쉽게 도달하지 못하고 사다함과를 즐기지 못합니다. 불환자의 도(아나함도)를 증득한 사람이 규칙적인 수행을 지속적으로 하지 않는다면 불환자의 과(아나함과)에 쉽게 도달하지 못하고 아나함과를 즐기지 못합니다. 개인의 축적된 성향을 극복하고 완전히 없애려면 지속적이고 끈기 있게 수행을 해야 합니다.

꽃티까 존자는 다시 물었습니다.
"아라한을 성취한 사람은 어떤 법을 알아차려야 합니까?"
사리뿟따 존자는 대답했습니다.
"꽃티까 존자여, 아라한을 획득한 사람도 또한 오온을 알아차려야 합니다."

아라한을 획득한 사람은 오온을 알아차림으로써 더 높은 경지, 즉 벽지불(스승 없이 깨달은 분)이나 정등각자(완벽하게 깨달은 붓다)를 획득할 수는 없지만, 그는 현 생애 동안 지복(최고의 행복)을 누릴 것입니다. 그가 지속적이고 끈기 있게 오온을 알아차리는 수행을 함으로써 그가 원할 때는 언제나 출세간의 과실(果)을 즐길 수 있을 것입니다. 그리고 그는 자신의 축적된 성향을 완벽하게 뿌리 뽑았으므로 모든 세상사와 가까이 하지 않을 것이며, 탐욕, 성냄, 어리석음으로부터 비롯된 모든 고통으로부터 자유로울 것입니다.

결론적으로, 계를 지키고 법에 대한 일반적인 지식을 가진 사람은 오취온을 알아차리는 수행으로써 수다원위를 얻을 것이며, 같은 과정을 반복하여 수행함으로써 여러분은 차례로 사다함위, 아나함위, 아라한위를 획득하게 될 것입니다.

주해

1) 과정(果定, phala samāpatti)은 빨리어로 팔라(phala)와 사마빳띠(samāpatti)의 합성어이다. 팔라는 과일, 열매, 결과, 정신적 지위, 성자의 지위, 과(果) 등의 뜻을 가지고 있는데, 통상적으로는 열매라는 뜻으로 과로 사용한다. 사마빳띠는 도달, 성취, 입정(入定), 명상을 즐기는 상태를 말한다. 그러므로 팔라 사마빳띠는 과에 도달한 상태, 과정(果定)의 의미를 가진다.

납바나(열반)에는 도(道, magga)의 단계와 과(果, phala)의 단계가 있다. 여기서 도는 납바나를 지향하는 것을 말한다. 또는 납바나에 이르는 것이란 뜻으로 사용된다. 과는 납바나에서 나오는 것, 납바나를 성취하여 완성하는 것, 그래서 성자의 지위를 가지는 것을 말한다. 그러므로 도가 있으면 과가 있는 것이다. 도와 과라는 이러한 정신적 상태는 부처님께서 지혜가 성숙되고 완성되는 과정이 이렇게 있다는 것을 밝히신 것이다.

납바나에 이르고 완성한, 그래서 도과를 성취한 성인은 수다원, 사다함, 아나함, 아라한이 있다. 이들 성인의 단계는 다시 수다원의 도과, 사다함의 도과, 아나함의 도과, 아라한의 도과가 있기 때문에 이것을 종합하여 사쌍팔배(四雙八輩)라고 한다. 그래서 팔라 사마빳띠는 보통의 명상이 아니고 납바나의 과에 도달한 명상의 상태를 말한다. 그러므로 납바나에 들었다가 나온 것을 말한다.

2) 분석적 지식(分析智, Paṭisambhidā)은 빨리어 빠띠삼비다(Paṭisambhidā)는 '분석, 분석적 통찰, 또는 각각에 대해서 완전하게 아는 것'이란 말로, 분석적 지식이라는 뜻이다. 일본 학자는 이 분석적 지식을 무애해(無碍解)라고 번역하였다.

① 의무애해(義無碍解) ② 법무애해(法無碍解) ③ 사무애해(詞無碍解) ④ 변무애해(辯無碍解) 이상 네 가지를 사무애해(四無碍解)라고 한다.

3) 사리뿟따 존자는 수다원도과를 성취하기 위해서는 오취온을 알아차릴 것을 설명했다. 수다원 도과를 성취하고 다시 아나함, 사다함, 아라한에 이르기까지 똑같은 방법으로 오취온을 알아차릴 것을 설명했다. 여기서 말

하는 오취온의 알아차림은 몸과 마음에 대한 집착을 알아차리는 사념처 수행을 의미한다.

4) 빨리어 아딧타나(Adhiṭṭhāna)는 '확립, 결정, 의지, 돌봄, 가호(加護)' 등의 뜻으로 쓰인다. 여기서는 진지하게 서원을 세우는 것을 뜻한다.

처음에 수다원이 되었다는 것은 닙바나(열반)에 이른 것을 말한다. 이렇게 처음으로 닙바나에 이른 뒤에 더 높은 지혜의 단계에 이르기 위해서 서원을 세우게 된다. 이 서원은 단계적으로 하는데 처음에는 "정신적·물질적 현상이 소멸된 상태로 오랫동안 머물겠다"고 세우는 서원이다. 정신적·물질적 현상이 소멸된 상태가 바로 닙바나의 상태이다.

마하시 선원에서는 수다원에 이른 수행자에게 몸과 마음이 소멸된 상태가 15분, 30분, 45분, 1시간, 2시간씩 머물도록 차츰 단계적으로 서원을 세우게 한다. 이렇게 서원을 세우고 수행을 하면 진지한 수행자는 확실하게 원하는 시간 동안 닙바나 상태에 머물게 된다. 그렇다고 서원을 세운다고 무조건 닙바나의 상태가 연장되는 것은 아니다. 수행자가 얼마나 믿음을 가지고 분명한 알아차림과 알맞은 집중과 적절한 노력을 했느냐에 따라 지혜가 생기고 그것에 의해 결정된다.

그러나 어떤 큰 상황이 발생하지 않는 한 서원을 세우면 그것이 이루어지게 된다. 이런 현상에 수행자가 신기해하거나 놀랄 수도 있다. 이때 수행자는 더욱 조심하지 않으면 안 된다. 가능한 한 외부와의 접촉에서 다른 자극을 받지 않도록 주의해야 한다. 또한 더욱 주의해야 할 것은 욕망으로 이런 상황을 얻으려 하지 말아야 하는 것이다. 단계가 높아질수록 불선업에 의한 악과보심이 일어날 가능성이 더 많아질 수도 있음을 알아야 한다. 그래서 이때 나타나는 장애를 과보심으로 받아들여 새로운 불선업의 마음으로 반응하지 말아야 한다. 이때의 마음은 검불에도 걸려 넘어질 수 있는 상태이므로 철저하게 내면의 통찰을 꾀해야 한다.

이와 같이 닙바나에 오래 머물기를 서원을 세워 실천한 뒤에 충분한 과정을 거쳐 다음 단계로 나아간다. 그래서 이제는 수행을 시작하면 닙바나에 이르는 시간이 빠르게 이루어지고 자주 이르게 되기를 새롭게 서원을 세운다.

닙바나를 경험하여 수다원이 되었다고 해도 처음에는 누구나 원하는 시간에 쉽게 닙바나에 이르지 못한다. 여러 가지 조건이 충분히 성숙되어야 닙바나에 이르기 때문에 이러한 서원을 세우는 것이다. 이런 현상이 충분히 성취되면 다음 단계로 닙바나에 이르는 것이 자주 일어나게 되기를 바라는 서원을 세운다. 이렇게 단계적으로 다음 단계의 서원을 세워 간다. 그래서 닙바나의 시간이 오래 계속되기를 서원하고 다음으로 자주 이르게 되기를 서원한다. 이러한 서원에 의해 진지한 수행을 할 때는 닙바나의 시간이 길어지고 닙바나에 이르는 횟수가 많아진다. 횟수가 많을 때는 한 시간 동안 몇 차례나 이르게 되기도 한다.

마하시 선원에서 지도하는 방법은 본문에서와 같이 다섯 가지의 기준을 적용하여 서원을 세우게 한다. 이것은 경전에 근거한 수행 지도방법이다.

5) 수다원 도과를 성취한 수행자는 다시 사다함 도과를 성취하기 위해 수행을 한다. 이때 수행자는 "나는 이전에 성취한 모든 법을 버리고, 내가 아직 경험하지 못한 보다 높은 법을 성취하겠다"고 서원을 세우고 수행한다. 실제로 수다원을 성취했을 때의 알고 있는 모든 법을 버린다는 것은 자신이 수다원이라는 잠재적 인식을 버리게 하는 데 도움이 된다. 그래야 초보 수행자가 가지는 초발심의 상태로 진지하게 새로 수행을 시작할 수 있다. 또한 수다원이 되기 위해 처음 수행을 시작했을 때 겪었던 통증, 망상 등의 경험을 다시 되풀이해서 밟아간다. 몸의 같은 부위에 대한 통증이나, 같은 줄거리의 망상이 계속된다는 것은 잠재의식 속에 자리 잡은 고정관념들이 아직도 소멸되지 않았음을 말하는 것이다. 이 단계에서도 더 높은 도과를 경험한 지도자의 가르침을 받는 것이 필요하다.

이렇게 수다원에서 사다함의 도과를 얻고자 다시 수행을 시작할 때는 생멸의 지혜(일어나고 사라지는 현상의 지혜)의 단계부터 시작한다.

이 생멸의 지혜를 우다얍바야 냐나(Udayabbaya Ñāṇa)라고 한다. 이 지혜는 네 번째 지혜에 해당하는데, 대상이 일어나고 사라지는 '생멸을 아는 지혜'이다. 사다함의 도과를 얻어 다시 아나함의 도과를 얻기 위해 수행을 시작할 때도 이와 같은 방법으로 다시 시작한다. 사다함에서 아라한의 도과를 얻기 위해 수행을 다시 시작할 때에도 일어나고 사라지는 현상의 지혜, 즉 생멸의 지혜에서 새로 시작한다.

아울러 매 단계를 시작할 때는 서원을 세우고 하는데 지금까지 가지고 있던 모든 법을 버리고 새로 시작하겠다는 것을 똑같이 서원한다. 뿐더러 통상적인 경우에 하나의 수다원 도과를 성취하는 과정은 무수한 닙바나를 경험한다. 수다원이 되고 나서도 계속해서 수다원의 과의 닙바나를 계속해서 경험한다.

다시 다음 단계의 도과인 사다함의 도과에 이르게 위해서는 똑같은 방법으로 수행을 새로 시작한다. 이처럼 매 단계마다 끊임없는 노력과 연속되는 과정으로 차츰 도과의 단계가 성숙된다. 또한 이런 단계에 이르기 위해서는 반드시 사념처 수행을 해야 한다. 현시대에는 한순간에 아라한이 된다는 것은 특별한 선업이 없는 한 어려운 것으로 알려져 있다.

네 가지 요소

요소란 일체(세계, 우주)의 궁극적인 구성 성분을 말합니다. 일체의 구성 성분인 '요소로 분류'한다는 의미를 가진 '요소에 대한 주의(dhātu-manasikāra)'[1]에 대해 이야기하도록 하겠습니다. 세존께서는 '알아차림'에 대한 법을 펴실 때 '알아차림'을 대나무와 비교하여 설명하셨습니다. 마치 죽세공인이 대나무를 똑같은 크기의 네 조각으로 자르듯이, 부처님께서는 '알아차림'을 몸, 느낌, 마음, 마음의 대상(法)이라는 네 가지로 분류하셨습니다.

부처님께서는 그 가운데 몸(kāya)을 14가지로 세분하셨습니다.
(1) 들숨, 날숨을 알아차림
(2) 움직임을 알아차림
(3) 분명한 앎
(4) 육체의 기관

(5) 네 가지 요소

(6) 아홉 개의 묘지에서의 관찰(시체의 아홉 가지 대상)

이는 마치 죽세공인이 대나무를 얇게 자르는 것과 같습니다. 이들 14가지 소분류 중에 '요소로 분류'한다는 것은 5번째 소분류입니다. 이 법문을 듣고, 여기 있는 우리의 수행자들이 유아견(有我見)과 유신견(有身見)에 대한 집착을 줄여서 존재의 모든 물질적·정신적 현상을 명백하게 보게 되기를 바랍니다.

세존께서 설법하셨습니다.

"오 비구들이여, 여래의 법을 따르는 우리의 모든 수행자들은 이 몸을 사대로 나누어서 알아차려야만 한다. 그 방법은 '이 물질적 몸은 땅의 요소(地大), 물의 요소(水大), 불의 요소(火大), 바람의 요소(風大)로 구성되어 있다'라고 알아차리는 것이다. 이렇게 알아차릴 때 '이 물질적 몸은 결국 내 것이 아니며, 내 몸이 아니며, 내 소유물도 아니고, 사대(四大, 地水火風)가 모인 것일 뿐이다'라고 알게 된다. 수행자가 물질적 몸을 분석해 보면, 색온(色蘊)은 고체 즉 땅의 요소(지대), 액체 즉 물의 요소(수대), 열기 즉 불의 요소(화대), 움직임 즉 바람의 요소(풍대)의 네 가지 요소(四大)로 구성되어 있다는 것을 깨닫게 될 것이다."

땅의 요소(地大)에는 20가지가 있습니다. 그 20가지는 1) 머리카락, 2) 몸의 털, 3) 손톱, 4) 이, 5) 피부, 6) 살(근육), 7) 힘줄, 8) 뼈,

9) 골수, 10) 신장, 11) 심장, 12) 간, 13) 횡격막과 늑막, 14) 지라, 15) 허파, 16) 위장, 17) 대장, 18) 소장, 19) 대변, 20) 뇌입니다.

인체를 구성 성분으로 나누어 보면 모두 42가지 항목이 됩니다. 위에 열거한 머리카락에서부터 뇌까지의 20가지는 땅의 요소입니다. 땅의 요소의 특성은 딱딱하거나 말랑말랑함, 거칠거나 부드러움, 무겁거나 가벼움 등등입니다. 그렇습니다. 뼈를 만지면 딱딱합니다. 머리카락을 만지면 거칠고, 살을 만지면 말랑말랑하고 부드럽습니다. 이들은 다른 특성입니다. 걸으려고 발을 들어올리면 어떤 때는 무겁고 어떤 때는 가볍습니다. 여러분은 이런 요소들을 알아차릴 때 알아차리는 요소의 이름을 알아차리면 안 됩니다.

그래서 여러분이 발을 들어올릴 때 무겁게 느껴지면 '무거움, 무거움'을 알아차려야 합니다. 좌선하면서 어떤 때는 머리가 무겁게 느껴지기도 하는데 '무거움, 무거움' 하고 알아차려야 합니다. 이렇게 알아차리는 것이 땅의 요소를 알아차리고 있는 것입니다. 여러분이 바닥에 닿은 엉덩이 부위에서 거칠고 딱딱함을 알아차릴 때 그것이 땅의 요소입니다. 행선을 하고 있는 여러분이 발이 바닥이나 마루에 닿을 때 부드럽거나 말랑말랑함을 느낀다면 땅의 요소를 알아차리고 있는 것입니다.

걸을 때 여러분의 발걸음이 무겁거나 가볍다는 느낌 외에 몸이 공중에 뜬 것처럼 느껴질 때도 있습니다. 여러분이 이러한 특성들을 일어나는 그대로 알아차린다면 그것은 땅의 요소를 알아차리는 것입니다. 설혹 지대라는 말을 모르더라도 여러분은 사대 중의 하나인 땅의 요소를 알아차린 것입니다. 땅의 요소에는 20가지가 있습니다.

딱딱하거나 말랑말랑함, 거칠거나 부드러움, 무겁거나 가벼움은 관습적으로 정의하는 방식으로 이름 붙여진 것입니다. 그러나 요소로 분석하는 데 있어서는 마찬가지입니다. 딱딱하다는 말을 분석해 봅시다. 쇠와 벽돌을 비교해 보면 쇠는 딱딱하고 벽돌은 말랑말랑합니다. 벽돌과 흙덩이를 비교해 보면 벽돌은 딱딱하고 흙은 말랑말랑합니다. 벽돌의 상태를 조사해 봅시다. 쇠와 비교하면 벽돌은 말랑말랑하고 흙과 비교하면 딱딱합니다. 그러므로 요소로 분석할 때는 딱딱함과 부드러움이 같은 것으로 간주됩니다. 이것을 빨리어로 우빠니따 빤냣띠(upanīta paññatti)[2]라고 하는데 '주어진 개념'이라는 뜻입니다. 다시 흙을 진흙과 비교하면 흙은 딱딱하고 진흙은 말랑말랑합니다. 흙은 벽돌과 비교하면 말랑말랑하지만 진흙과 비교하면 딱딱합니다. 그러므로 요소로 분류할 때는 딱딱함과 말랑말랑함이 같다고 말할 수 있습니다.

거친 것과 부드러운 것을 분석해 봅시다. 굵은 무명실(綿絲)로 만든 옷은 거칠고, 가는 무명실로 만든 포플린 옷은 부드럽습니다. 그러나 포플린 옷은 비단에 비하면 거칩니다. 비단 옷도 더

가는 옷감으로 만든 옷에 비하면 거친 것이 됩니다. 거친 것과 부드러움은 비교에 의해 정의됩니다. 그러므로 요소로 분류하는 데 있어서 거친 것과 부드러운 것은 같다고 말할 수 있습니다.

무거움과 가벼움도 또한 마찬가지입니다. 무게를 잴 때 10위스 (viss)[3]와 5위스와 1위스는 서로 다릅니다. 5위스는 무겁고 1위스는 가볍습니다. 1/2위스와 1/4위스도 마찬가지입니다. 1위스와 비교하면 1/2위스는 가볍고 1위스는 무겁습니다. 이들은 관념적 정의이므로 실재하는 것이 아닙니다. 그러므로 무거움과 가벼움을 요소로 분류할 때는 마찬가지로 볼 수 있습니다. 그래서 여러분들이 딱딱하거나 말랑말랑함, 무겁거나 가벼움, 거칠거나 부드러움을 알아차린다면 땅의 요소를 알아차리고 있다고 할 수 있습니다. 위에서 말한 바와 같이 사람의 몸 안에는 머리카락에서부터 뇌까지의 20가지 땅의 요소가 있습니다.

다음은 물의 요소(水大)입니다. 물의 특성은 유동과 점착(粘着)입니다. 그것은 물의 요소입니다. 사람의 몸 안에는 12가지의 물의 요소가 있습니다. 그 12가지는 1) 담즙, 2) 가래, 3) 고름, 4) 피, 5) 땀, 6) 고형 지방질, 7) 눈물, 8) 액체 지방질, 9) 콧물, 10) 침, 11) 관절액, 12) 오줌입니다. 여러분이 눈물이나 콧물이나 피나 땀이나 오줌을 알아차린다면 물의 요소를 알아차리고 있는 것입니다.

물의 요소의 특성은 유동과 접착입니다. 건조한 부분들이 물의 요소에 의해 합쳐지는 것이 점착입니다. 빵이나 차빳띠(인도빵)를 구우려고 밀가루를 반죽하려면(점착시키려면) 물과 섞어야 합니다. 그런 다음에 구워야 빵이 됩니다. 물이 밀가루를 결합시키는 도구입니다. 그러므로 유동과 점착과 흐름을 알아차린다면 그것은 자신의 몸 안에서 물의 요소를 알아차리는 것입니다. '울고 있음, 울고 있음', '땀 흘리고 있음, 땀 흘리고 있음', '소변보고 있음, 소변보고 있음'을 알아차리는 것도 물의 요소에 포함됩니다.

물의 요소는 12가지이고, 땅의 요소는 20가지이며, 이 두 가지를 합하면 32가지가 됩니다. 사람의 몸은 사대로 구성되어 있으므로 여기에 불의 요소 네 가지와 바람의 요소 여섯 가지까지 합하면 모두 42가지가 됩니다.

불의 요소(火大) 네 가지는 다음과 같습니다.
(1) 데워지는 열기는 몸에 열이 없는 상태에 있을 때의 정상적인 체온입니다.
(2) 노쇠의 열기는 사람이 늙어 가는 과정에 필요한 열입니다. 덜 익은 망고를 가열하면 익습니다. 이와 같이 노쇠 열기는 인간을 가열하여 성숙하고 노쇠하게 만듭니다.
(3) 태우는 열기는 아주 심각한 것이어서, 태우는 열기가 엄습하면 그 사람은 참을 수 없는 그 열기 때문에 도와달라고 아우성

칠 수밖에 없습니다.

(4) 소화의 열기는 음식물의 소화를 돕는 열입니다.

여러분이 자기 몸에서 열기나 추위를 알아차리면서 '더움, 더움' 혹은 '추움, 추움' 한다면 불의 요소를 알아차린 것입니다.

마지막 요소는 바람의 요소(風大)입니다. 바람의 요소에는 여섯 가지 종류가 있습니다.

(1) 위로 가는 바람은 하품, 딸꾹질, 트림 등과 같이 위쪽으로 움직이는 바람입니다.

(2) 밑으로 가는 바람은 아래쪽으로 움직이는 바람입니다(대변과 소변과 방귀를 밀어내는 것을 돕습니다).

(3) 뱃속의 바람은 위장 안에서 시끄러운 소리를 내면서 쑥대밭을 만드는 바람입니다.

(4) 창자 속의 바람은 창자 속의 음식물을 밀어냅니다.

(5) 크고 작은 사지로 다니는 바람은 다리의 움직임, 손의 움직임, 눈을 깜빡일 때 등등에 중요한 역할을 하는 바람입니다.

(6) 들이쉬고 내쉬는 바람은 들숨과 날숨입니다.

그러면 바람의 요소를 어떻게 알아차리는가? 몸을 똑바로 서있게 지탱하는 것은 바람의 요소입니다. 그러므로 '서 있음, 서 있음'을 알아차린다면 그것은 바람의 요소를 알아차리고 있는 것입니다. 배의 일어나고 꺼지는 것도 바람의 요소이므로 여러분이

'일어남, 꺼짐'을 알아차린다면 바람의 요소를 알아차리고 있는 것입니다.

좌선할 때 등이 뻣뻣해진다면 그것은 바람의 요소입니다. 걸을 때 발을 내딛는 것도 바람의 요소입니다. 가려는 방향으로 발을 내딛는 것도 바람의 요소입니다. 여러분이 팔과 다리 등의 움직임을 알아차리는 것은 모두 바람의 요소입니다.

몸을 구성하는 요소는 모두 합쳐 42가지입니다. 세분하면 땅의 요소 20가지, 물의 요소 12가지, 불의 요소 4가지 그리고 바람의 요소 6가지입니다.

부처님께서는 설명하셨습니다.

"정육점 주인 혹은 그의 조수가 소를 잡아서 네거리에 놓아둔다면 지나가는 사람이 이것을 동물의 시체라고 알 것이다. 그러나 정육점 주인이 고기를 잘라서 한 무더기에 1위스씩 모아 놓는다면 모든 사람들이 이것들은 쇠고기라고 알 것이다."

이와 같이 자신의 몸의 무더기를 '내 몸, 나의 소유' 등으로 간주하곤 합니다. 그러나 땅의 요소, 물의 요소, 불의 요소와 바람의 요소의 네 가지 다른 요소로 구분하게 되면, 42항목의 그룹에 집착할 '자기, 나, 자아 혹은 개아' 따위는 없어집니다. 그것을 깨닫게 되면 자아라는 실체, 자아에 대한 믿음에 집착할 수도 없고 집착하지도 않게 되어 유신견을 완전히 버리게 됩니다. 그런 수행자는 도의 지혜와 과의 지혜를 획득하기 위하여 열심히 노력할 것이고 나아가서 닙바나를 성취할 것입니다.

그러므로 수행하는 여러분들은 칸다(khandha)라고 하는 무더기의 그룹을 구성하고 있는 사대, 즉 지대(땅의 요소)와 수대(물의 요소)와 화대(불의 요소)와 풍대(움직임이나 바람의 요소)를 알아차려야 합니다.

그런 알아차림에 의해 여러분들이 사람의 몸이란 것은 결국 사대의 무더기들이 모인 것이어서 거기에는 우리가 의지할 자아라는 실체나 유신견 따위는 없다는 것을 깨닫기 바랍니다. 이들 사대에 대한 끈질긴 알아차림과 자기 몸의 진정한 본성을 깨달아서 여러분들이 가능한 가장 짧은 시간 내에 닙바나를 성취하기 바랍니다.

주해

1) 요소에 대한 주의(dhātu-manasikāra)에서 빨리어 '다뚜(dhātu)'는 '요소(要素), 구성성분, 자연적 조건, 감각기관, 계(界)'라는 뜻을 가지고 있고, '마나시까라(manasikāra)'는 '주의(注意), 고정된 생각, 숙고(熟考), 작의(作意)'라는 의미이다. 마나시까라는 위빠사나 수행을 할 때 매우 자주 사용되는 말로서, 이미 일어난 앞의 마음보다 다르게 생각하는 마음을 말한다. 또한 대상에 마음을 가게 하여 알아차리게 하는 것을 의미한다. 그래서 지혜가 드러나게 한다.

따라서 다뚜마나시까라는 요소에 대한 주의, 또는 요소에 대해 마음을 냄이라는 뜻으로 사용된다. 여기서 말하는 요소는 물질의 성립이나 효력 등에 필요한 불가결한 근본적 조건을 말한다. 이러한 물질적 요소를 마음을 내서 지켜보는 것을 요소에 대한 주의라고 한다.

2) 우빠니따 빤냣띠(upanīta paññatti)는 빨리어 우빠니따(upanīta)는 '초래된, 결과된, 결론이 있는, 주어진'이라는 뜻으로 쓰인다. 빤냣띠(paññatti)는 '표명, 서술, 명칭, 이름, 개념, 관념' 등의 뜻으로 쓰인다. 여기서 말하는 우빠니따 빤냣띠는 '결과된 명칭 또는 주어진 개념' 등을 의미한다.

물질이 단단하다는 것은 부드러운 것에 대해서 단단한 것이지만, 이것이 더 단단한 것과 비교될 때는 부드러움에 속하는 것이다. 이처럼 결과지어진 것이기 때문에 요소로서의 물질은 단단하다는 것이나 부드럽다는 것이나 동의어의 개념을 내포하고 있다.

3) 1위스는 1.6kg이다.

원인과 결과를 식별할 수 있는 사람은 작은 수다원

원인과 결과를 식별할 수 있는 사람은 작은 수다원입니다. 이는 아직 완전히 성숙한 수다원은 아니라는 뜻입니다. 처음에 어느 정도 수행을 한 다음에는 여러분은 정신과 물질만 있지 자아도 없고, 자아라는 실체도 없고, 남자도 여자도 없다는 것을 알게 됩니다. 그 다음 단계에 가서는 원인과 결과를 식별하는 지혜인 빳짜야 빠릭가하 냐나(Paccaya Pariggaha Ñāṇa)를 알게 될 것입니다.

인과론(因果論)에 대해 분명한 통찰력으로 터득하기 전까지는 삶의 순환에 대해 적절한 시각을 갖는다는 것은 불가능합니다. 어떤 사람들은 영원히 존재하는 영혼이 있어서 한 몸에서 다른 몸, 다른 존재로 이동한다고 믿고 있습니다. 살아 있는 존재가 낡은 몸을 버린 다음에 새로운 몸으로 이동하며, 인간의 영혼은 영원한 실체라고 믿습니다.[1] 그런 믿음을 '상견(常見)'이라고 하는데, 이는 생명을 구성하고 있는 물질적·정신적 과정과 무관하게 존재하며, 심지어는 죽은 다음에도 계속 존재하는 자아, 영혼 혹은 개아(個我)라는 실체가 영원히 존재한다는 것을 믿는 것입니다.

반면에 '단견(斷見)'을 믿는 사람들이 있는데, 이는 자아나 개아의 실체가 물질적·정신적 과정과 다소간 동일하기 때문에 죽을 때 소멸되거나 절멸된다는 것을 믿는 것입니다.

어떤 사람들은 중생들은 신에 의해서 창조되었다고 믿습니다. 우리는 여기서 다른 의견에 대해 비평하는 것도 아니요, 어느 믿음이 옳고 그른지 판단하는 것도 아닙니다. 다만 우리는 부처님의 교리를 설명하고자 하는 것입니다.

부처님 말씀에 의하면, 원인에 의한 결과로서 윤회하는 삶이 발생합니다. 연기법(緣起法)[2]에서는 이렇게 설명합니다.

무명(無明, avijjā)을 조건으로 행(行)이 있다.
무명[3]을 원인으로 하여 정신적 형성(行, 업 형성)이 발생합니다.

행(saṅkhāra, sankhāra)을 조건으로 식(識)이 있다.
(전생에서의) 정신적 형성을 원인으로 하여 (현생에서의) 의식

(識)이 조건지어집니다.

식(viññāṇa)을 조건으로 명색(名色)이 있다.
의식을 원인으로 해서 (소위 개인적 존재를 구성하는) 정신적·물질적 현상(名色)이 조건지어집니다.

명색(nāmarūpa)을 조건으로 육근(六根)이 있다.
정신적·물질적 현상을 원인으로 해서 (다섯 가지 신체적인 감각기관과 여섯 번째 마음으로 구성된) 여섯 가지 감각기관(六根)이 조건지어집니다.

육근(saḷāyatana)을 조건으로 촉(觸)이 있다.
여섯 가지 감각기관을 원인으로 해서 (감각적이고 정신적인) 접촉(觸)이 조건지어집니다.

촉(phassa)을 조건으로 수(受)가 있다.
접촉을 원인으로 해서 느낌(受)이 조건지어집니다.

수(vedanā)를 조건으로 애(愛)가 있다.
느낌을 원인으로 해서 갈애(渴愛)가 조건지어집니다.

애(taṇha)를 조건으로 취(取)가 있다.
갈애를 원인으로 해서 집착(執着)이 조건지어집니다.

취(upādāna)를 조건으로 유(有)가 있다.

집착을 원인으로 해서 생성되어 가는 과정(有)이 조건지어집니다. 이는 능동적이고 수동적인 삶의 과정, 다시 말하면 재생을 만드는 업 생성과정과 그 결과인 재탄생 과정을 말합니다.

유(bhava)를 조건으로 생(生)이 있다.

생성되어 가는 과정(재탄생하게 하는 업)을 원인으로 해서 재탄생(生)이 조건지어집니다.

생(jāti)을 조건으로 노사(老死, jarāmaraṇa)가 있다.

재탄생을 원인으로 해서 늙음과 죽음(슬픔, 비탄, 절망)이 조건지어집니다. 그리하여 이 모든 고통의 덩어리가 미래에도 또다시 발생합니다.

원인과 결과의 두 번째 정의는 업의 결과를 보면 알 수 있습니다. 사람들을 한번 보십시오. 그들은 모두 같은 인간임에도 불구하고, 단지 머리가 있고 어깨가 있는 것만 비슷할 뿐 왜 서로 다른 모습을 하고 있을까요?

이처럼 인간이 서로 같지 않은 모습에 대해 수바(Subha)라는 젊은이가 부처님께 여쭈었습니다.

"세존이시여, 어떤 사람은 장수하고 어떤 사람은 단명하며, 어떤 사람은 병약하고 어떤 사람은 건강하며, 어떤 사람은 아름답고 어떤 사람은 못생겼으며, 어떤 사람은 친구와 하인이 많고 어떤 사람은 없으며, 어떤 사람은 부유하고 어떤 사람은 가난하며, 어떤 사람은 고귀한 가문에 태어나고 어떤 사람은 천하게 태어나며, 어떤 사람은 박식하고 어떤 사람은 무식합니다. 존자시여, 이 원인을 설명해 주시겠습니까?"

부처님께서는 이 젊은이를 시험해 보기 위해 간단하게 대답하셨습니다.

"같지 않음은 업의 결과에 의한 것이다."

젊은 수바는 간단한 대답으로 이해할 수가 없어서 부처님께 상세하게 설명해 달라고 말씀드렸습니다. 그래서 부처님께서는 상세히 설명해 주셨습니다.

"젊은 수바여, 인간의 장수 여부는 그들이 전에 어떻게 행동했느냐에 따른다. 살생을 많이 한 사람은 단명하고, 살생을 멀리한 사람은 장수를 누린다. 살생이 원인이고 단명이 결과이다. 살생을 멀리한 것이 원인이며 장수가 결과이다.

여러 종류의 무기로 다른 사람에게 잔인한 행위를 한 사람은 건강이 나쁘고, 다른 사람에게 친절한 행위를 한 사람은 건강한 삶을 산다. 젊은 수바여, 어떤 사람들은 걸핏하면 화를 내곤 하는데, 화내고 있는 그들의 모습은 잔인하고 추하며, 다른 사람에게 거친 말을 쓰게 된다. 그러한 불건전한 행위와 말 때문에 그들은 악도(惡道)에 떨어지며, 인간세계에 태어난다고 해도 추한 외모를 갖게 된다.

친절하고 참을성 많은 사람은 아름다운 모습을 갖게 된다. 참을성과 친절은 원인이고 아름다운 모습은 결과이다. 어떤 사람들은 다른 사람들을 질시해서 그들의 성공과 번영을 질투하는데, 그런 사람들은 친구나 도와주는 사람이 없다. 어떤 사람들은 다른 사람들의 성공과 번영을 행복하게 생각하고 같이 기뻐한다. 그런 사람들은 친구와 도와주는 사람이 많다.

같이 기뻐하는 것은 원인이고 친구와 도와주는 사람이 많은 것은 결과이다. 질시하고 질투하는 것은 원인이고 친구와 도와주는 사람이 없는 것은 결과이다. 관대하고 가난한 사람에게 보시를 하는 사람들은 성공적인 삶을 살고 부유하다. 인색하고 남에게 베푸는 일이 없는 사람들은 가난하다."

부처님께서는 계속해서 말씀하셨습니다.

"젊은 수바여, 배우려 하지 않고 자기의 지식을 남에게 알려주려 하지 않는 사람들은 그 결과로 다음 생에 무식하게 된다. 이것들이 업의 원인과 결과이다. 수행자들은 찰나의 원인과 결과를 알아야 한다. 그것은 항상 변하고 있는 원인과 결과를 뜻한다."

여러분들이 현재 명상 수행하고 있는 것을 자세히 연구해 본다면 모든 것이 원인과 결과라는 것을 알게 될 것입니다. 행선을 할 때 걸으려는 의도는 원인이고 발을 내딛는 것은 결과이며, 발을 내딛는 것은 원인이며 발을 내딛는 것을 알아차리는 것은 결과입니다. '발을 들어서, 앞으로, 놓음'에도 이와 비슷한 방법이 적용됩니다. 발을 들으려는 의도는 원인이고 발을 드는 것은 결과이며, 발을 드는 것은 원인이고 발을 드는 것을 알아차리는 것은 결과입니다.

배의 일어남, 꺼짐을 알아차릴 때, 숨을 들이쉬는 것은 원인이고 배가 일어나는 것은 결과이며, 배가 일어나는 것은 원인이고 배가 일어나는 것을 알아차리는 것은 결과입니다. 배가 꺼지는 과정에 있어서는 숨을 내쉬려는 의도는 원인이고 배가 꺼지는 것은 결과이며, 그 다음 배가 꺼지는 것은 원인이고 배가 꺼지는 것을 알아차리는 것은 결과입니다. 사물을 볼 때 수행자는 보는 것이 '나'라고 생각할지 모르지만 그렇지 않습니다. 단지 원인과 결과의 과정이 작용하고 있을 뿐입니다.

형상을 보는 것을 알아차릴 때는 반드시 1) 건강한 시력, 2) 빛, 3) 보이는 대상, 4) 의식이 존재해야 합니다. 이들 네 가지 요소들이 원인이며 보는 것이 결과입니다. 그 다음으로 보는 것이 원인이며 보는 것을 알아차리는 것이 결과입니다.

소리를 들음을 알아차릴 때는 반드시 1) 건강한 귀, 2) 소리, 3) 소리와 귀 사이에 장애물이 없을 것, 4) 의식이 존재해야 합니다. 이 네 가지 요소들이 원인이고 소리를 듣는 것은 결과이며, 다음으로 듣는 것은 원인이고 듣는 것을 알아차리는 것은 결과입니다.

맛을 알아차릴 때는 반드시 1) 건강한 혀, 2) 어떤 맛(맵거나 달거나 짜거나 간에), 3) 침, 4) 의식이 존재해야 합니다. 이 네 가지 요소들이 원인이고 맛을 아는 것이 결과입니다. 다음으로 맛을 아는 것이 원인이고 맛을 알아차리는 것이 결과입니다.

감각을 알아차릴 때는 반드시 1) 감각을 감지할 수 있는 몸의 의식(몸의 의식이 훼손되면 감각이 없다. 예를 들면, 손톱 끝이 손상되었거나 죽은 피부), 2) 대상, 3) 실제로 닿음, 4) 의식이 존재해야 합니다. 이 네 가지 요소들이 원인이고 닿는 감각이 결과입니다. 다음으로 닿는 감각이 원인이고 닿는 감각을 알아차리는 것이 결과입니다.

냄새를 알아차릴 때는 반드시 1) 건강한 코, 2) 냄새, 3) 냄새를 운반하는 공기, 4) 의식이 있어야 합니다. 이 네 가지 요소들이 원인이고 냄새는 결과이며, 다음으로 냄새는 원인이고 알아차림은 결과입니다.

그러므로 봄, 들음, 냄새 맡음, 먹음, 닿음은 모두 원인들이고, 그것들을 알아차리는 것은 결과입니다. 여러분들은 자신의 경험에 의해서 결과는 원인으로부터 일어난다는 것을 알게 될 것입니다. 결과는 원인 없이 생기지 않으며, 원인이 없다면 결과가 있을 수 없습니다. 중생들도 원인이 있기 때문에 출현합니다. 감각적 욕망으로 행한 중생의 모든 행위는 업의 결과로 변형됩니다. 이것들이 윤회라는 결과의 원인입니다.

이러한 원인들과 결과들은 아라한도에 의해 이 과정이 멈춰질 수 있을 때까지 저절로 되풀이됩니다. 업의 원인이 존재할 때 결과는 정신과 물질로 되는 것입니다. 그러므로 이 요인들은 재탄생, 즉 존재의 운명을 형성하는 원인들입니다. "숲을 향하여 소리를 지르면 메아리가 돌아온다. 이쪽에서의 소리가 원인이고 돌아오는 메아리는 결과이다"라고 경전들에 쓰여 있습니다. 사람이 거울을 보면 자신의 모습을 볼 수 있는데, 사람은 원인이고 거울에 비친 모습은 결과입니다. 고무로 만든 스탬프도 마찬가지입니다. 고무 스탬프에 잉크를 묻혀 종이 위에 찍으면 종이에 도장이 찍힙니다. 고무 스탬프는 원인이고 도장은 결과입니다.

다음은 촛불의 예를 들어 보겠습니다. 첫 번째 촛불에 의해 두 번째 초에 불을 붙이면 두 개의 촛불이 있습니다. 그러나 첫 번째 촛불은 원인이고 두 번째 촛불은 결과입니다. 위에서 말한 중생의 정신과 물질로 되는 것은 결과이고, 재탄생하도록 하는 업은 원인입니다. 이 의미심장한 법에 의해 우리는 다양한 정신적·물질적 현상의 방해받지 않는 흐름이라는 존재의 조건지어지고 상호 의존하는 본성을 깨닫게 됩니다.

거기에는 삶을 구성하는 이러한 정신적·물질적 과정과 독립적으로 영원히 존재하는 자아라는 실체, 영혼이나 개아라는 것도 없고, 사람이나 동물 등등으로 불리는 것도 없습니다. 중생의 창조자도 없습니다. 재탄생하게 하는 생성의 업 과정을 통하여 정신과 물질이 생깁니다. 전생에서의 선업을 쌓았으면 그 결과로 행복한 현생이 형성됩니다. 그러나 전생에서 쌓은 불선업은 현생에서의 불행한 삶의 원인이 될 것입니다.

이제 여러분은 인과법(연기법)을 잘 이해하였을 것입니다. 명상 수행을 통한 자신의 경험으로 이 인과법을 터득한 사람은 작은 수다원으로 불릴 수 있습니다. 그러한 분명한 견해를 갖게 됐을 때 사악도에 떨어지는 일은 결코 없을 것입니다.

1) 인간의 삿된 견해 중에 상견(常見)과 단견(斷見)이 있다. 상견은 인간에게 영혼이 있어서 영원히 죽지 않는다는 견해이며, 단견은 죽으면 모든 것이 끝이라는 견해이다. 불교에서는 이 두 가지를 모두 잘못된 견해로 본다.

2) 연기법(緣起法)은 부처님이 깨달음을 얻은 위대한 지혜 중의 하나로 무엇이나 원인과 결과가 있는 것을 말한다. 그래서 사람의 생로병사가 있고 이것이 원인이 되어 죽음이 있고 죽음이 원인이 되어 탄생이 있는 윤회가 비롯된다.

불교의 연기법은 인간의 생존에 대한 번뇌를 해결하기 위한 지혜이다. 그러므로 인간의 진화를 설명하려는 의도를 가지지 않는다. 다만 번뇌를 해결하기 위한 방법으로 연기와 윤회를 말한다.

연기의 핵심은 "이것이 있으므로 저것이 있고, 이것이 없으므로 저것이 없다"는 가르침이다. 괴로움이 있고, 괴로움에는 원인이 있고, 괴로움 원인인 집착과 무지를 알기 위해 연기법을 이해해야 한다.

연기는 12연기가 있는데, 이것이 어느 과정에서나 끊어질 때 연기의 사슬이 모두 끊어진다. 연기를 이해하므로 위빠사나 수행을 통해 지혜가 성숙되어 윤회의 사슬이 끊어진다.

3) 무명(無明, avijjā)은 모르는 것, 무지이며 인간의 어리석음을 말한다. 무지는 지혜의 반대말이다. 불선업의 탐진치 중에서 화를 내는 원인은 탐심으로부터 생기는 것이고, 이 탐심의 원인은 무지로부터 생기는 것이다. 무지의 원인은 무지 바로 그 자체이다. 이처럼 불선업의 가장 큰 근본이 되는 원인이 바로 모른다는 것이며 이것이 무지이다. 또한 어리석어서 착하지 못한 일을 한다.

무명의 특징은 어둡다는 것이다. 이것에 반하여 지혜는 밝다는 것이다. 무명은 지혜가 없는 것을 말하는데 어리석기 때문에 대상의 본성을 꿰뚫어 볼 수가 없다. 그래서 이치에 맞게 숙고하지를 못한다.

부처님께서는 이렇게 말씀하셨다.

"무지는 깊은 망상이다. 우리는 이 속에 빠져서 오랫동안 계속 윤회를 거듭하고 있다."

"망상을 제거하고 깊은 어둠을 몰아낸 사람은 더 이상 (윤회 속에서) 방랑하지 않을 것이다. 그들에게 인연의 얽매임은 더 이상 존재하지 않는다."

이처럼 원인과 결과를 모르고 연기를 모르는 것이 바로 무명이다.

인간의 질병에 대한 법의 치유

　인간의 어떤 고통들은 '법에 의한 치유(dhamma therapy)'로 치료됐거나 증세가 호전되었다고 알려져 있습니다. 과연 인간의 어떤 질병에 대해 법에 의한 치유의 효용성이 있는 것인지 알아보도록 하겠습니다.

　인간을 괴롭히는 병은 수없이 많습니다. 옛말에 의하면 병을 96가지로 크게 분류할 수 있는데, 그 중 32가지는 점액질과 관련된 병이고, 32가지는 담즙과 관련된 병이고, 32가지는 바람(風)과 관련된 것이라고 했습니다. 오늘날에는 현대과학이 에이즈나 악성 질환 등의 수많은 혐오스런 병들을 발견하여 이 목록에 추가하였습니다. 이런 병들을 치료하기 위하여 과학적인 약과 민간요법에 의한 약들이 시장에 범람하고 있습니다. 그러나 불행하게도 모든 질환을 이상적으로 치료하는 단 하나의 제품도 증명된 바가 없습니다. 그래서 부처님께서는 이렇게 훈계하셨습니다.

"비구들과 선남선녀들이여, 법이라는 약보다 효험 있는 약은 없다. 그러므로 부지런히 수행하여 법이라는 약을 복용하여라."

확실히 법이라고 하는 약은 육체적인 병만이 아니라 정신적 번뇌에 의한 정신적인 장애에도 효험이 있습니다. 몸, 느낌, 마음, 마음의 대상(身受心法) 네 가지에 대한 알아차림을 확립하는 통찰명상 수행을 함으로써 육체적 고통과 정신적 고통이 모두 뿌리 뽑혀질 수 있습니다.

인간의 모든 고통은 육체적 고통과 정신적 고통으로 나누어집니다. 그러한 고통으로부터 벗어나기 위해 법에 의한 치유방법을 사용해야 합니다. 예를 들면, 행선을 할 때 '왼발, 오른발' 혹은 '발을 들어서, 놓음' 혹은 '발을 들어서, 앞으로, 놓음'을 주의 깊게 알아차립니다. 걸음을 멈추었을 때는 '서 있음, 서 있음'을 알아차리고, 돌 때는 '돌고 있음, 돌고 있음'을 알아차립니다. 좌선할 때에는 배의 '일어남, 꺼짐'을 알아차리거나, 육문(여섯 가지 감각기관)에서 일어나는 봄, 들음, 냄새 맡음, 맛봄, 고통이나 통증 등의 느낌, 그리고 생각, 즉 망상하는 마음 등의 모든 현상을 알아차리는 것입니다. 이것이 간단히 설명한 법에 의한 치유법입니다.

부처님께서는 어떤 때는 법에 의한 치유법으로 제자들을 치료하셨습니다. 한때 마하깟사빠 존자와 목갈라나 존자 두 대장로가 아팠을 때, 부처님께서 그들의 침대 곁으로 가셔서 '깨달음의 일곱 요인 경(七覺支經)'[1]을 암송하셨습니다. 그 일곱 가지는 1) 알아차림, 2) 법에 대한 탐구, 3) 정진, 4) 기쁨, 5) 평안함, 6)집중, 7) 평등심입니다. 그것들은 깨달음으로 인도하므로 깨달음의 일곱 요인이라고 합니다. 부처님께서 깨달음의 일곱 요인 경을 암송하시는 것을 주의 깊게 경청하는 동안 두 대장로는 모든 물질적·정신적 현상들이 깨달음의 일곱 요인들 모두를 고무하는 것을 알아차렸습니다. 그래서 그들의 병은 점점 회복되었습니다.

어느 날 부처님께서 병으로 자리에 눕게 됐을 때, 쭌다 장로에게 깨달음의 요인 경을 암송해 달라고 요청하셨습니다. 부처님께서도 또한 주의 깊게 경청하시고 깨달음의 일곱 가지 요인을 모두 고무시킴으로써 그 병으로부터 완전히 회복되셨습니다.

깨달음의 일곱 요인 경을 경청하면 병이 치유되는 이유는 세 가지입니다.

(1) 병에 의한 괴로움은 과거에 행한 불선업의 결과인데, 그것이 법을 경청하는 선업으로 대체되었습니다. 그것은 마치 펌프의 흡입 배관에 공기가 차 있어서 물이 안 나오던 것이 외부에서 물을 주입하여 공기를 빼내면 물이 잘 나오게 되는 것과 같은 메커니즘입니다.

(2) 부처님의 법은 처음도 중간도 끝도 잘 설해진 것이므로 법을 실천하는 사람들에게는 즉각적으로 고귀한 효험이 있습니다. 예를 들면, 미얀마의 우 테인 몽이라는 병든 수행자가 있었는데, 지방의 개업의가 수명이 한 달밖에 남지 않았다고 했지만, 알아차림을 확립하는 위빠사나 수행이라고 하는 통찰명상 수행으로 몇 년을 더 살았습니다.

(3) 끊임없이 알아차림을 확립하는 위빠사나 수행이라는 통찰명상 수행을 열심히 하는 수행자는 일반적으로 어느 정도 시간이 지나면 깨달음의 일곱 가지 요인 전부 혹은 일부를 계발합니다. 예를 들면 수행자가 좌선 시 배의 '일어남, 꺼짐'을 알아차릴 때 언제나 알아차리고 있으면서도 평온하다면, 알아차림의 깨달음의 요인(念覺支)을 계발하고 있는 것입니다.

알아차리면서 법을 현명하게 조사하고 연구하고 생각하며 배의 일어나고 꺼지는 물질적 대상과 알아차리는 마음의 정신적 요소를 명백하게 지각한다면, 법에 대한 탐구라는 깨달음의 요인(擇法覺支)을 계발하고 있는 것입니다.

그의 노력이 확고하고 흔들림 없을 때 정진이라는 깨달음의 요인(精進覺支)을 계발하고 있는 것입니다.

그러면 몸이 가볍다든지 몸 전체가 진동한다든지 차가워지는 초감각적인 기쁨이 생기는데, 그때 기쁨이라는 깨달음의 요인(喜覺支)을 계발하고 있는 것입니다.

　마음이 기쁨에 사로잡혀 있는 동안 그의 몸과 마음은 차분하고 침착해집니다. 그럴 때 평안함의 깨달음의 요인(輕安覺支)을 계발하고 있는 것입니다.

　마음이 침착하고 몸이 차분할 때는 언제나 아는 마음은 알아차려야 할 대상에 고정되어 대상이 변화하는 것을 지켜보게 됩니다. 그럴 때 집중의 깨달음의 요인(定覺支)을 계발하고 있는 것입니다.

　마지막으로 좋거나 싫거나 기쁘거나 불쾌하거나 간에 모든 대상에 대해서 완전한 중도(中道, 中立)의 입장에서 알아차릴 때는 평등심의 깨달음의 요인(捨覺支)을 계발하고 있는 것입니다. 그 결과로 얻어지는 마음의 평화와 평온이 이번에는 육체의 병이 치유되도록 작용합니다.

　병이 나은 예들이 많은데, 그 한 가지는 자동차 사고로 오랫동안 허리의 통증에 시달리던 일본 여성이 알아차림을 확립하는 위빠사나 수행이라는 통찰명상 수행으로 완전히 나았습니다. 또 다른 사례는 한국인인 아마라야노 비구가 알아차림을 확립하는 위빠사나 수행인 통찰명상 수행으로 만성심장병을 완전히 고쳤습니다.

　알아차림을 확립하는 위빠사나 수행이란 통찰명상 수행에 의
해 부지런히 알아차림으로써 여러분들 모두 모든 종류의 병으로
부터 벗어나기를 바랍니다.

1) 깨달음의 일곱 요인 경(七覺支經, Bojjhanga Sutta)은 어떤 주술적인 힘이 있어서 치유의 효과가 있는 것이 아니다. 아팠을 때 평소에 수행을 하면서 경험한 요인들을 상기함으로써 두려움과 괴로움으로부터의 해방을 얻게 되는 것이다. 아파서 고통 속에 있을 때 알아차림, 법에 대한 탐구, 정진, 기쁨, 평안함, 집중, 평등심을 상기하면 수행했을 때의 기억들이 떠올라 환희가 생긴다. 그래서 새로운 정신적인 충전을 받게 되어 마음으로부터 치유의 힘이 생긴다. 사실 아팠을 때 이 경을 외우면 현재의 아픔은 하찮은 것으로 두려워할 것도, 괴로워할 것도 없다는 것을 알게 된다. 수행할 때의 험난한 과정에 비하면 이 아픔은 견딜 만한 것이며, 그리고 아픔이 오직 알아차릴 대상일 뿐이라고 생각하게 된다.

다만 이러한 효과는 수행을 통해 깨달음의 일곱 가지 요인을 충분히 경험했을 때 더욱 효과가 있을 것이다. 그렇지 않고 수행을 하지 않아서 일곱 가지의 요인에 대한 이해가 없으면 경을 읽는 것으로는 치유 효과가 없을 것이다.

막연하게 무엇이건 외운다는 것은 집중하는 효과가 있을 뿐이지 그 내용 자체에서 어떤 특별한 힘을 받는다는 생각은 잘못된 것이다. 이것은 사마타 수행방법으로 몸과 마음에서 일어나는 것이 아닌 관념적 대상에 집중하는 것으로 근본삼매에 이르게 한다. 그러나 그 내용을 알고 외워 그 내용과 같은 정신적 상태를 얻을 수 있을 때는 비로소 지혜가 나고 치유의 효과를 얻을 수 있다.

네 가지 길의 선택

모든 중생들이 각자가 원하는 대로 선택할 수 있는 네 가지 길에 대해 설명을 드리겠습니다. 네 가지 길은 다음과 같습니다.

(1) 나쁜 길
(2) 좋은 길
(3) 보다 좋은 길
(4) 가장 좋은 길

처음 길은 사악도(四惡道), 즉 지옥, 축생, 아귀, 아수라(열등한 종류의 영적 존재)의 세계로 가는 길입니다. 이 길은 나쁜 길로 간주됩니다. 좋은 길로 간주되는 두 번째 길은 인간이나 천인(천계의 존재)이 되는 길입니다. 보다 좋은 길로 간주되는 세 번째 길은 범천(梵天)으로 태어나는 길입니다. 범천계(梵天界)는 천계

(天界)보다 더 고상한 것으로 간주됩니다. 가장 좋은 길로 간주되는 네 번째 길은 모든 고통이 종식되는 불자들의 최종 목표인 닙바나를 증득하는 길입니다.

이들 네 가지 길 중에서 모든 중생들은 자신이 좋아하는 길을 스스로 선택할 수 있습니다. 인간으로 존재한다는 것은 고귀한 보석으로 가득 찬 산에 도착한 것과 같습니다. 이 고귀한 보석산에는 루비, 사파이어, 감람석(橄欖石), 토파즈, 묘안석(猫眼石), 석영이 있고, 기타 도로 포장용으로 쓰이는 쇄석(碎石)과 같은 보통 돌멩이도 있습니다.

산을 내려가면서 중생은 루비나 사파이어를 주울 수도 있고, 감람석이나 토파즈를 주울 수도 있습니다. 무엇을 주울지 그 자신이 선택할 수 있는 위치에 있습니다. 보통 돌멩이나 쇄석을 줍는 것도 그의 선택입니다. 인간이 존재하는 네 가지 길 중에서 어느 것을 선택하는가 하는 것은 선택하기 나름입니다. 그러면 여러분은 나쁜 길을 택하려고 합니까, 혹은 좋은 길을 택하려고 합니까? 보다 좋은 길을 택할 것입니까, 아니면 가장 좋은 길을 택할 것입니까? 그것은 모두 여러분의 선택입니다.

나쁜 길은 불건전한 행위(불선업)를 하는 것으로 지옥, 축생, 아귀, 아수라의 세계인 사악도로 인도하는 것입니다. 보시(관용)하고 계(도덕)를 지키는 건전한 행위를 하는 사람들은 인간이나 천인으로 태어납니다. 자비관을 하고 선정 수행을 하는 사람들은 보다 고귀한 범천이 됩니다. 계를 지키고 삼매(定)와 통찰명상(위빠사나 수행)을 하는 사람들은 네 가지 중에서 가장 좋은 길인 닙바나의 길을 가는 사람들입니다.

선택할 수 있는 이 네 가지 길 중에서 여러분들 모두 좋은 길, 보다 좋은 길, 가장 좋은 길을 택하기를 바랍니다.

나쁜 길

사악도에 떨어지게 하는 불건전한 행위(不善業)[1]에 대해 설명 드리겠습니다. 빨리어 아꾸살라(akusala)는 우리말로는 '나쁜 결과를 가져오는 죄를 범하는 행위'로 번역될 수 있습니다. 사람이 죄를 범하면 아무리 쥐도 새도 모르게 했더라도 나쁜 과보를 초래합니다. 아무도 모르게 혼자서 죄를 범했다고 할지라도 비밀이 유지되지 않습니다. 왜냐하면 아무도 모른다고 해도 그의 죄를 아는 사람이 있다는 것을 그는 알기 때문입니다. 그 사람은 바로 '그 자신'입니다.

그것은 강박관념이 될 것이며, 그는 자신의 범죄 때문에 자기 자신을 경멸할 것입니다. 그는 자신이 진실로 사악하고 부도덕한 사람이므로 자신을 고상한 사람인 척하는 사기꾼이라고 자신을 책망하게 될 것입니다. 그러한 자기 책망 혹은 자기 자신을 비난하는 것을 빨리어로 앗따누와다(Attānuvāda)라고 하며, '자신을 비난하는 고통'이라는 뜻입니다.

만약 그런 나쁜 짓을 하는 것을 다른 사람들이 우연히 목격하게 되면, 그들은 그가 불건전한 행위나 말을 했다고 틀림없이 고발할 것입니다. 이것은 빨리어로 빠라누와다(Parānuvāda)라고 하는데, 다른 사람들로부터 비난(他責) 받는 것을 말합니다. 그래서 '남들로부터 비난받는 고통'이라고 하며, 이것을 다른 사람에 의한 고발이라고 합니다.

죄를 범한 사람은 그 죄에 대해서 징역형을 선고받을 수 있습니다. 그것을 빨리어로 '단다(Daṇḍa)'라고 하며, 처벌을 받는다는 말입니다. 그래서 이것을 '처벌받는 고통'이라고 합니다. 그런 경우에 벌금형에 처해지거나 무기에 의해서 보복을 당하기도 합니다.

이렇게 죽은 다음에는 빨리어로 '두가띠(Dugati)'라고 하는 비참한 존재의 세계에 떨어집니다. 그래서 '비참한 존재의 세계에 떨어지는 고통'이라고 할 수 있는 사악도에 태어나게 됩니다. 이것이 불선업의 과보입니다. 이것들이 살생하고, 훔치고, 간음하는 총괄적인(총괄하여 이 세 가지 육체적인 부도덕한 행위로 정의된다) 불선업의 네 가지 나쁜 과보들입니다.

불선업의 네 가지 과보를 요약하면 다음과 같습니다.

첫째, 자신을 비난하는 고통
둘째, 남들로부터 비난받는 고통
셋째, 처벌받는 고통
넷째, 비참한 존재의 세계에 떨어지는 고통

입으로 하는 네 가지의 부도덕한 행위는 다음과 같습니다.
(1) 다른 사람을 해롭게 하기 위한 목적으로 사실이 아닌 말을 하는 것을 거짓말(妄語)이라고 합니다.
(2) 이간질(兩舌)은 친구 간을 반목하게 하려는 목적으로 하는 말입니다.
(3) 거친 말(惡語)은 증오의 원인이 되는 거친 말을 남용하는 것입니다.
(4) 쓸모없는 말(綺語)은 사회에 아무런 혜택이나 이익을 주지 않는 쓸모없는 잡담입니다.

그리고 마지막으로 세 가지 종류의 정신적으로 부도덕한 행위를 열거하면 다음과 같습니다.
(1) 탐욕(貪慾, abhijjhā)은 탐욕스럽고 부당한 욕심, 즉 다른 사람의 소유물이 자기 것이 되기를 바라는 것입니다.
(2) 악의(惡意, byāpāda, vyāpāda)는 부유하고 건강한 사람들에 대한 성냄입니다. 그것은 자신의 이익을 위하여 다른 사람이 불행해지기를 바라는 일종의 분노 혹은 질투입니다.
(3) 삿된 견해(邪見, miccha-diṭṭhi)는 건전한 행위를 해도 아무런

이익이 없으며, 불건전한 행위를 해도 아무런 불이익이 없다는 잘못된 견해, 즉 다른 말로 하면, 장점과 단점에 대한 불신입니다.

이렇게 열 가지의 불선업(세 가지 육체적인 부도덕한 행위, 네 가지 말 혹은 입으로 하는 부도덕한 행위, 세 가지 정신적 부도덕한 생각)이 있습니다. 이들 열 가지의 작은 번뇌(upakkilesa), 즉 부도덕한 행위는 나쁜 과보만 가져옵니다.

수바라는 젊은이가 부처님께 다음과 같이 질문했습니다.
"존경하는 스승님이시여, 왜 사람들은 같은 특권을 갖고 있지 않습니까? 예를 들면 어떤 사람은 장수를 누리는 반면에 다른 사람들은 단명합니까?"
부처님께서 대답하셨습니다.
"젊은 수바여, 어떤 사람들은 살생을 하는데, 그들은 지옥에 가고 설사 인간으로 다시 태어난다고 해도 그들은 단명하다. 그러므로 살생을 삼가지 않으면 안 된다. 살생하지 않는 사람들은 장수를 누린다. 도둑질하는 사람도 역경을 당하는 과보를 받는다. 모든 생에서 다섯 가지 적, 즉 홍수, 화재, 사악한 왕, 도둑과 성품이 못된 후계자에 의해 침해받고 파괴되게 된다.
부도덕한 성행위를 한 사람들은 다른 사람의 미움을 받고 적이 많으며 가난하게 되는 과보를 받는다. 혹은 중성(남자도 아니고 여자도 아닌)인 인간으로 태어날 수도 있다. 거짓말쟁이의 과보는 벙어리나 발음이 분명치 않은 사람으로 태어날 수 있다. 또한 고르지 못한 치아, 썩은 냄새나는 입이나 못생긴 외모로 고통 받을 수도 있다. 그들은 거친 말을 하는 습관이나 불안한 마음을 갖는 경향이 있다. 이간질의 과보는 사랑하는 사람과의 이별이라는 과보를 받을 수도 있다. 악의의 과보는 경제적인 파산을 초래할 수도 있다."

그러므로 부처님께서는 건전한 행위와 불건전한 행위는 그 과보에 어마어마한 차이가 있다고 설명하셨습니다. 건전한 행위나 행동은 좋고 행복한 과보를 받겠지만, 불건전한 행위나 행동은 다음 생에서 사악도(즉, 지옥, 축생, 아귀와 아수라의 세계)에 태어나게 되는 나쁜 과보와 바람직하지 않은 과보를 받게 될 수 있습니다.

부처님께서 불선업을 행하면 사악도에 떨어진다고 명백하게 설명하지 않으셨다는 비난도 있습니다. 그러나 그건 사실이 아닙니다. 『신의 사자경(天使經)』에서 부처님께서는 다음과 같이 설법하셨습니다.

"오, 비구들이여! 마치 건강한 눈을 가진 사람이 인접한 두 집에 사는 사람들의 행동을 보듯이, 나는 천안(天眼)으로 모든 중생들의 상태를 명백하게 볼 수 있다. 나는 육체적으로 비도덕적인 행위를 한 자, 입으로 비도덕적인 말을 한 자, 정신적으로 비도덕적인 행위를 한 자, 혹은 성자에게 해를 끼친 자, 혹은 잘못된 견해를 실천하고 남에게 전달한 자가 죽은 다음에 어떤 사람은 지옥에 떨어지고, 어떤 사람은 축생계에 떨어지고, 어떤 사람은 아수라의 세계에 떨어지는 것을 분명하게 볼 수 있다."

부처님께서는 천안을 가지셨기 때문에 중생들이 행한 악행의 정도에 따라서 고통 받고 있는 것을 보실 수 있습니다. 그러므로 우리들은 어떤 종류의 비도덕적인 행위나 말, 생각을 아무리 가볍고 작고 사소한 것일지라도 행하지 않도록 조심하지 않으면 안 됩니다. 마치 빗방울이 시간이 흐르면 커다란 항아리를 채우는 것처럼 작거나 가벼운 비도덕적 행위도 불선업으로 축적되어 중대한 나쁜 과보를 가져올 수 있습니다.

부처님 시절에 이 이론의 증거로 간주될 수 있는 일화가 있습니다. 아라한 중에서 신통제일(神通第一)로 잘 알려진 유명한 제자인 대장로 목갈라나 존자가 락카나 존자와 함께 깃자꾸따산(靈鷲山)에서 돌아오고 있었습니다. 오는 도중에 목갈라나 존자가 어떤 것을 보고 미소를 지었고, 락카나 존자는 왜 미소를 지었냐고 물었습니다. 목갈라나 존자는 락카나 존자에게 미소를 지은 이유를 부처님 앞에서만 물으라고 대답했습니다. 그래서 락카나 존자는 부처님 앞에서 목갈라나 존자에게 산을 내려올 때 왜 미소를 지었는지 다시 물었습니다.
그러자 목갈라나 존자는 부처님 앞에서 대답했습니다.
"락카나 존자여, 산을 내려올 때 나는 25요자나²⁾나 되는 큰 뱀을 봤습니다. 그리고 그 큰 뱀은 머리에서 꼬리까지, 꼬리에서 머리까지 불로 뒤덮여 있었습니다. 불이 양쪽 끝에서 시작되어 가운데서 만나고 있었습니다. 큰 뱀은 열과 고통과 통증으로 몸부림치며 괴로워하고 있었지만 죽지 않았습니다. 그래서 미소 지은 것이 아니라 우리들은 그러한 고난에서 해방되었다는 것을 알고 미소를 지었던 것입니다(그런 종류의 고통은 아라한에게는 더 이상 일어날 수 없다)."

부처님께서는 "아라한을 성취한 내 제자들은 보통 사람들이 볼 수 없는 것을 볼 수 있는 능력을 가지고 있다. 내가 일체지자인 붓다의 지위를 증득했을 때, 나도 내 천안으로 그런 통찰력을 갖게 되었지만, 그 능력을 가지고만 있었다. 그러나 이제 내 제자들도 그런 능력을 갖게 되었으니, 이 불타는 뱀과 관련된 이야기를 해 주겠다"라며 목갈라나 존자의 주장을 설법함으로써 확인해 주셨습니다.

"옛날 깟사빠 붓다 시절에 수만갈라라는 이름을 가진 부자가 살았는데 큰 수도원을 지어 깟사빠 부처님께 바쳤다. 그는 너무나 깟사빠 부처님을 존경했기 때문에 매일 수도원에 가서 스스로 수도원을 쓸고 닦고 정리했다. 하루는 집으로 돌아오는 길에 어떤 사람이 황색 가사를 담요처럼 온몸에 뒤집어쓰고 화장실에서 자고 있는 것을 보았다.

수만갈라가 황색 가사를 들쳐보니, 그 사람의 머리에는 머리카락이 있고 발은 진흙투성이였다. 그래서 그는 이 사람은 도둑인데 밤새 무언가 나쁜 짓을 하다가 황색 가사를 입고서 승려로 위장하고 있는 것이 틀림없다고 생각했다. 그는 이 사람은 가짜 중임에 틀림없다고 말했다. 이 말을 듣자마자 도둑은 대단히 화가 나서 언젠가는 이 부자에게 복수하겠다고 맹세했다. 그리고는 그는 수만갈라의 풍요한 농장에 불을 질렀고, 화풀이로 부자의 소들의 정맥을 잘랐다. 그러나 부자 수만갈라는 아주 관대하고 참을성이 많았다.

그는 단지 이것들은 아무도 막거나 변경할 수 없는 업의 법칙이라는 것을 알아차리기만 하고 조금도 괴로워하지 않았다.

부자가 관대하고 아무런 비탄도 생기지 않으므로 도둑은 복수했다는 생각이 들지 않았다. 수만갈라가 가장 애지중지하는 것은 깟사빠 부처에게 보시한 큰 수도원이라는 걸 알게 된 그는 깟사빠 부처와 비구들이 탁발 나갔을 때 큰 수도원에 불을 질러서 건물들이 다 타서 재가 되었다.

이 엄청난 비도덕적 행위의 과보로 그 도둑은 오랫동안 지옥에서 고통을 받았다. 지옥에서 고통을 받은 다음에 그는 큰 뱀이 되었고, 남은 불선업이 그를 따라와서 큰 뱀이 머리에서 꼬리까지 불타고 있는 것이다."

부처님께서는 오랫동안 계속되고 있는 뱀의 이 고통은 그가 깟사빠 부처의 큰 수도원을 불태운 나쁜 업의 과보라고 말씀하셨습니다. 그러므로 몸으로 입으로 생각으로 하는 비도덕적인 행위 등의 불선업을 행하지 말아야 합니다. 만약 그러한 비도덕적 행위를 피하지 못한다면 사악도(지옥·축생·아귀·아수라)에 떨어질 것이 확실합니다.

만약 어떤 사람이 그러한 불선업을 행했을 때 자신을 구제하는 유일한 길은 위빠사나 수행, 즉 통찰명상을 실천하는 것입니다. 그러면 자기 자신이 불선업의 과보를 받는 것을 자동적으로 예방하는 도(道)의 지혜와 과(果)의 지혜를 얻게 될 것입니다.

좋은 길

보시하고 계를 지키는 선업(善業)을3) 쌓는 중생들이 선택하는 두 번째 길에 대해서 설명하겠습니다. 이 길은 인간과 천인으로 태어나는 길입니다.

모든 세속인들은 네 갈래 길로 여행하고 있습니다.
(1) 사악도로 가는 길
(2) 인간계와 천계로 가는 길
(3) 범천계로 가는 길
(4) 닙바나의 증득으로 가는 길

세속인들은 자신의 선택에 따라서 이 네 가지 길을 가고 있습니다. 불건전한 행위에 빠져 있는 사람들은 사악도로 가는 길을 여행하고 있다고 말할 수 있습니다. 건전한 행위를 하는 사람들은 인간이나 천인이 되는 길을 여행하고 있다고 말할 수 있습니다.

인간으로 태어난 존재들은 신호등이 있는 네거리에 도착한 자동차 운전자라고 할 수 있습니다. 그는 동쪽이나 서쪽으로 갈 수도 있고, 남쪽이나 북쪽으로도 갈 수 있습니다. 그것은 자신의 선택입니다.

스스로 선택한 다음에 그는 자신이 선택한 방향으로 차를 몰고 갑니다. 동쪽을 택했다면 파란 불이 올 때까지 기다렸다가 브레이크에서 발을 떼고 액셀러레이터를 밟으면서 핸들을 동쪽으로 향하여 차를 몹니다. 서쪽을 택했다면 파란 불이 보이면 같은 절차로 서쪽을 향해 차를 몹니다.

자신이 선택한 길로 차를 모는 것과 마찬가지로, 불선한 행위에 빠져 있는 세속인들은 사악도의 방향을 선택한 것입니다. 선한 행위를 하는 사람들은 인간과 천인의 방향을 선택한 것입니다. 마찬가지로 사마타 수행을 선택한 사람들은 범천(천인보다 더 고상함)을 향해 가는 것을 선택한 것입니다. 위빠사나 수행을 하는 사람들은 닙바나(모든 고통이 소멸한 상태)를 선택한 것입니다.

나중의 세 개의 길은 좋은 길, 보다 좋은 길, 가장 좋은 길을 선택한 것이며, 선업이라고 불리는 좋고도 유익하고 건전한 행위에 몰두하는 사람들에 의해서만 달성되는 것입니다. 빨리어 꾸살라(kusala)는 청정하고 좋은 과보를 주는 것이란 뜻입니다.

예를 들어 보겠습니다. 보시하기로 결정하면 자기의 재산에 대한 집착을 버려야 합니다. 이것은 어느 정도 탐욕을 버리는 것이며 받는 사람에게 자애심을 가지지 않으면 안 됩니다.

자신의 재산에 대한 집착을 버리면 재산에 대한 탐욕이라는 불선업으로부터 자유로워집니다. 받는 사람에게 자비의 마음을 가지면 성냄이 자비로 대체되므로 성냄으로부터 자유롭게 됩니다. 보시가 유익한 과보를 가져다 줄 것을 믿으면, 세 가지 불건전한 뿌리(貪瞋癡) 중의 하나인 어리석음으로부터 자유롭게 됩니다.

탐욕, 성냄, 어리석음으로부터 자유롭게 되면 청정하게 되고, 그로 인해 좋은 과보가 따라오게 되는 것입니다.

일반 대중들은 기부한 사람을 존중하고 숭배합니다. 고귀한 사람들과 훌륭한 원로들이 즐겨 기부자의 집을 방문할 것이며, 그러한 방문이 기부자를 이롭게 할 것입니다. 왜냐하면 그러한 고귀한 사람들과 훌륭한 원로들이 법문을 들려주고 좋은 충고를 해주기 때문입니다.

기부자는 친목회에서 다른 사람과 조화를 이루면서 적극적으로 참여할 뿐만 아니라, 대중들 또한 기부자의 선행을 높이 존경할 것입니다. 현생에서의 이러한 이익과 더불어 다음 생에서도 인간이나 천인으로 태어나게 될 것입니다. 그러므로 보시는 건전한 행위로 분류됩니다.

계(sīla, 도덕적 계율)를 지키는 것도 좋은 행위입니다. 계를 지키면 살생을 자제하게 될 것입니다.

고기를 먹으려는 의도로 살생했다면 그것은 탐욕과 연관된 불선업입니다. 해치려는 의도로 살생을 했다면 그것은 성냄과 연관된 불선업입니다. 살생을 삼갈 때 탐욕과 성냄의 불선업이 소멸합니다. 불선업이 나쁜 과보를 초래한다는 것을 깨달으면 어리석음이 제거될 것입니다.

그러므로 계를 지키는 사람은 탐욕과 성냄과 어리석음으로부터 자유로워질 수 있습니다. 이들 불건전한 업을 발생시키는 의도와 그에 수반되는 의식(마음)과 정신적 부산물(마음의 작용)로부터 자유로울 뿐 아니라 현생에서 기억력이 좋고 건강하고 부유한 삶을 살게 됩니다. 계를 지키는 사람은 대중으로부터 평판이 좋게 됩니다. 그는 또한 사회로부터 존경받고, 어떤 청중이나 어떤 상황 하에서도 용기를 가지고 대담하게 해야 할 말을 합니다.

계를 지키는 사람들의 또 다른 이점은 그들이 죽는 순간에도 평화롭고 또렷한 마음 상태를 유지한다는 것입니다. 그러한 사람들은 윤회하는 삶 속에서 좋고도 보다 나은 미래의 존재로 태어나게 됩니다.

이렇기 때문에 부처님께서 계를 지키는 것은 청정하고 이로우며, 고귀한 선업이며, 윤회하는 미래의 삶에서 좋은 과보를 받게 되는 것이라고 정의하셨습니다. 『신의 사자경(天使經)』에서 부처님은 다음과 같이 설법하셨습니다.

"오, 비구들이여! 마치 건강한 눈을 가진 사람이 인접한 두 집에 사는 사람들의 행동을 보듯이, 나는 천안으로 모든 중생들의 운명을 분명하게 볼 수 있다. 나는 육체적으로 비도덕적인 행위를 한 자, 입으로 비도덕적인 말을 한 자, 정신적으로 비도덕적인 생각을 한 자, 혹은 성자에게 해를 끼친 자가, 죽은 다음에 사악도에 떨어지는 것을 분명하게 볼 수 있다. 살생과 도둑질 같은 불선업을 삼가고, 계를 지키며, 보시를 하고, 당연히 공경해야 할 성자들을 공경하고, 올바른 견해를 가지며, 올바른 견해를 다른 사람들에게 전파한 사람들은 죽을 때 보다 나은 인간과 천인(善趣, 행복한 상태)으로 태어난다."

부처님께서는 천안으로 이들 좋은 사람들이 다음 생에서 좋은 존재로 태어나는 것을 보셨습니다. 전생에서 건전한 행위를 한 사람들은 현생에서 부유하고 부자가 됩니다. 왕, 황제, 귀족과 부자인 사람들은 모두 전생에서 선업을 쌓은 사람들입니다.

건전한 행위에 의해 천인이 된 중생들은 도리천(33천)과 사천왕천에 태어나게 됩니다(천상의 욕계의 6가지 존재 중 2가지). 이를 분석해 본 결과 이들의 좋은 성취는 전생의 선업의 과보였습니다. 예로써 부처님 시절에 있었던 이야기를 해 드리겠습니다.

한때 세존께서 카필라성에 있는 니기야다요네 수도원에 머물고 계실 때, 천안통으로 유명한 대장로 아누룻다(Anuruddhā) 존자가 세존께 찾아와서 존경의 예를 표했습니다. 아누룻다 존자는 카필라성 출신이었으므로 친척과 제자가 많았습니다. 대부분의 친척들이 돌아간 뒤에 아누룻다 존자는 삼촌들에게 왜 그의 여동생 로히니가 참석하지 않았냐고 물었습니다. 여동생이 그녀의 병을 부끄러워한다는 것을 알게 된 아누룻다 존자는 사람을 보내 데려오도록 했습니다. 오빠를 보러 온 로히니는 온몸을 천으로 가리고 있었습니다. 오빠가 왜 참석하지 않았냐고 물었을 때 그녀는 대답했습니다.

"오라버니, 저는 문둥병에 걸렸어요. 피부와 얼굴이 문드러져서 다른 사람들을 만나기가 부끄럽습니다."

아누룻다 존자는 그녀에게 그런 역경이 닥쳐온 것은 전생의 불선업 때문이라고 말했습니다. "역경에서 빠져나오기 위해서는 보시 등의 선업을 쌓아야 한다"라고 아누룻다 존자는 충고했습니다.

그녀는 대답했습니다.

"물론 저도 보시하고 싶지만, 뭘 가지고 보시합니까?"

남매간이었으므로 그녀에게 목걸이가 있었던 것을 기억해 낸 아누룻다 존자는 "너의 목걸이는 아직 있느냐?"라고 물었습니다.

그녀는 목걸이를 아직 가지고 있으며, 1만 쨧(kyats, 미얀마의 화폐 단위)의 가치가 있다고 대답했습니다. 아누룻다 존자는 목걸이를 팔아서 선업을 쌓으라고 충고했습니다.

그러자 그녀는 대답했습니다.

"누가 저를 도와주었으면 좋겠어요. 혼자는 아무것도 못해요."

아누룻다 존자는 삼촌들에게 도움을 요청했고, 여동생에게 목걸이를 팔아서 수도원과 식당을 지으라고 지시했습니다. 그는 또한 그녀에게 몸소 수도원 부지를 비로 쓸고 정리 정돈하라고 명령했습니다. 건물의 지붕이 완성된 다음부터는 그녀에게 매일 마룻바닥을 쓸어야 한다고 했습니다. 그녀는 또한 보시와 지계와 수행을 하고, 수도원이 준공된 다음에 공덕회향을 하는 공양의식[4]을 하라고 충고 받았습니다. 여동생 로히니는 오빠가 하라는 대로 목걸이를 삼촌들에게 주었고, 그들은 그걸 팔아서 수도원과 식당 건설을 시작했습니다. 그녀도 또한 부지를 정리 정돈하고 쓸면서 수도원을 건설하는 데 자신의 노동력을 보탰습니다. 그때부터 그녀의 문둥병은 호전되기 시작했습니다.

공양을 올리는 의식을 할 때가 됐을 때, 아누룻다 존자는 로히니를 위해서 세존과 그의 제자인 비구들을 점심 공양에 초대했습니다. 그런데 로히니는 의식에 참석하지 않아서 세존께서는 사람을 보내 그녀를 불러 왔습니다. 그녀는 문둥병 때문에 참석하지 못했다고 사과를 드렸습니다. 그러자 세존께서는 그것은 모두 그녀 자신의 잘못이라며 전생의 사건을 자세히 설명해 주셨습니다.

"옛날에 너는 한 나라의 왕의 왕비였다. 왕이 좋아한 아주 아름다운 시녀가 있었는데, 네가 어처구니없는 질투로 그 여자의 침대에 해롭고 가려운 가루를 뿌려서 그 여자가 볼꼴 사납게 되었다. 그 불선업으로 인하여 네가 지금 문둥병으로 고통을 받고 있는 것이다. 그러므로 네가 구제 받기 위해서는 선업을 쌓지 않으면 안 된다."

그러고 나서 세존께서는 그녀의 수도원과 점심 보시에 대한 공양을 올리는 의식에 관한 법문을 해 주셨습니다. 그리고 지금 당장 명상 수행을 하라고 충고하셨습니다.

의식이 끝난 다음 로히니는 세존의 말씀대로 수행했습니다. 수도원을 쓸고 닦았으며, 스님들을 위해 물병에 마실 물을 담아 놓았고, 청정한 계를 지켰으며, 위빠사나 명상 수행도 했습니다. 지속적으로 선업을 쌓고 명상 수행을 함으로써 그녀는 수다원도의 지혜를 증득하고 그녀가 전생에서 축적한 모든 불선업의 과보에서 벗어났습니다. 그녀의 문둥병도 나아서 정상적인 생활을 했습니다. 그녀는 천수를 누리고 죽은 다음에 천계에 태어났습니다.

천계에서 천인이 되는 것은 즉각적인 탄생이라고 합니다. 그들은 갑자기 완전히 성장한 천인으로 출현합니다. 만약 그녀가 어느 가정의 영역 내에 출현하면 그녀는 그 집의 딸이 됩니다. 때로는 도착한 지점이 중간 지역일 때도 있습니다. 그런 경우에 분쟁이 일어나고 거리를 재서 가장 가까운 가정이 소유권을 주장합니다. 착륙지점이 정확히 중간 지점이면 그녀의 얼굴 쪽에 사는 집의 소유가 됩니다.

로히니는 들판 한가운데에서 출현했으며 얼굴은 아무 쪽으로도 향하지 않았기에 누구의 소유인지 분명하지가 않았습니다. 그녀는 너무나 아름다웠기 때문에 주변의 모든 남자 천인들이 소유권을 강력하게 주장했습니다. 그래서 그 문제는 제석천(帝釋天, 천인의 왕)에게 보고가 되었습니다. 제석천도 로히니를 보자마자 그녀를 사랑하게 되었습니다.

그래서 누가 로히니를 차지할 것인가에 대한 재판을 시작했습니다. 로히니에 대한 소유권을 주장할 수 있는 사람은 네 명의 남자 천인이었습니다.

제석천은 첫 번째 천인에게 물었습니다.

"로히니를 처음 보았을 때 그대의 반응은 어땠는가?"

그 천인이 대답했습니다.

"오, 고귀한 제석천이시여, 제가 로히니를 봤을 때 제 가슴에서 진군 북소리가 아주 크게 '둥! 둥! 둥!' 나는 것을 느꼈습니다. 제가 로히니를 소유하지 못하면 저는 비참하게 될 것입니다."

제석천이 말했습니다.

"그대의 비참함을 이해하겠노라."

그리고는 두 번째 천인에게 로히니를 봤을 때 어땠냐고 물었습니다. 두 번째 천인이 대답했습니다.

"오, 제석천이시여, 제가 로히니를 봤을 때 저의 사랑이 산에서 내려오는 급류처럼 쏟아져 나왔으니 로히니를 제 아내로 삼게 하여 주십시오."

제석천은 "그대도 엄청난 곤경에 처한 것을 알겠다"라고 말했습니다. 그리고는 세 번째 천인에게 로히니를 봤을 때 느낌이 어땠냐고 물었습니다. 세 번째 천인이 대답했습니다.

"제가 로히니를 보자마자, 마치 눈이 감기지 않는 것처럼 제 눈이 그녀에게 고정되었습니다. 저는 줄곧 로히니를 응시할 수밖에 없습니다."

제석천은 "그렇다면 그대도 곤란하겠군"이라고 말했습니다. 그리고는 네 번째 천인에게 로히니를 봤을 때 어땠었는가 물었습니다. 네 번째 천인은 이렇게 대답했습니다.

"로히니를 봤을 때 저는 깃대 위의 깃발처럼 느꼈습니다. 바람이 불 때 깃발이 펄럭이는 것과 같이 로히니에 대한 내 사랑도 깃발처럼 펄럭거렸습니다. 그러므로 제게 로히니를 주어야 합니다."

천인들의 왕인 제석천이 선언했습니다.

"그대들 모두의 고통은 내 자신의 감정과 고통에 비하면 아무것도 아니다. 만약 내가 로히니를 차지하지 못하면 당장 죽어버리겠다. 어떻게 하는 것이 좋겠는가?"

다른 천인들이 대답했습니다.

"제석천께서 돌아가실 정도에 비해서 우리들의 비참함은 참을 만한 것입니다. 우리들은 천인들의 왕이신 제석천이 돌아가시는 것을 원하지 않습니다. 제석천께서 로히니를 소유하시는 것이 좋겠습니다."

그리하여 너무나 아름다운 로히니는 왕의 끔찍한 사랑을 받았고 천인들의 여왕이 되었습니다. 로히니는 아주 능력이 많았으며 천인으로서의 즐거운 지복(至高의 幸福)을 누리면서 오랫동안 살았습니다. 이것들은 보시와 지계(持戒)의 과보입니다.

그러므로 부처님께서 말씀하신 바와 같이 보시와 지계의 선업을 쌓는 사람들은 인간과 천인이 되는 좋은 길로 여행하는 것으로 간주될 수 있습니다.

보다 좋은 길

보다 좋은 길이란 천계(天界)보다 더 좋은 곳으로 간주되는 범천계(梵天界)의 천인으로 인도하는 길을 의미합니다.

범천계의 수명은 천계보다 더 깁니다. 게다가 천계처럼 감각적 쾌락에 대한 불안도 없습니다. 보시와 지계만으로는 범천계로 여행하기에 충분하지 않습니다. 사마타 수행(samatha bhāvanā)5)만이 범천계로 인도할 수 있습니다. 사마타 수행에 의해서 장애들이 소멸될 수 있습니다.

인간으로 태어난 사람들은 철도의 환승역에 도착한 여행자라고 표현될 수 있습니다. 여행자는 환승역에서 왼쪽이든 오른쪽이든 원하는 지방으로 가는 표를 살 수 있습니다.

인간으로 태어난 사람은 불건전한 행위를 하여 사악도로 가는 것을 선택할 권리를 갖고 있습니다. 여러분은 또한 보시와 계를 지키는 건전한 행위를 하여 인간이나 천인이 되는 길을 택할 수도 있습니다. 그리고 사마타 수행을 하여 범천에의 길을 갈 수도 있습니다.

사마타는 장애를 없애는 데 기여합니다. 장애(Nīvaraṇa)6)에는 다음 다섯 가지가 있습니다.
(1) 감각적 욕망
(2) 악의
(3) 해태와 혼침
(4) 들뜸과 후회
(5) 회의적 의심

사마타 수행을 하는 사람은 감각적 욕망을 버리고, 감각적 욕망이 없는 가슴을 가지고 있으며, 욕망으로부터 가슴을 깨끗하게 합니다. 그러나 그것은 완전한 절멸이 아닙니다. 그것은 '억제에 의한 극복'이라고 하는 일시적인 중지입니다. 여러분은 범천계에 살 동안은 감각적 욕망을 없앨 수 있을 것입니다. 범천의 수명은 엄청나게 긴 영겁입니다.

감각적 욕망은 부정관(不淨觀)7) 수행에 의해서도 억제될 수 있습니다. 사마타 수행을 하는 사람도 또한 완전한 절멸은 아니지만 악의를 억제할 수 있습니다. 악의는 아나함의 도(道) 지혜와 과(果) 지혜에 의해서만 완전히 절멸됩니다.

자비관 수행을 하는 사람도 성냄을 억제할 수 있습니다. 여러분이 자애심에 몰두해 있기 때문에 성냄이 일어날 수 없습니다. 비록 여러분이 화낼 만한 상대가 시야에 들어오더라도 상대방의 몸이 머리카락, 몸의 털 등의 32가지 부분으로 구성되어 있다는 것을 알아차리면 상대방에 대해서 화내는 것을 예방할 수 있습니다.

다른 방법도 있습니다. 윤회하는 삶 속에서 이번 한 생애는 하나의 자그마하고 덧없는 단편입니다. 한 생애 혹은 다른 생애에서는 그 사람은 친척이었거나 형제, 자매, 어머니 혹은 아들이었는지도 모릅니다. 전생에서의 관계에 대해서 이렇게 생각해 보면 그 사람에 대한 성냄이 가라앉을 것입니다. 그런 방법으로 악의를 버리게 되면, 여러분은 모든 살아 있는 존재를 향한 소중한 사랑과 연민을 가진 악의가 없는 가슴으로 살 것이며, 여러분의 가슴을 악의로부터 깨끗이 할 수 있을 것입니다.

이런 식으로 사마타 명상 수행을 함으로써 해태와 혼침을 물리칠 수 있습니다. 그리고 들뜸과 후회도 물리칠 수 있습니다. 여러분은 들뜸과 후회를 버리고, 평화로움이 가득 차서 마음이 평온한 상태에 머물며, 마음을 들뜸과 후회로부터 깨끗하게 합니다. 또한 여러분은 회의적 의심을 없애고, 최고선(最高善)에 대한 확신에 가득 차서 의심으로부터 벗어나 자유롭게 살아가고, 여러분의 가슴을 의심으로부터 깨끗하게 합니다.

사마타 수행에는 40가지의 명상 주제가 제시되어 있습니다. 그 가운데 하나가 준비단계의 표상(nimitta)으로 둥근 원판에 흙을 칠하고 그것을 관찰하는 흙의 까시나(paṭhavī kasiṇa)⁸⁾입니다.

수행하는 여러분은 눈을 감고도 파악된 형상(uggaha-nimitta)이라고 불리는 마음에 비친 형상인 획득된 이미지를 분명히 지각할 수 있을 때까지 이 둥근 흙을 칠한 원판을 한눈팔지 않고 똑똑히 주의를 집중하지 않으면 안 됩니다. 이런 종류의 사마타 수행을 준비단계의 수행(parikamma bhāvanā)이라고 합니다.

이제 이 이미지에 계속 주의를 기울이면, 유사한 형상이라고 불리는 맑고 빛나는 보름달 같은, 티 없고 확고부동한 유사 대상에 대한 집중이 나타날 것입니다. 반복하여 (마음속에 떠오른) 유사한 형상을 거듭 관찰하면 근접삼매(初期三昧)가 성취될 것입니다.

흙의 까시나에 지속적인 집중을 하면, 여러분은 마침내 모든 지각작용이 가라앉은 마음의 상태에 도달하게 됩니다. 거기에서는 더 이상 보는 것도 듣는 것도 없으며, 몸의 감촉도 느낌도 없습니다. 이를 깊은 삼매(本三昧), 즉 정신적인 몰입상태라고 하며, 그 결과로 선정을 이루게 될 것입니다.

그러한 선정 상태의 성취가 결국 범천의 세계로 인도합니다. 그런 성취를 한 예가 많이 있습니다.

앞에서 범천인 로히땃사가 부처님께 찾아와 "인간이 걸어서 탄생도 없고 죽음도 없고 늙음과 쇠퇴함도 없는 우주의 끝까지 걸어서 갈 수 있습니까?"라고 물었던 예를 기억할 것입니다.
그때 일체지자이신 부처님께서는 "걸어서 우주의 끝까지 가는 것은 불가능하고 도달할 수 없다"라고 대답하셨습니다.

사냥꾼의 아들이었던 로히땃사는 은둔자가 되어 수행을 했습니다. 그는 사마타 수행의 힘으로 하늘을 난다든가 방해받지 않고 땅을 통과하는 등의 신통력이 생겼던 것입니다. 그런 사람이 죽으면 범천이 됩니다. 그러므로 사마타 수행을 하는 것은 수행자가 '보다 좋은 길'인 세 번째 길을 선택한 것입니다.

범천계는 넓은 의미로 색계(色界)와 무색계(無色界)를 뜻합니다. 범천들은 그들 자신의 몸에 빛나는 반사광이 있으므로 다른 인공적인 빛이 필요 없습니다.

범천들은 인간이나 천인들처럼 음식이 필요 없습니다. 깊은 명상에 의해 기쁨이 얻어지고, 이 기쁨만이 안락한 삶을 사는 그들의 방식입니다.

범천의 눈은 부처님을 볼 수 있을 뿐 다른 즐거운 것을 볼 수 없습니다.

범천의 귀는 단지 부처님의 말씀, 즉 법을 듣는 데만 쓰일 뿐 노래나 다른 즐거운 것을 듣지 못합니다.

범천의 혀나 코는 맛과 향기를 모릅니다. 그러므로 범천은 좋은 냄새나 좋은 음식이나 좋은 몸의 감촉이 필요 없습니다. 범천은 감각적 쾌락을 즐기지 않고, 완벽한 무아지경의 집중을 통해서 성취한 색계의 네 가지 깊은 명상에 의한 선정의 지복을 즐깁니다.

그런 종류의 청정하고 근심 없고 숭고한 삶을 성취하기 위하여 수행하는 여러분은 범천이 되는 유일한 길인 사마타 수행을 하지 않으면 안 됩니다. 부처님께서는 사마타 수행을 하는 사람만이 범천계에 태어난다고 설명하셨습니다.

그러므로 여러분들은 가장 좋고 높은 위빠사나 명상 수행을 하고 있지만, 사마타 수행으로 어떻게 숭고한 범천계에 도달하는지도 알아야 합니다.

가장 좋은 길

네 가지 길의 선택 중에서 '가장 좋은 길'은 사념처를 알아차리는 위빠사나 수행, 즉 통찰명상 수행에 의해서 닙바나(涅槃)를 성취하는 것입니다.

닙바나는 모든 불자들의 가장 소중하고도 궁극적인 목표입니다. 모든 불자들은 닙바나를 동경하며, 그래서 모든 종류의 종교 활동의 마지막 소망은 가능한 가장 빠른 시간 내에 닙바나를 성취하는 것입니다. 불자들이 삼보(불법승)를 예경할 때 그들이 원하는 것은 닙바나입니다. 부모나 연장자를 공경하거나 계를 지킬 때 그들의 최종 소원은 그렇게 함으로써 닙바나를 성취하는 것입니다. 왜 모든 불자들이 닙바나를 동경할까요? 왜냐하면 그것은 항상 가장 좋고, 가장 고상하며, 완벽하고 갈망이 없는 행복이었으며, 행복이고, 행복일 것이기 때문입니다.

그러나 닙바나에는 아무것도 없고 감각적 쾌락이나 즐거움이 없다고 말하면 일부 사람들은 의심을 가질지도 모르겠습니다. 상습적으로 베텔(인도산 후추 과의 상록 관목. 그 열매인 betel nut을 베텔 나뭇잎과 함께 씹으면 약한 흥분제로 작용한다)을 씹는 사람들은 베텔 나뭇잎이 없는 곳을 좋아하지 않을 것입니다. 애연

가들은 금연구역을 싫어할 것입니다. 오락을 좋아하는 사람들은 그런 것이 없는 곳을 좋아하지 않을 것입니다. 감각적 쾌락을 즐기는 사람도 마찬가지입니다. 감각적 쾌락은 눈과 형상, 귀와 소리의 근원, 코와 향기, 혀와 맛, 몸과 감촉의 대상, 의식과 마음의 대상이라는 여섯 가지 내적 기관과 접촉하는 데 기인합니다. 이것들을 감각기관의 접촉으로 느끼는 즐거움이라고 합니다.

다른 종류의 즐거움을 고요한 즐거움이라고 하는데, 그것은 감각기관과 무관한 것입니다. 그것은 완전하고 갈망이 없는 행복, 평화롭고 평온한 최고의 의식입니다. 모든 감각적 쾌락을 추구하는 경우에는 물질을 획득하기 위해서 노력하지 않으면 안 됩니다. 재미있는 영화를 즐기려면 영화 필름이나 비디오테이프를 구해야 합니다. 필름이나 비디오를 보기 위해서는 비용이 발생합니다. 비용을 지출하려면 일하지 않으면 안 됩니다. 비용을 마련했다고 하더라도 눈으로 보자면 육체적인 문제가 발생하여 눈이 피로하게 되거나 눈에 나쁜 영향을 줍니다.

좋은 맛도 마찬가지입니다. 식사를 잘하기 위해서는 식료품을 사다 비축해야 하고 요리를 잘해야 합니다. 다른 사람들도 같은 것을 구하려고 노력할 것이므로 좋은 식료품은 구하기 어려울 것이며, 같은 물건에 대해서 경쟁과 적대관계가 개입되어 위험할 수도 있습니다. 좋은 음식을 얻은 다음에도 먹고 씹고 삼키는 등등의 과정이 있습니다. 식품이 몸에 맞지 않을 경우에는 식중독

이 발생할 수도 있습니다. 좋은 음식을 공급하기 위해서는 위험과 육체적·경제적·정신적 노력이 수반되어야 합니다. 기분 좋게 맛있는 식사를 한 다음에도 대변과 소변의 문제가 있습니다. 그러므로 좋은 시각 대상, 좋은 청각 대상, 좋은 향기, 좋은 맛, 촉감이 좋은 대상 등에 대한 감각적 쾌락은 단지 평탄하게 행복이기만 한 것이 아니라 둑카(dukkha)와 수카(sukha), 즉 고통(불만족)과 기쁨(행복)이 혼합된 사건이라는 것입니다.

이에 비해서 '고요한 즐거움'은 감각적 쾌락에 의해서 더럽혀지지 않은 일종의 행복입니다. 그것은 몸이라는 장애물로부터의 해방이며, 평화와 휴식의 좋은 느낌이며, 모든 고통이 소멸함으로써 완벽한 행복이라고 정의할 수 있습니다. 그에 알맞은 정확한 예를 들기는 대단히 어렵지만 유사한 예를 들면 다음과 같습니다.

죄를 지어서 감옥에 있는 사람을 예로 들어 봅시다. 그는 매우 슬프고, 육체적으로 학대받고 있으며 삶의 조건은 비참할 것입니다. 그의 숙소는 아주 비좁고 해충과 모기가 우글우글하고 악취가 나며, 죄수로 수감되어 있는 동안 정신적·육체적으로 고통받을 것입니다. 바로 이 순간, 만약 그가 갑자기 감금생활에서 풀려나서 감옥 생활과 관련된 모든 비참함으로부터 자유롭게 된다고 칩시다. 보통 상식적으로 부유한 사람이 가지고 있는 물질적 사치품이 없다고 하더라도, 그로서는 자유롭게 됐다는 바로 그 사실이 굉장한 행복이며, 고통으로부터의 자유를 얻은 위대한 성취로 느껴질 것입니다.

두 번째 예입니다. 어떤 사람이 문둥병으로 고통 받고 있다고 합시다. 피부는 문드러지고, 온몸에서는 진물이 나오고 있어서 아무도 그를 만나려고 하지 않습니다. 그는 의지할 사람이 아무도 없습니다. 그는 육체적으로 병으로 인한 통증으로 고통 받고 있지만 경제적 능력이 없기 때문에 속수무책입니다. 그런 사람들은 가장 낮은 도덕관념을 갖고 있으며 가장 불행합니다. 그때 친절하고 능력 있는 의사가 나타나서 최신 약을 주어 병을 낫게 해 주었습니다. 그가 얼마나 기뻐할지 상상해 보십시오. 그 순간이 그로서는 가장 행복한 순간일 것입니다. 물론 그가 물질적 풍요를 누리거나 부자가 된 것은 아닙니다. 그러나 병이 완전히 낫다는 것이 그에게는 너무나 커다란 행복이므로 그 행복이 감각적 쾌락에서 생긴 행복보다 결코 적지 않습니다.

그와 같이 닙바나의 지고의 행복도 물질의 획득이나 감각적 쾌락과 연관된 것은 아닙니다. 앞부분에서 말씀드린 바와 같이 닙바나는 평화와 평온의 최고의 의식이며, 갈망이 없는 완벽한 행복이며, 모든 종류의 고통으로부터 최종적으로 해방되는 것입니다.

어떤 사람들은 닙바나를 장엄한 궁전으로 묘사하려 하고, 어떤 사람은 유토피아의 아주 아름다운 수도로 묘사하려고 노력합니다. 어떤 사람은 닙바나를 빛나는 유리 궁전으로 마음속에 그리고, 어떤 사람은 닙바나를 인간이 사는 모든 종류의 사치스런 인공적인 창조물을 능가하는 분위기의 시원하고 평화로운 장소를 상상합니다. 그런 종류의 상상들은 모두 환상입니다.

그럼, 질의응답으로 닙바나를 정의해 봅시다. 닙바나란 무엇입니까? 닙바나는 호화롭습니까 아니면 호화롭고 으리으리한 수도입니까? 그것은 빛나는 유리 집입니까? 그것은 시원하고 평화로운 분위기입니까?

이들 모든 질문에 대한 대답은 '아니요'입니다. 닙바나는 다음과 같이 정의하는 것이 적절하다고 하겠습니다.

(1) 닙바나는 고통의 절멸에 의해 확립된 평화입니다. 빨리어로 '산띠(santi)' 즉 평화롭고 차분한 상태가 닙바나의 특성입니다. 수행자가 물질적·정신적 현상을 알아차리고 있는 동안 갑자기 모든 현상의 소멸을 성취하고, 그런 소멸이 발생했을 때 고통은 사라집니다.

(2) 평화로운 차분함이 성취됐을 때 번뇌의 영역과, 업의 영역과, 과보의 영역에 있는 고통의 순환(윤회)은 소멸, 즉 절멸됩니다. 닙바나를 통찰함으로써 절멸을 의미하는 존재계의 이 세 가

지로부터 완벽한 단절이 이루어집니다.

(3) 닙바나에서는 고통의 순환이 평화롭게 끝났습니다. 그런고로 고통의 소멸이 닙바나입니다.

무엇이 소멸될까요?

(1) 번뇌의 영역, 즉 무명(사성제를 모르는 것), 갈애, 집착이 소멸됩니다. 이들 세 가지 번뇌들 때문에 끝없이 고통의 순환이 계속되는 것입니다.

(2) 업의 영역은 끝없는 재탄생의 순환이 출현하도록 기여하는 유익한 행동들과 유익하지 않은 행동들을 포함하는 행위의 영역입니다.

(3) 과보의 영역은 행동의 결과로 나타나는 영역을 말합니다. 이것은 보통 업보(業報)라고 하는 좋은 행동들과 나쁜 행동들의 결과와 관련되어 있습니다. 모든 행동들은 마음과 물질과 느낌 등에 영향을 미치고, 좋거나 나쁜 행동들의 결과로 상위 혹은 하위의 존재로 재탄생하게 되는 원인이 됩니다.

닙바나를 성취함으로써 이들 '세 가지 영역들'은 소멸됩니다.

경전에서 사용되는 언어로 표현하였기 때문에 여러분들이 분명하게 이해하지 못할지도 모르겠습니다. 여러분들은 "쉬운 말로 닙바나의 성취란 도대체 무엇입니까?"라고 물을 수도 있습니다. 그런 질문은 옛날에도 있었습니다.

밀린다 왕도 나가세나 존자에게 "닙바나의 성취란 도대체 무엇입니까?"라고 물었습니다.

박식한 나가세나 존자가 대답했습니다.

"오, 대왕이시여, 수행자가 자신의 정신적 · 물질적(육체적) 현상을 놓치지 않고 끊임없이 알아차린다면, 갑자기 모든 정신적 · 물질적 현상이 사라진 상태에 도달합니다. 오, 대왕이시여, 올바른 수행에 의하여 수행자가 모든 정신적 · 물질적 현상이 소멸된 상태에 도달했을 때, 그런 상태를 닙바나의 성취라고 합니다."

다른 말로 하면, 수행하는 여러분이 아침에 잠에서 깨었을 때부터 일어나고, 꺼지고, 앉고, 닿고, 걷고, 보고, 듣고, 냄새 맡고, 먹고, 생각하고, 아는 것 등의 자신에게서 일어나는 모든 정신적 · 물질적 현상을 한순간도 놓치지 않고 알아차린다면, 갑자기 아무것도 알아차릴 것이 없는, 알아차릴 대상만이 아니라 알아차리는 마음 자체마저 없음을 발견하게 됩니다. 그런 종류의 경험(현상의 소멸)을 닙바나의 성취라고 합니다.

닙바나를 성취하는 순간에 수행자들은 무엇을 알까요? 바로 특성과 기능과 징후를 안다고 알려져 있습니다.

(1) 특성 : 수행자는 평화로움이라는 특성과 정신적·물질적 현상의 소멸이라는 특성으로부터 닙바나의 성취를 압니다(그것은 자는 것도 아니고, 죽음도 아니며, 의식을 잃은 것도 아닙니다). 어떤 수행자들은 몸이 격렬하게 흔들린다거나 의식을 잃고 쓰러지는 것을 닙바나의 성취라고 합니다. 그렇지 않습니다.

(2) 기능 : 속행(速行)⁹은 매우 엄숙하고, 차분한 특성을 가지고 있습니다. 몸의 자세가 올바르지 않은 차분함이란 있을 수 없습니다. 좌선 중에 현상의 소멸이 일어났을 경우에는 몸의 자세는 아주 똑바르고 차분할 것이며, 서 있는 동안 발생했다면, 자세가 구부러지지 않고, 쓰러지거나 흔들리지 않으며, 적절하고, 품위 있으면서도 차분함을 유지할 것입니다.

(3) 징후 : 닙바나를 성취했을 때, 수행자는 형상이나 몸의 모습 등을 인식하지 못할 것입니다. 마음과 물질이 생성되고 사라짐이 모두 멈추어 평화롭게 되며, 모든 움직임들, 형상과 몸의 모습은 사라집니다.

이런 것들이 닙바나 성취의 증상들입니다.
여기서 여러분들이 닙바나를 성취하자면 어떻게 힘써 노력해야 할까요?

부처님께서는 말씀하십니다.

"오, 비구들이여! 닙바나를 성취하기 위해서 비구들은 사념처를 알아차리는 위빠사나 수행을 하여야 한다. 왜냐하면 그것이 닙바나를 성취하는 유일한 길이기 때문이다."

그러므로 수행하는 여러분들은 모든 정신적·물질적 현상의 소멸이 성취될 때까지 왼발, 오른발, 일어남, 꺼짐, 봄, 들음 등을 알아차리지 않으면 안 됩니다. 이것이 도(道)의 지혜와 과(果)의 지혜 그리고 닙바나를 성취하는 유일한 길이기 때문입니다.

부처님 시절에 '소레야'라는 부잣집 아들이 있었는데, 강으로 목욕하러 가는 길에 '깟짜야나'라는 아주 잘생긴 승려를 보았습니다. 아주 잘생긴 그 승려를 보는 바로 그 순간, 그의 마음에서 생기는 현상을 알아차리지 못하고 그 승려가 자기의 아내가 되기를 소원했습니다. 그러나 그 승려는 아라한(청정하고 고귀한 승려)이어서 아라한에 대한 무례한 소원 때문에 소레야는 여자로 바뀌어 버렸습니다. 그는 자신의 죄를 깨닫자마자 아라한에게 예경을 다해 사과하고 용서를 구함으로써 마침내 남성을 되찾았습니다. 그리고서 그는 이 사건으로 크게 뉘우쳐 비구가 되어 계를 받고 위빠사나 명상 수행을 하였습니다.

그는 도의 지혜와 과의 지혜를 얻을 때까지 행선을 할 때는 발의 움직임을 알아차렸으며, 좌선할 때는 배가 일어나고 꺼지는 것을 알아차렸으며, 보면서, 들으면서, 생각하면서, 먹으면서, 닿으면서 일어나는 모든 정신적·물질적 현상을 알아차렸습니다.
다른 말로 하면, 그는 닙바나를 성취한 상태에 이르렀습니다.

그래서 통찰명상에서 사념처를 알아차리는 위빠사나 수행은
닙바나로 가는 가장 좋은 길을 선택한 것과 같은 것입니다.

여러분은 "닙바나의 성취가 웅장한 궁전에 들어가는 것 같은
가, 혹은 눈부신 유리 집으로 된 유토피아의 수도인가, 혹은 행복
이나 사치스럽고 즐거운 분위기가 있는 곳인가?"라고 물을지도
모르겠습니다.

이런 정의는 모두 사실이 아닙니다. 그것은 평화롭고 평온한
최고의 의식이며, 완벽하고 갈망이 없는 행복이며, 모든 종류의
고통으로부터 최종적으로 해방된 것입니다. 탐심의 소멸, 증오의
소멸, 무지의 소멸입니다. 그것이 닙바나입니다. 그리고 이것이
나가세나 존자가 밀린다 왕에게 제시한 정의입니다.

그리하여 번뇌의 영역(kilesa vatta)의 고통이 순환되는 것을 소
멸시키고, 번뇌의 순환으로 인한 업의 영역(kamma vatta)의 고통
이 순환되는 것을 소멸시키고, 과보의 순환을 소멸시키는 단계에
도달하도록, 수행하는 여러분들 모두 수행 과정에서 더 열심히
집중적으로 노력하기 바랍니다.

1) 불건전한 행위(不善業, akusala kamma)의 아꾸살라(akusala)는 착하지 않은, 불건전한, 불선(不善)이라는 뜻이다. 깜마(kamma)는 업(業), 행위를 뜻한다. 그래서 아꾸살라 깜마를 착하지 않은 행위, 또는 불선업(不善業)이라고 한다. 불선업은 착하지 않은 마음의 작용이며 14가지 종류의 불선업이 있는데, 어리석음(moha), 양심 없음(ahirika), 수치심 없음(anottappa), 들뜸(uddhacca, 掉擧), 탐욕(lobha), 사견(diṭṭhi), 자만(māna), 성냄(dosa), 질투(issā), 인색(macchariya), 후회(kukkucca), 해태(thīna), 혼침(middha), 의심(vichikiccā)이다.

2) 요자나(yojana)는 유순(由旬)이라 하며, 길이의 단위이다. 1요자나는 14km 정도이므로 25요자나는 350km 정도가 된다.

3) 선업(善業, kusala kamma)은 빨리어 꾸살라(kusala)는 선(善)한, 선한 행위를 뜻한다. 꾸살라 깜마는 선업(善業), 또는 건전한 행위를 말한다. 꾸살라는 선이지만 아꾸살라(akusala)는 불선(不善)을 의미한다. 빨리어는 단어에 접두어 a가 붙으면 부정을 하는 뜻을 나타낸다.

   선업은 '깨끗한 마음의 작용(sobhana cetasika)'을 말하며, 25가지 종류의 '깨끗한 마음의 작용(淨心所)'이 있다.

   ① 항상 함께 공통적으로 일어나는 마음의 작용(心所)—19가지
      믿음(saddhā), 알아차림(sati), 양심(hirī), 수치심(ottappa), 탐욕 없음(alobha), 성냄 없음(adosa), 중립(tatramajjhattatā), 몸의 평온, 마음의 평온, 몸의 가벼움(경쾌함), 마음의 가벼움, 몸의 부드러움(유연함), 마음의 부드러움, 몸의 적당함(적합함), 마음의 적당함, 몸의 능숙함(숙련됨), 마음의 능숙함, 몸의 바름(정직), 마음의 바름.

   ② 개개로 나타나는 여섯 가지 마음의 작용
      절제 : 바른 말(正語), 바른 행위(正業), 바른 생활(正命)
      무량(無量) : 연민(悲, karuṇa), 기쁨(喜, muditā)
      어리석지 않음 : 지혜의 기능(慧根, paññindriya)

4) 공양의식에서 상좌불교의 비구는 227계를 지킨다. 비구는 돈을 손댈 수

없고, 농산물을 경작하거나 스스로 취사를 할 수가 없다. 그래서 오직 탁발을 해서 끼니를 해결해야 한다. 또한 남이 주지 않는 것을 손대지 않기 때문에 공양을 받을 때 일정한 의식을 행한다.

미얀마에서 비구들이 탁발을 할 때에 선두에 선 비구가 공양물이 담긴 그릇에 손을 대면 받겠다는 의사를 표현하는 것이다. 그러면 다음 비구들은 하나하나 이런 의식을 거치지 않고 그냥 공양물을 받는다.

또한 식탁에 차려진 음식물도 미리 한 비구가, 비구가 먹는 모든 음식물의 상을 보시자가 들어올리면 손으로 받는 의식을 한다. 그러면 다른 모든 비구는 그냥 먹으면 된다. 이처럼 무엇이나 공양을 올릴 때 간단한 의식을 행하는데 이것은 올리는 자와 받는 자의 분명한 입장을 밝혀서 그에 합당한 축원을 해 주는 것으로 주고받는 것을 끝낸다. 그래서 보시를 하는 것으로 인한 후유증이나 부작용을 공양의식을 거침으로써 최소화한다는 일면이 있다.

5) 빨리어로 사마타(samatha)는 평온, 지(止, 멈춤), 적지(寂止, 고요함에 머묾)를 말한다. 사마타 수행(bhāvanā)은 평온 명상, 선정 수행으로 불린다.

일반적으로 수행방법을 분류할 때 크게 두 가지로 나눈다. 첫째, 사마타 수행이고 둘째, 위빠사나 수행이다. 사마타는 지(止) 수행이고, 위빠사나는 관(觀) 수행이라서 이 두 가지를 합쳐서 말할 때는 지관(止觀) 수행이라고 한다.

사마타 수행은 집중할 대상을 표상(表象)으로 한다. 이를 빤낫띠(paññatti)라고 하는데 개념, 모양을 대상으로 하는 것을 말한다. 빤낫띠는 개념이기 때문에 실재하는 고유한 성품이 없는 것이다. 사마타 수행은 부처님에 의해서 제시된 수행방법이 40가지가 된다. 사마타는 수행을 할 때 나타나는 다섯 가지 장애를 극복하기 위해서 하는 수행이다. 그래서 마음이 하나의 대상에 지속적으로 집중을 하게 한다. 이것을 심일경(心一境, ekaggatā)라고 한다.

사마타 수행은 선정을 얻는 수행인데 이 수행을 하면 죽어서는 범천계인 색계, 무색계에서 태어난다.

6) 장애를 빨리어로 니와라나(nīvaraṇa)라고 하는데 장애, 번뇌라는 뜻이다. 한문으로는 개(蓋)라고 하는데 수행을 방해하는 다섯 가지 덮개라는 뜻으로 오개(五蓋)라고 한다. 오개는 알아차림과 집중을 방해하는 다섯 가지 요소를 말한다. 다섯 가지 장애는 착하지 않은 마음의 작용(不善心所)이다. 그러나 알아차릴 대상으로써 법에 속한다.

오개는 ① 감각적 욕망(kāmacchanda), ② 악의(惡意, byāpāda, vyāpāda), ③ 해태(thīna)와 혼침(middha), ④ 들뜸(uddhacca)과 회한(kukkucca), ⑤ 회의적 의심(vicikicca)을 말한다.

이상의 다섯 가지 장애는 아라한이 되어야 완전히 소멸된다. 다른 성자는 단계에 따라 부분적으로 제거된다.

수행을 시작하면 제일 먼저 나타나는 것이 다섯 가지 장애이다. 이는 불 선업의 번뇌로 장애가 일어난다. 이 장애를 없애기 위해서 선정요인을 계 발한다. 이 선정요인이 고요함을 가져오는 사마타 수행이다. 다시 사마타 수행을 위해서는 다섯 가지 근력의 균형이 필요한데 이것을 오근(五根)이 라고 한다. 오근은 믿음, 노력, 알아차림, 집중, 지혜를 말한다. 수행자가 오근의 균형으로 다섯 가지 장애를 극복하게 되면 근접삼매를 거쳐서 근 본삼매에 이르게 된다. 그래서 고요함에 머무는 선정을 얻는다.

7) 부정관(不淨觀, asubha bhāvanā)은 빨리어 아수바(asubha)는 '부정한, 나쁜, 추한'이란 뜻으로 쓰인다. 부정관은 감각적 욕망을 없애기 위해서 몸의 더러움을 알아차리는 수행이다.

감각적 욕망은 안·이·비·설·신·의라는 육근이 색·성·향·미· 촉·법이라는 육경의 대상을 만나 추구하는 감각적 쾌락을 말한다. 이러 한 감각적 욕망을 없애기 위해서 몸의 32가지 부분의 깨끗하지 못함을 알 아차리는 부정관이 있고, 또는 시체가 썩어 가는 것을 알아차리는 부정관 이 있다.

여기서 말하는 부정관은 사마타 수행에서 말하는 40가지 수행방법 중에 포함된 보기 흉한 시체를 관하는 부정관 10가지를 말한다.

① 퉁퉁 부푼 시체

② 흰 점, 붉은 점, 검은 점 등등의 색으로 썩은 시체

③ 썩어서 흘러내리는 시체

④ 두 토막으로 잘라진 시체

⑤ 여기저기 개와 새들이 뜯어먹다 남은 시체

⑥ 사지가 흩어져 있는 시체

⑦ 무기로 온몸이 토막토막 잘라진 시체

⑧ 피로 범벅이 된 시체

⑨ 온몸이 구더기로 덮여서 꾸물거리는 시체

⑩ 뼈 무더기만 남아서 흩어져 있는 것

8) 흙의 까시나(paṭhavī kasiṇa)에서 빨리어 빠타위(paṭhavī)는 땅, 흙, 지(地)를 말하고, 까시나(kasiṇa)는 수행의 대상(kammaṭṭhāna)을 말한다. '흙의 까시나'는 흙의 수행 대상을 말한다. 또는 흙의 편만(遍滿, 꽉 참)한 것에 대한 선관(禪觀)이라고도 한다. 그래서 흙의 둥근 원판 모양의 대상에 집중하는 것이 흙의 카시나이다.

까시나는 사마타 수행에서 집중할 수행의 대상이다. 사마타 수행에서 말하는 40가지 수행 중에 까시나(수행 대상)는 10가지가 있다.

① 흙의 수행 대상, ② 물의 수행 대상, ③ 불의 수행 대상, ④ 바람의 수행 대상, ⑤ 짙은 감청색 수행 대상, ⑥ 노란색 수행 대상, ⑦ 붉은 색 수행 대상, ⑧ 흰색 수행 대상, ⑨ 밝은 빛 수행 대상, ⑩ 허공. 공간 수행 대상 등이다.

9) 속행(速行)을 뜻하는 자와나(javana)는 민활, 신속, 자극을 말하는데, 이는 인식운동에 관한 마음의 빠르기를 나타내는 말이다. 자와나라고 하는 속행은 잠재의식이라고 하는 바왕가(bhavanga, bhavaṅga) 안에 있는 일련의 마음의 과정이다.

마음에는 바왕가라는 마음이 있다. 바왕가는 생성의 요소, 생성의 원인, 조건, 존재의 기능, 잠재의식, 유분(有分) 등으로 불리는 마음을 말한다. 바왕가는 최소 단위의 마음으로써 보통 잠재의식, 또는 유분심(有分心)으로 많이 불린다.

물질이 한순간에 한 번의 생성소멸을 할 때 바왕가라는 잠재의식은 한순간에 17번을 생성소멸을 한다. 이때 한순간에 17번 일어났다가 사라지는 잠재의식도 일정한 과정을 거쳐 일어나고 사라지는데 순간의 마음들이 각각의 역할을 하고 있다.

잠재의식이 17번의 과정을 거치는 순서는 다음과 같다.
1) 과거유분(過去有分, atīta-bhavaṅga), 2) 유분동(有分動, bhavaṅga-calana), 3) 유분단절(有分斷絶, bhavaṅga-uccheda), 4) 전향(轉向, āvajjana), 5) 오식(五識), 6) 영수(領受, sampaṭichana), 7) 조사(調査, santīraṇa), 8) 결정(決定, votthapana), 9)~15) 속행(速行, javana), 16)~17) 등록(登錄, tadārammaṇa)

여기서 오식은 안식(眼識, cakkhuviññāṇa), 이식(耳識, sotaviññāṇa), 비식(鼻識, ghānaviññāṇa), 설식(舌識, jivhāviññāṇa), 신식(身識, kāyaviññāṇa) 중의 하나가 일어남을 의미한다.

속행은 9번째 마음부터 15번째 마음까지 7개의 마음을 말하며, 항상 연달아서 일어난다. 그래서 잠재의식 중에서 매우 빠른 마음의 과정이다. 속행은 선, 불선을 판단하는 찰나심으로 빠르게 꿰뚫어서 훑어보는 기능을 한다.

지계의 청정

지계의 청정(戒淸淨)[1]이라는 행위의 정화에 관한 것에 대해 얘기를 나눠 보겠습니다. 청정에는 일곱 가지가 있는데, 그 기초가 되는 첫 번째에 해당되는 것이 바로 행위의 정화입니다. 그래서 계(戒), 즉 도덕률을 준수하지 않으면서 높은 도과(道果)의 지혜를 얻는다는 것은 거의 불가능합니다.

여기서 계(도덕률)가 의미하는 것은 재가불자인 경우에는 오계나 팔계를 지키는 것을 말합니다. 비구인 경우에는 비구가 지켜야 하는 계율을 모아 놓은 빠띠목카(pāṭimokkha)[2]를 지키는 것입니다. 계는 신성한 정도에 따라 세 가지 종류로 나누어져 있습니다.

(1) 보통 계
(2) 고상한 상위의 계

(3) 궁극의 가장 뛰어난 계

위의 세 가지 중에서 어느 계를 지키느냐에 따라서 보다 높은 지위나 영향력 있는 인간계 혹은 고귀한 천상에 다시 태어날 수 있습니다. 그리고 위빠사나 수행과 병행한다면 모든 고통이 소멸된 닙바나를 성취할 수 있습니다.

또한 계를 지속적으로 영구히 지킨다면 다음과 같은 다섯 가지 이익을 얻게 됩니다.

(1) 현생에서 큰 부자가 된다.
(2) 이름을 널리 떨치고 평판이 좋아진다.
(3) 사람들이 많이 모인 어떤 장소에 가서도 용기가 있고 자신만만하다.
(4) 침착하고 조용하게 죽음을 맞이할 수 있다.
(5) 천상에 태어나거나 적어도 높은 지위의 인간으로 다시 태어난다.

게다가 계는 나이와 무관한 영원한 덕(德)이며, 항상 향기롭습니다. 장신구와 드레스는 적절한 시간과 장소에서만 아름답고 우아해 보이지만, 계는 젊었거나 늙었거나 나이와 상관없이 항상 빛납니다. 빨리어에는 "계는 위빠사나 수행자 바로 그 사람의 장신구이다"라는 말이 있습니다.

부처님 시절에 수바라는 젊은이가 부처님께 왜 어떤 사람은 약하고 병들었으며, 어떤 사람은 힘세고 건강한지 여쭈었습니다. 그러자 부처님께서는 "오, 젊은 수바여, 계를 지키지 않고 불건전한 행위를 하는 습관이 몸에 밴 사람은 병들고 약하게 되며, 계를 확고하고도 지속적으로 지키는 사람은 힘세고 건강하게 된다"라고 대답하셨습니다.

이처럼 계는 어떤 존재에게나 후원자가 되고, 수행자의 장신구가 된다는 것은 명백한 일입니다. 방향(芳香)이라고 하는 향기로운 냄새는 바람이 부는 방향으로만 퍼지지만, 계는 모든 방향으로 항상 퍼집니다.

한때 부처님께서는 삼낏짜 사미를 예로 들면서 계를 지키는 삶의 가치를 말씀하셨습니다.

부처님 시절에 비구 30명이 부처님으로부터 명상 주제를 받고 큰 마을을 향해 떠나게 되었습니다. 세존께서는 그들이 명상수행을 하는 데 위험에 직면하겠지만 그 위험은 사미에 의해서 극복되리라는 것을 미리 알고 계셨습니다. 사리뿟따 존자와 함께 머물고 있던 삼낏짜는 그들에게 마을을 향해 떠나기 전에 그들의 사형(師兄)인 사리뿟따 존자에게 예경을 표할 것을 권했습니다. 부처님의 마음을 알아차린 사리뿟따 존자는 그들이 출발 전에 인사하러 왔을 때 삼낏짜 사미를 심부름하는 아이로 딸려보냈습니다.

여기서 삼깃짜 사미에 대해서 알아둘 필요가 있습니다. 그는 겨우 일곱 살에 불과하지만 이미 아라한을 성취했습니다. 그의 어머니가 나중에 삼깃짜가 될 아이를 임신하고 산월이 가까웠을 때 죽음을 맞이하게 되었습니다. 시체를 화장했는데 자궁을 제외한 전신이 다 타서 재가 되었습니다. 밤이 되었을 때 시체를 태운 야간 순찰자가 대 꼬챙이로 자궁을 찔러서 한쪽 눈의 끝 부분을 약간 건드렸습니다.

다음 날 아침 신기하게도 시체를 불태운 자리 위에 갓난아이가 누워 있는 것이 발견되었습니다. 친척이 데려가서 그를 키웠습니다. 점쟁이에게 아이의 미래를 물어 보니, 만약 입양되면 7대가 가난하고, 출가하면 대단히 유명해져서 사미일 때부터 제자를 많이 거느리게 될 것이라고 예언했습니다.

성장한 다음에 죽음에서 살아났다는 이야기를 들은 그는 크게 감명을 받았습니다. 그래서 그는 자기의 삶을 공허하게 낭비하지 않고 출가하여 자신이 윤회에서 벗어나도록 선업을 쌓겠다고 결심했습니다. 그래서 출가를 허락해 달라고 요청하여 친척으로부터 동의를 받은 그는 어린 나이로 계를 받기 위해 사리뿟따 존자에게로 보내졌습니다. 머리를 깎는 동안 머리카락을 쥔 채로 위빠사나 수행을 하여 머리를 다 깎았을 때, 그는 겨우 일곱 살의 나이에 아라한을 성취했습니다.

이 어린 삼깃짜 사미와 함께 30명의 비구들은 마을 근처의 숲속에서 위빠사나 명상 수행을 시작하였습니다. 그렇게 명상하고 있는데, 깊은 숲 속에 숨어살던 500명의 강도들이 숲의 수호 정령에게 사람의 목에서 나온 피를 바치기 위해 한 명의 희생자를 구하고 있었습니다. 그들은 그렇게 하면 자신들의 도둑질과 강도질이 더 성공적으로 이루어지리라고 잘못 믿고 있었습니다. 그래서 강도들은 마을의 수도원으로 와서 비구 중에 한 명을 제물로 내놓으라고 요구했습니다. 그것이 바로 부처님께서 예견하신 위험이었습니다.

수행하던 비구들이 그 요구를 알게 되었을 때, 가장 나이 많은 비구가 일어나서 자랑스럽게 말했습니다.

"오, 젊은 사제들이여, 내가 강도들을 따라가겠소. 나는 강도들을 따라가겠으니, 여러분들은 모두 평화롭게 위빠사나 통찰 명상을 계속하십시오."

그러자 두 번째 연장자가 일어나서 요청했습니다.

"안 됩니다. 사형님, 이러시면 안 됩니다. 그러시면 젊은이들에게 지도자가 없어집니다. 제가 강도들을 따라가겠습니다."

또다시 세 번째 연장자가 일어나서 같은 식으로 요청했습니다. 가장 연장자로부터 가장 젊은 비구까지 저마다 자발적으로 자신이 강도들과 같이 가겠다고 우겼습니다.

마지막으로 삼낏짜 사미가 끼어들었습니다.

"오, 존경하는 비구님들이여, 이것은 제 책임입니다. 저의 스승이신 사리뿟따 존자께서 이런 위험을 미리 예견하시고 일부러 저를 여러분들에게 딸려 보내신 것입니다."

그렇게 말하면서 강도들을 따라갔습니다. 비구의 지도자는 강도들에게 사미가 너무 어리니까 칼을 보여주지 말고 놀라지 않도록 살살 다루어 달라고 부탁했습니다.

강도들은 사미를 숲으로 데리고 가서 나무 그늘에 앉혀 놓고 칼을 갈았습니다. 그들이 제물을 바칠 준비를 하는 동안 어린 사미는 나무 그늘 아래에서 최고의 환희를 얻었습니다.

모든 행사 준비가 끝났을 때, 강도의 두목은 자리에 앉아서 선정 상태에 마음을 고정하고 있는 삼낏짜 사미에게로 다가왔습니다. 그리고 두목은 어린 사미의 목을 칼을 들어올려 세게 내리쳤습니다. 칼날이 바위에 부딪친 것처럼 '쨍그랑' 하는 소리가 났습니다. 칼날이 우그러들었고, 다시 시도했지만 결과는 마찬가지였습니다. 어린 사미를 죽일 수 없었으며 상하게 할 수도 없었습니다.

그래서 충격을 받은 강도의 두목은 사미를 흔들어 깨워서 물었습니다.

"이봐, 젊은 풋내기야. 내가 너를 이 칼로 자를 것이다. 죽는 것이 두렵지 않느냐? 너는 살해되는 것을 두려워하지 않는 것 같다. 지금 네 얼굴은 고요하고, 평화롭고 평온하며 네 행동은 아주 침착하구나. 놀라지 않았느냐?"

그러자 삼낏짜 사미는 대답했습니다.

"오, 두목이여, 우리와 같은 아라한은 죽는 것을 두려워하지 않는다. 이 무더기라는 몸은 우리에게 무거운 짐일 뿐이다. 매일 몸을 먹여 살리는 것은 고통일 뿐 아무것도 아니다. 이 무더기라는 몸의 짐을 벗는 날이 우리에게는 가장 행복한 날이다. 우리와 같은 아라한은 두려움도 없고 불행도 없다."

칼을 치켜들고 어린 사미가 말하는 것에 귀를 기울이면서 강도 두목은 탄식했다.

"아, 그대는 아라한이었구나. 이 생명 없는 칼도 아라한의 훌륭한 품성을 알거늘, 하물며 마음을 가진 나는 아무것도 모르고 있었구나. 내가 잘못했구나."

그렇게 자신의 잘못을 깨달은 그는 칼을 떨어뜨리고 삼낏짜 사미의 발아래 무릎을 꿇고 용서를 빌었다.

"오, 사미님이시여, 지금 이 자리에서 저를 출가하게 해 주시고, 적당한 계를 받게 해 주십시오. 다시는 도둑질이나 강도질을 하지 않겠습니다."

500명의 강도들은 모두 공포에 사로잡혀서 그들의 잘못을 후회하고 사미가 되게 허락해 달라고 요청했습니다. 어린 삼낏짜 사미는 그들의 요구를 받아들이고 10계를 주었습니다.

삼낏짜 사미는 황색 가사를 입은 500명의 새로운 제자들을 대동하고, 그에게 무슨 일이 일어났는지 초조하게 기다리는 30명의 비구들에게로 돌아왔습니다. 사건의 자초지종을 다 듣고 마음을 놓은 그들은 말했습니다.

"오, 삼낏짜여, 네 스승을 찾아뵙는 것이 좋겠다. 너와 너의 제자들을 보면 사리뿟따 존자께서 매우 기뻐하실 것이다."

그래서 삼낏짜와 그의 제자들은 스승에게 인사드리러 사리뿟따 존자에게 갔습니다. 그들을 만난 존자는 부처님께 예경을 표하라고 권했습니다. 그들을 보자마자 부처님께서는 큰 소리로 말씀하셨습니다.

"오, 삼깟짜 사미여, 너에게 이렇게 많은 제자가 생겼다니 참으로 훌륭하구나."

그리고 삼깟짜로부터 모든 강도들이 그에게 계를 받고 출가하여 사미들이 된 사실을 전해들은 부처님께서는 말씀하셨습니다.

"아, 사미들이여, 좋은 일이다. 과거의 강도들이여, 너희들은 오랫동안 계도 안 지키고 집중하지도 않았었다. 그것은 모두 헛된 것이다. 이제 너희들은 스스로 청정한 생활에 전념하고 있고, 너의 스승 또한 그러하다. 짧지만 청정한 생활이 부도덕하게 오래 사는 것보다 낫다."

그리고는 부처님께서는 게송을 읊으셨습니다.

자신의 감각을 제어하지 않고
부도덕하게 백 년을 사는 것보다
평온과 통찰명상을 계발하면서
하루를 청정하게 사는 삶이 더 낫다.

그러므로 수행자 여러분 모두가 일곱 가지 청정의 근본 바탕인 지계의 청정을 힘써 닦아서 일곱 가지 청정의 단계와 도과의 지혜를 순서대로 획득하여 모든 고통이 소멸된 닙바나를 성취할 것을 기원합니다.

1) 위빠사나 수행을 통하여 도과(道果)에 이르러 닙바나를 성취하기 위해서
   는 지혜가 성숙되어야 한다. 이 지혜는 열 가지(혹은 열여섯 가지)의 단계
   를 거쳐 성숙되는데 여기에 필요한 것이 청정함이다.
   청정함에는 일곱 가지가 있으며, 청정함은 지혜를 얻는 통찰력을 생기게
   한다. 그래서 지혜와 청정함은 함께 가야 한다. 이 일곱 가지 청정함 중에
   서 지계의 청정(戒淸淨, sīla visuddhi)은 기초가 되는 것으로 첫 번째 청정
   함에 속한다. 계(sīla)를 지키는 것에는 재가자의 계와 출가자의 계가 있다.

   일곱 단계의 청정은 다음과 같다.
   ① 지계의 청정, ② 마음의 청정(心淸淨), ③ 견해의 청정(見淸淨), ④ 의심
   에서 벗어나는 청정(疑淸淨), ⑤ 바른 길을 아는 청정(道非道智見淸淨),
   ⑥ 수행과정의 지혜와 통찰에 의한 청정(行道智見淸淨), ⑦ 지혜통찰의 청
   정(智見淸淨)

   7청정과 16단계 지혜의 순서
   (1) 지계의 청정(Sīla Visuddhi)
   (2) 마음의 청정(Citta Visuddhi)
   ① 정신(마음)과 물질을 구별하는 지혜(Nāma Rūpa Pariccheda Ñāṇa)
   (3) 견해의 청정(Diṭṭhi Visuddhi)
   ② 원인과 결과를 식별하는 지혜(Paccaya Pariggaha Ñāṇa)
   (4) 의심에서 벗어나는 청정(Kaṅkhāvitaraṇa Visuddhi)
   ③ 현상을 바르게 아는 지혜(Sammasana Ñāṇa)
   ④ 생멸(일어나고 사라지는 현상)의 지혜(Udayabbaya Ñāṇa)
   (5) 바른 길을 아는 청정(Maggāmaggañāṇadassana Visuddhi)
   (6) 수행과정의 지혜와 통찰에 의한 청정(Paṭipadāñāṇadassana Visuddhi)
   ⑤ 소멸의 지혜(Bhanga Ñāṇa, Bhaṅga Ñāṇa)
   ⑥ 두려움에 대한 지혜(Bhaya Ñāṇa)

⑦ 고난의 지혜(Ādīnava Ñāṇa)

⑧ 혐오감에 대한 지혜(Nibbidā Ñāṇa)

⑨ 해탈을 원하는 지혜(Muñcitukamayatā Ñāṇa)

⑩ 다시 살펴보는 지혜(Paṭisankha Ñāṇa, Paṭisaṅkha Ñāṇa)

⑪ 현상에 대한 평등의 지혜(Sankhārupekkhā Ñāṇa)

⑫ 적응의 지혜(Anuloma Ñāṇa)

⑬ 성숙의 지혜(Gotrabhū Ñāṇa)

⑭ 도의 지혜(Magga Ñāṇa)

⑮ 과의 지혜(Phala Ñāṇa)

(7) 지혜통찰의 청정(Ñāṇadassana Visuddhi)

⑯ 회광반조(廻光返照)의 지혜(Paccavekkhana Ñāṇa)

2) 빠띠목카(pāṭimokkha)를 한문으로 바라제목차(波羅提木叉), 계본(戒本), 별해탈(別解脫) 등으로 부르기도 한다. 빠띠목카는 비구가 출가를 하여 지키는 율장(律藏, vinaya)에 있는 계율들의 집합을 말한다. 비구의 계율은 227계인데, 크게 여덟 가지 종류의 모음으로 구성되어 있다.

이런 계율을 세우는 이로움은 다음과 같다.
① 승가가 계율 안에서 살 수 있다.
② 승가가 평화와 평온 속에 살 수 있다.
③ 고분고분하지 않거나 계율을 제대로 지키지 않는 비구들을 통제할 수 있다.
④ 계를 존중하여 평온하게 사는 승가가 되게 한다.
⑤ 현생의 위험으로부터 보호를 받는다.
⑥ 내생의 위험이 사라진다.
⑦ 불법을 믿지 않는 사람들에게 믿음을 준다.
⑧ 불법을 믿는 사람들에게 신심을 더욱 깊게 한다.
⑨ 불법이 오래 보존되도록 한다.
⑩ 계율을 강화시킨다.

마음의 청정

일곱 가지 청정(七淸淨) 중에서 두 번째에 해당하는 '마음의 청정(心淸淨)'[1])에 대해 이야기하도록 하겠습니다. 계를 청정하게 지키면서 수행자는 마음을 정화하는 노력을 해야 합니다. 마음을 정화하는 것을 빨리어로 찟따 위숫디(Citta Visuddhi)라고 합니다. 이 마음을 정화하는 방법에는 여러 가지가 있습니다.

우리 마음을 정화할 수 있는 위빠사나 명상주제는 다음 두 가지로 세분됩니다.

(1) 사마타(samatha, 止) 수행자는 닙바나를 성취하기 위해서 사마타 명상주제의 기본 연습에 집중하는 수행자를 말합니다. 수행 초기에는 근접삼매(初期三昧)와 근본삼매(本三昧, 깊은 삼매)를 닦은 수행자가 계속해서 사마타 수행에 의한 고요함 속에서 수행

하는 것입니다. 그런 뒤에 위빠사나 수행인 통찰 명상을 합니다.

(2) 순수 위빠사나(suddha vipassanā)²⁾ 수행자는 닙바나를 성취하기 위해서 사마타 수행을 하지 않고 처음부터 직접 위빠사나 수행을 하는 수행자를 말합니다. 지금 여러분들이 하는 수행은 순수 위빠사나 수행입니다.

그러나 위빠사나 수행을 할 때는 육문(六門)³⁾에서 일어나는 모든 물질적·정신적 현상을 알아차려야 합니다. 수행자는 수행을 시작하는 바로 그 순간부터 일어나는 모든 대상을 찰나삼매로 알아차려야 합니다. 위빠사나 수행은 알아차리기 시작할 때부터 수행자의 마음이 방황하기 쉽습니다. 그래서 집중력이 약해질 때는 마음을 제어하기가 대단히 어렵습니다. 그러나 마음이 다른 대상을 향해 방황하게 되면 그 즉시 마음의 상태를 알아차리고 지속적으로 주시하여야 더 이상 방황하지 않습니다. 방황하는 마음을 이런 식으로 몇 번이고 되풀이해서 지속적으로 알아차리게 된다면 마음은 더 이상 방황하지 않게 될 것입니다. 이렇게 방황하는 마음을 알아차리는 것을 마음을 알아차림이라고 합니다. 마음을 알아차리는 것도 법입니다.

이 수준의 알아차림에서 마음은, 대상을 주시하고 있고, 대상과 함께 일어나면서, 대상에 밀접하게 고정되어 있음을 알 수 있습니다. 이렇게 대상에 마음이 고정된 것이 찰나삼매(khaṇika-samādhi)

입니다. 그것을 '마음의 청정(citta visuddhi)'이라고 합니다. 그래서 마하시 큰스님께서는 "다른 대상으로 방황하지 않고 오직 알아차려야 할 대상에만 집중하고 있는 아는 마음(observing mind)만을 마음의 청정이라고 한다"고 말씀하셨습니다. 그러므로 여러분은 끊임없이 마음을 정화하려고 노력해야 합니다.

일반적으로 사람들은 몸을 깨끗하게 하려고 노력합니다. 사람들은 아침에 일어나서 세수하고 이를 닦고 화장실에 갑니다. 그렇게 하여 그들은 몸을 깨끗하게 정화합니다. 한낮에도 목욕하고 옷을 갈아입고 머리를 빗고 화장을 합니다. 이런 것들도 몸을 정화하는 것입니다. 저녁때도 똑같이 합니다. 같은 방법으로 매일 하루에 세 번 몸을 정화합니다.

그러나 단지 일부 사람들만 마음을 정화합니다. 몸이 깨끗하지 않기 때문에 사악도, 즉 지옥, 축생, 아귀, 아수라의 세계 중의 하나에 떨어지는 것이 아닙니다. 마음이 깨끗하지 못하면 이 마음이 사악도 중의 하나에 도달하게 되는 것입니다. 이제 우리 인간들은 우리 자신의 눈으로 물소, 암퇘지, 황소, 개, 오리, 돼지, 암탉 등을 볼 수 있습니다. 이들 동물들은 그들의 몸이 더러웠기 때문이 아니라 마음이 깨끗하지 않았기 때문에 천하고 열등하고 저열한 삶을 살고 있는 것입니다. 과거에 그들이 행한 악한 생각과 말과 행위의 결과로 이들 동물들은 천하고 비참한 세계에 떨어졌습니다.

마음을 정화하려면 어떻게 해야 할까요? 부처님께서는 『대념처경』 도입부에서 이렇게 말씀하셨습니다.

"비구들이여, 이것이 존재의 마음을 정화하는 유일한 길4)이다. 그러므로 그대들이 마음을 정화하기를 바란다면 알아차림을 확립하는 그 길을 계발해야 한다."

유일한 그 길은 알아차림을 확립하는 네 가지를 수행하는 것입니다. 그 네 가지는 무엇일까요?

(1) 몸을 알아차림
(2) 느낌을 알아차림
(3) 마음을 알아차림
(4) 법을 알아차림

모든 사람들이 실천에 대한 가르침에서 제시한 그대로 엄격하게 그리고 면밀하고도 지속적으로 수행한다면, 그들은 모두 틀림없이 마음이 청정해질 것입니다. 또한 이처럼 알아차림의 확립을 실천한다면 부처님들도 마음이 청정해집니다. 그리고 벽지불들도, 아라한들도, 성인위를 얻은 제자들도 모두 마음이 청정해집니다.

그렇기 때문에 여러분들이 마음이 청정해지기를 바란다면 알아차림의 확립을 계발하기 위하여 노력해야 합니다. 마음을 깨끗하지 못하게 만드는 번뇌인 불순물들이 많이 있습니다. 그 중에 점점 더 많은 것을 원하는 탐심이 바로 번뇌입니다. 악의, 분노와 교만도 번뇌입니다. 여러분이 번뇌들로부터 해방되기를 바란다면 알아차림의 확립을 계발하고 수행해야 합니다.

그러므로 마하시 큰스님께서도 "번뇌로부터 해방되기 위하여 알아차림의 확립을 계발하지 않으면 안 된다"라고 말씀하셨습니다.

마음을 정화하기 위해서는 알아차림의 확립을 계발하고 수행하는 것이 가장 최상의 길입니다.

마음은 또한 야생 코끼리와 같습니다. 야생 코끼리는 숲 속에 있을 때는 행복하지만, 도시에서는 빌딩이 있기 때문에 행복하지 않습니다. 그러나 야생 코끼리들을 그대로 놓아두면 유용하지 않고 사람에게 해를 끼칩니다. 그러므로 보통은 야생 코끼리들을 그대로 두지 않고 길들이고 훈련된 코끼리를 이용하여 울타리 안으로 유인한 다음 먹이와 물을 주지 않고 방치합니다.
상당한 시간이 지난 다음 꺼내서 말뚝에 묶어 놓고 먹이와 물을 조금만 주면서 코끼리 조련사에 의해 길들입니다. 그런 과정을 통해 그들은 잘 길들은 코끼리들이 되어 아주 유용해집니다.

그와 같이 야생 코끼리인 마음을 관능의 한가운데에 빠지도록 놓아두어서는 안 됩니다. 그런 마음이 사람을 지옥으로 보냅니다. 그러므로 야생 코끼리인 마음을 다른 훈련된 코끼리로 유인해야 합니다. 훈련된 코끼리란 삿다(saddhā)라고 하는 믿음과 확신 그리고 의지를 의미합니다. 믿음이란 법을 실천하는 것은 좋은 것이며, 그것은 사악도의 고통으로부터 자유롭게 할 수 있는 것이며, 닙바나를 성취하게 할 수 있다는 것을 믿는 것입니다.

또한 '의지'를 의미하는 빨리어 '찬다(chanda)'는 욕망을 없앤다는 뜻이 아니라 '수행하기 위해서 노력하지 않으면 안 된다'는 의지를 가져야 한다는 뜻입니다. 야생 코끼리인 마음은 삿다와 찬다, 즉 믿음과 확신 그리고 의지에 의해 유인되어야 합니다.

그리고는 울타리 속에 가두어야 합니다. 마음으로부터 영화나 연극을 관람한다든지, 노래, 음악을 듣는 등의 세속적 대상을 잘라내야 합니다. 이 잘라내는 것이 야생 코끼리인 마음에게 먹이와 물을 주지 않는 것입니다. 그러면 이 마음은 명상 대상이라는 기둥에 묶이고 길들여질 것입니다.

부처님께서는 게송으로 말씀하셨습니다.

마음은 혼자서 이리저리 방황하고
물질이 아닌 생각 하나가 나타났다가는 사라지고
또 하나가 나타났다가는 사라지네.

자신의 마음을 제어하는 사람은
악한 욕망에서 벗어나리.

마음을 억제하는 것이 중요합니다. 마음이 제어되지 않는다면
마음이 원하는 장소에 도달하게 될 것입니다. 위의 게송은 삼가
락키따(Samgharakkhita) 장로의 조카와 연관하여 부처님께서 읊으
신 것입니다.

조카의 이름은 삼가락키따 바기네야(Samgharakkhita Bhagineyya)
였습니다. 그도 비구였습니다. 조카는 숙부 비구에 의해 어떤 마
을 수도원의 주지로 임명되어 머물고 있었습니다.

마을 사람들은 신앙심이 깊었기 때문에 조카 비구에게 가사용
옷감을 드렸습니다. 그는 그 옷감을 숙부에게 가사용으로 드리겠
다고 마음먹었습니다. 단식기간이 끝난 직후에 숙부에게 가기로
작정하고 옷감을 접어서 잘 간수했습니다.

단식기간이 끝난 다음에 옷감을 가지고 숙부에게 가서 인사를
드렸습니다. 조카 비구는 앉아 계신 숙부 장로에게 부채질을 해
드리면서 말했습니다.

"오, 숙부 존자님, 가사로 만들 옷감을 드려도 되겠습니까? 존
경하는 스님이시여, 옷감을 친절하게 받아 주시고, 저를 측은히
여기시어 공양을 받아 주십시오."

그러자 숙부는 자신은 많이 있으니까 그것들은 네가 써야 한다
고 하면서 옷감을 받기를 거절했습니다. 그러자 조카는 다시 말

했습니다.

"오, 아닙니다! 존경하는 스님, 저는 스님께 드리려고 그것들을 받았습니다."

그의 요구는 되풀이되었지만 장로는 끝내 받지 않았습니다. 젊은 비구는 낙담했습니다. 그리고 숙부가 자신을 사랑하지 않기 때문에 필요한 물건을 자신과 나누기를 싫어한다고 생각하고, 환속하여 재가자로 사는 것이 낫겠다고 생각했습니다.

바로 그 순간부터 그의 마음은 방황하기 시작해서 생각이 꼬리를 물고 일어났습니다. 그는 교단을 떠난 다음에 이제 막 환속한 재가자가 가난하게 산다면 비난받을 것이므로 부자가 되어야만 한다고 생각했습니다. 그는 계속 생각했습니다. 옷감을 팔아서 생계를 위해 암염소를 사고, 암염소는 염소들과 새끼들을 많이 낳고, 그러면 곧 염소들 중 일부를 팔아서 결혼하기에 충분한 돈을 벌 것이다. 염소를 돌본 다음 집으로 돌아와서 자신이 먹을 요리를 스스로 해야 하니 따분할 것이다. 도와줄 사람을 찾을 것이고 결국 배우자를 발견할 것이다. 그러면 결혼을 하고, 아내는 아들을 낳을 것이다. 그의 아들은 훌륭하신 숙부를 닮을 것이다. 그는 원추 모양의 덮개를 한 상자에 음식을 가지고 숙부에게 그의 아들을 보여 드릴 것이다. 푸른 황소 두 마리가 끄는 작은 수레를 사서 아내에게 말할 것이다. "여보, 내 숙부 스님께 밥과 카레 요리를 해 드리러 갑시다." 그는 아내와 아이를 작은 수레에 태우고 수도원의 숙부에게로 향할 것이다.

그는 푸른 소들에게 멍에를 씌우고 음식 상자를 수레에 실을 것이다. 수레에 타고 소의 고삐를 세게 당기면서 아내에게 말할 것이다. "여보, 아이를 나에게 줘요." 아내는 "아이 걱정은 말고 수레나 잘 몰라"고 말할 것이다. 그는 우격다짐으로 아이를 빼앗으려 하다가 아이를 바닥에 떨어뜨렸고 바퀴가 아이 위로 지나갈 것이다. 그는 불같이 화를 내면서 몰이 막대기로 아내를 때릴 것이다.

그 순간 팔미라(palmyra) 야자나무 부채로 장로에게 부채질하고 있었던 그는 정신없이 부채로 장로의 머리를 때렸습니다. 그러나 장로는 이미 젊은 비구의 망상을 알고 말했습니다.

"너는 네 마누라를 때려서도 안 되는데, 어찌 늙은 비구를 때리느냐?"

젊은 삼가락키따는 늙은 숙부 비구의 말에 대단히 놀라고 당황했습니다. 그래서 그는 잔뜩 겁을 먹고 달아났습니다. 그러자 수도원의 젊은 비구들과 행자들이 쫓아가서 마침내 그를 붙들어 부처님 앞으로 데리고 갔습니다.

이야기의 전말을 다 들으신 부처님께서는 마음은 대상이 아무리 멀리 떨어져 있다 해도 생각할 능력이 있으며, 갈애나 악의나 무지의 굴레로부터 해방되기 위해서 열심히 노력해야 한다고 말씀하셨습니다.

"마음을 억제하는 것은 쉽지 않다. 마음은 일어나고 사라지는 것이 매우 빠르고, 없애는 것이 불가능하며, 그것을 극복하기 위하여 마음을 제어해야 한다. 마음을 억제하면 갈애의 굴레에서 벗어날 것이다."

그러자 젊은 비구는 이 마음을 알아차리고 위빠사나 명상 수행을 했습니다. 그는 욕망이 나타나면 욕망을 알아차렸습니다. 분노가 일어나려는 순간 알아차렸습니다. 만약 분노가 이미 일어났다면 그는 '분노, 분노' 하면서 알아차렸습니다. 행복하다면 '행복, 행복' 하면서 알아차렸습니다.

이렇게 알아차리는 것이 바로 마음을 알아차리는 것입니다. 이렇게 반복해서 알아차려서 비구는 도과에 들어 성자가 되었습니다. 그래서 여러분들도 계를 청정하게 지킨 다음에 마음을 청정하게 하기 위해서 노력해야 합니다.

마음의 더러운 때는 마음 때문에 생기는 것입니다. 예를 들면, 비가 내리면 물 때문에 흙이 진창이 됩니다. 그러나 진창으로 더러워졌다면 더러움을 다시 물로 씻어야 합니다. 이처럼 마음 때문에 탐욕과 분노가 생겨 마음이 더러워졌다면 다시 마음으로 그것을 알아차려야 합니다.

미얀마 속담에 이런 말이 있습니다.
"배가 떠내려가면 다른 배를 타고 쫓아가야 한다. 돈의 일부를 잃었다면 남은 돈으로 잃은 돈을 되찾아야 한다."

마찬가지로 마음이 방황한다면 마음으로 알아차려야 합니다. 그렇게 알아차릴 수 있다면 마음이 정화될 것입니다. 그러면 마음이 방황하지 않고 평온하고 차분해질 것입니다.

마하시 큰스님께서는 말씀하셨습니다.

"다른 대상으로 방황하지 않고 알아차려야 할 대상에만 집중하고 있는 아는 마음만을 청정한 마음이라고 한다."

그러므로 수행하는 여러분들 모두 마음을 정화하기 위하여 마음이 일어날 때마다 알아차리고, 계청정과 심청정 등의 일곱 가지 청정을 순서대로 알아차려서 모든 고통의 소멸인 닙바나를 성취하기 바랍니다.

1) 마음의 청정(心淸淨, citta visuddhi)은 일곱 가지 청정 중에서 두 번째 청정에 해당되는데, 위빠사나 수행의 16단계 지혜를 성숙시키는 기본이 되는 청정함이다.

먼저 계율이 청정한 수행자는 선정수행이나 위빠사나 수행을 통해서 마음의 청정을 얻는다. 마음의 청정함이란 근접삼매, 근본삼매, 찰나삼매를 통하여 감각적인 대상들에 대한 번뇌로부터 완전하게 자유를 얻는 깨끗함을 말한다.

위빠사나 수행에서는 마음이 방황하거나 흔들리지 않고 찰나삼매로 고정되었을 때를 심청정이라고 한다. 수행자가 닙바나에 이르기 위해서는 마음이 찰나삼매로 대상에 고정되어서 삼법인의 지혜가 나야 한다. 이때 심청정 없이는 닙바나에 이를 수가 없다. 왜냐하면 청정함이 없이는 위빠사나의 지혜가 성숙될 수 없기 때문이다.

2) 빨리어 숫다(suddha)는 깨끗한, 순수한, 혼합되지 않은 것을 말한다. 그래서 숫다 위빠사나(suddha vipassanā)를 순수 위빠사나, 혹은 순관(純觀)이라고 한다. 순관을 닦는 자를 숫다 아누빳신(suddha anupassin)이라고 하는데 정관자(淨觀者)라고도 한다.

순수 위빠사나는 사마타(止, samatha) 수행방법이 포함되지 않은 위빠사나(觀, vipassanā)만으로 도과(道果)에 이르는 것을 말한다. 그래서 순수 위빠사나에서는 사마타 수행에서 사용하는 근본삼매에 의하지 않고 찰나삼매에 의하여 수행을 한다.

위빠사나에서 알아차릴 대상은 몸과 마음이다. 그러나 몸과 마음은 모양으로 빤냣띠이므로 관념을 보는 것이다. 그래서 빠라맛타인 몸과 마음의 실재하는 성품을 알아차려야 한다. 몸과 마음의 실재하는 성품은 단 한순간도 머물지 않고 끊임없이 변화하기 때문에 대상 자체가 무상이어서 찰나, 찰나에 순간적인 집중을 해야 한다. 그래서 대상의 성품 때문에 찰나삼매를 사용한다. 알아차리는 마음도 찰나 간에 변화하고, 보이는 대상도 찰나마다 변화하므로 법을 알기 위해서는 찰나삼매를 사용하게 된다.

순수 위빠사나를 설명하기 위해서는 도과에 이르는 네 가지 방법을 이해해야 한다. 빠띠삼비다막가(無碍解道, paṭisambidāmagga)에서는 아라한이 되는 네 가지 길을 설명하고 있다.

① 사마타(止, samatha) 수행을 먼저하고 위빠사나(觀, vipassanā) 수행을 한다.
② 위빠사나 수행을 먼저하고 사마타 수행을 한다.
③ 사마타 위빠사나(止觀, samatha-vipassanā)를 함께 짝으로 수행을 한다.
④ 법에 대한 들뜸(法掉擧, dhamma uddhacca)에 의해 붙잡힌 마음이 있는 수행자가 있는데, 그의 마음이 내면에만 올바르게 머무르고, 올바르게 가까이하여 하나의 대상(一境)을 향해서 집중할 때 그에게 도가 생긴다.

이상 도과를 얻는 네 가지 방법 중에 ①, ②, ③은 사마타와 위빠사나가 포함된 수행을 말한다. 그리고 ④는 사마타가 포함되지 않고 위빠사나만으로 도과에 이를 수 있는 방법이다. 이것이 순수 위빠사나이다. ④에서 말하는 수행은 위빠사나 수행을 하면서 법을 체험해 나갈 때 지혜가 성숙되어 나타나는 열 가지 과정이다. 그러나 이것을 모두 번뇌로 알아차려서 도과에 이르는 것을 말한다. 이 열 가지는 위빠사나 수행자가 지혜가 성숙되면서 반드시 나타나는 체험을 통해서 얻은 지혜의 과정이다. 그러나 이것이 바로 번뇌에 해당되는 것이므로 여기에 빠지거나 즐기지 말고 알아차림을 통해서 극복해 나가야 도과에 이르러 닙바나를 성취하게 된다.

순수 위빠사나의 대상이 되는 열 가지 번뇌(十觀隨染)는 다음과 같다.
① 마음속에서 강한 빛을 경험한다(光明, ochāsa).
② 예리한 이해력이 생겨 경전이나 교리의 깊은 의미를 꿰뚫어 이해가 된다(知, ñāṇa).
③ 몸의 전율을 느끼는 희열이 생긴다(喜, pīti).
④ 몸과 마음이 안정되고 편안해진다(輕安, passaddhi).
⑤ 마음에서 강렬한 즐거운 느낌을 느낀다(樂, sukha).
⑥ 강한 신심이 생긴다(勝解, adhimokkha).

⑦ 더욱더 수행에 전념하여 정진을 한다(努力, paggaho).

⑧ 흔들림이 없는 알아차림이 뚜렷하게 항상 자리 잡고 있다(現起, upaṭṭāna).

⑨ 일어났다 사라지는 현상들에 대해 마음이 평등한 상태가 된다(捨, upekkhā).

⑩ 이러한 모든 현상들에 대해 미세한 집착과 욕망이 일어난다(欲求, nikanti).

위빠사나 수행을 하면 지혜가 성숙되고 여기에 따라 나타나는 여러 가지 현상이 있다. 이러한 현상이 지혜가 생겨서 나타난 결과이지만 위빠사나 수행에서는 한낱 번뇌에 불과한 것이므로 알아차릴 대상에 속한다.

3) 육문(六門, six sense-doors)이란 위빠사나 수행을 할 때 사용하는 여섯 가지 감각기관을 말한다. 여섯 가지 감각 기관이란 안, 이, 비, 설, 신, 의(눈·귀·코·혀·신체·의식)이다. 육문이란 표현은 위빠사나 수행을 할 때 여섯 가지 감각기관을 통해서 모든 것이 의식되기 때문에 알아차릴 관문으로써의 표현을 하는 것이다. 그러므로 여섯 가지 육근을 상징적으로 육문이라고 한다.

육근(眼·耳·鼻·舌·身·意)이 육경(色·聲·香·味·觸·法)이라는 경계에 부딪쳐서 육식(안식·이식·비식·설식·신식·의식)이 일어나는 것을 18계라고 한다. 이 세 가지 것들이 부딪치는 것을 촉(phassa)이라고 한다. 여기서 하나라도 빠지면 대상을 알아차릴 수 없게 된다. 이것을 원인과 결과라고 하며 조건지어진 것이라고 한다. 이 촉이 육문을 통하여 일어난다.

이 육문을 지키는 것을 알아차림(sati)이라고 한다. 그래서 육문에 알아차림이란 문지기가 없으면 탐진치의 도둑이 들어와 주인 행세를 한다고 말한다.

4) 유일한 길(ekāyano)에서 빨리어 에까야노(ekāyano)는 하나의 길이란 뜻이다. 부처님께서는 대념처경에서 네 가지의 알아차림의 확립(satipaṭṭhāna)을 닙

바나로 가는 유일한 길이라고 설하셨다. 네 가지 알아차림의 확립이란 사념처는 위빠사나 수행을 말하는데 그러므로 사념처 위빠사나 수행만이 깨달음과 열반으로 가는 단 하나의 유일한 길이라고 하셨다.

사념처 위빠사나 수행이란 것은 특별한 것이 아니고 몸과 마음(五蘊)을 통찰한다는 것이다. 그냥 보는 것이 아니고 알아차림이란 선업의 행을 통하여 대상의 실재하는 성품을 꿰뚫어 본다는 단순한 의미이다. 이러한 통찰로 삼법인의 지혜가 나기 때문에 집착이 끊어져서 닙바나에 이르게 되는 분명한 길을 말씀하셨다.

주석서에서는 유일한 길을 다섯 가지로 설명한다.

① 단 하나의 길 : 샛길이 없기 때문에 수행자는 확신을 갖고 처음부터 자유롭게 이 길을 따를 수 있다.

② 혼자서 걸어가야만 하는 길 : 누구도 자신의 집중이나 지혜를 남에게 줄 수 없고 오직 혼자서 가야만 하는 길이다.

③ 한 분의 길 : 부처님 같은 탁월하신 분이 선업의 공덕을 쌓은 결과로 알아내신 유일한 길이다. 이 길은 붓다가 되기 위해 없던 길을 찾아내는 과정이라서 오직 붓다 한 분에 의해 밝혀진 길이다.

④ 유일한 길 : 이 길은 오직 한 목적지인 닙바나에 인도하기 때문에 유일한 길이다.

⑤ 닙바나에 도달하기 위한 유일한 길 : 다른 길이 없다. 오직 알아차림의 확립이라는 길이 닙바나에 이르고, 고통을 해결하고, 마음의 번뇌를 소멸하게 하는 유일한 길이다.

견해의 청정

일곱 가지 청정 중에 세 번째인 '견해의 청정(見淸淨)'[1]에 대해 이야기해 보도록 하겠습니다. 열성적인 수행자는 수행 단계를 하나 올라가고자 할 때 도덕성(戒)을 정화해야 합니다. 도덕성이라는 바탕에 발을 확고히 디딘 다음에 마음을 정화하려는 노력을 계속하여야 합니다. 정신적·육체적 현상을 알아차림에 의해 마음은 더 이상 방황하지 않게 되며, 주의력은 알아차림의 대상들에 집중하게 됩니다. 그리하여 즉각 알아차리는 찰나삼매를 통해 마음의 청정이 성취되는 것입니다.

마음이 이리저리 방황하지 않고 알아차림이 편안해졌을 때 하나하나의 알아차림마다 일어나는 마음과 물질을 구분하는 통찰지혜가 생깁니다. 마음과 물질을 구별할 수 있을 때 유신견(有身見)을 어느 정도 제거됐다는 것을 느끼게 됩니다. 이 단계가 견해의 청정(diṭṭhi visuddhi)입니다.

삿된 견해에는 62가지가 있습니다. 그 중에서 상견(常見), 단견(斷見), 유신견(有身見)이 대표적인 삿된 견해입니다.

(1) 상견은 존재 안에 생을 구성하는 육체적·정신적 과정들이 독립적으로 존재하면서 죽은 다음에까지 계속되어 영속하는 자아라는 실체, 영혼이라는 개아가 있다는 것을 믿는 것입니다. 즉, 영혼은 결코 죽지 않고 몸만 죽는다는 것입니다. 이번 생에서 현재의 몸이 소멸되면 끊임없이 멈추지 않고 현 생명체로부터 영혼이 다음 생으로 이어 간다고 믿는 것입니다.

많은 사람들이 영혼은 영원히 존재한다고 믿습니다. 그래서 사람들은 최근에 죽은 사람의 영혼을 불러내서 영혼에게 그들의 공덕을 나누어 주기도 합니다. 그러나 실제로는 몸과 별도로 영혼이 있는 것이 아니며, 사람이 죽을 때 현생에서의 정신과 물질은 현생에서 정지되고 끝납니다. 다만 선업과 불선업, 의도와 무지와 갈애로 구성된 원인만이 남는 것입니다. 만약 생존의 원인들이 아직 남아 있다면, 그의 새로운 마음과 물질이 새로운 생에서 다시 생성됩니다.

죽은 다음에 일부는 아귀의 세계에서 아귀들로 재탄생합니다. 그런 아귀의 세계에서는 다른 존재가 공덕을 베푼 것에 대해서 아귀들이 '잘했습니다(sādhu)'라는 말로써 공덕을 베푼 존재들을 기쁘게 해 줄지도 모르겠습니다. 어떤 사람들은 이른바 영혼이 온다고 생각합니다. 실제로는 그러한 영혼은 오지 않으며, 아귀의 세계로부터 '잘했습니다'라고 말할 뿐입니다.

(2) 단견은 상견에 반대되는 것인데, 죽은 다음에 마음과 물질의 절멸을 주장하는 것입니다. 이 단견에 의하면 물질적 몸과 영혼은 죽은 다음에 사라집니다. 그래서 죽은 다음에 다음 생으로 윤회하지 않기 때문에 선행과 악행에 대한 아무런 과보가 없으므로 사람은 자기가 좋아하는 것은 무엇이든지 할 수 있습니다. 단견은 다른 존재의 세계를 부정합니다. 이것도 삿된 견해입니다.

(3) 유신견은 수행하는 여러분이 명확하게 알아야 할 것으로, 이 중에서 가장 중요한 것입니다. 왜냐하면 이 유신견은 명상의 장애물이므로 이를 제거해야만 명상이 발전되기 때문입니다. 유신견은 마음과 물질, 즉 정신과 육체를 '자아' 혹은 '나'라고 생각하는 삿된 견해입니다. 그러나 마음과 물질, 즉 정신과 육체를 구분하는 지혜를 얻을 때까지 위빠사나 명상 수행을 하면 유신견을 없앨 수 있게 됩니다.

그러므로 마하시 큰스님께서는 "알아차리는 동안 마음과 물질만 있다는 견해가 '견해의 청정'이다"라고 말씀하셨습니다.

예를 들면, 행선을 할 때 여러분은 걷는 것은 물질이고 걷는 것을 알아차리는 것은 마음이라고 구별합니다. 여러분은 걸을 때 발을 들어서, 앞으로, 놓는 것을 알아차리면서 걸어야 합니다. 그렇게 알아차리는 동안 발을 드는 것, 앞으로 내미는 것, 내려놓는 것은 물질이고, 알아차리는 것은 마음이라고 확실히 알게 됩니다. 마음과 물질을 구별할 수 있게 되는 것, 이런 식으로 지각하여 아는 것이 견해의 청정입니다.

또한 배의 일어남, 꺼짐을 알아차릴 때 일어나고 꺼지는 움직임을 의식과 별도로 구분할 수 있는데, 일어나고 꺼지는 것은 물질이고 움직임을 아는 것은 마음입니다. 이와 유사하게 볼 때, 눈과 형상의 대상은 물질이고, 보는 것을 알아차리는 것은 마음이라고 구분합니다. 냄새 맡고, 맛보고, 닿는 것을 느낄 때도 마찬가지입니다. 그러나 무슨 생각을 할 때 마음의 대상과 마음의 대상을 알아차리는 것은 모두 마음입니다.

또한 쑤심이나 통증이 있을 때 쑤심이나 통증을 알아차리는 것은 마음입니다. 여기서 실제로 문제가 되는 것은 알아차리는 동안 대상을 아느냐, 즉 지각하느냐와 그것을 구분하느냐 하는 것입니다. 이런 식의 정신적 계발을 통해서 수행자에게 얻어진 통찰 지혜가 '정신적 계발에 기반을 둔 통찰 지혜(修慧)'입니다.

책을 읽거나 법문을 들어서 생긴 지혜는 '배움으로 구성된 지혜(聞慧)'입니다. 또한 다른 사람에게 배우지 않고 스스로 생각하여 생긴 지혜가 '사고에 의한 지혜(思慧)'입니다. 그러나 수행하는 여러분들은 수행을 통한 정신적 계발에 기반을 둔 통찰 지혜를 획득해야 합니다.

이런 지혜를 얻으면 알아차리고 있을 때 거기에는 알아차려야 할 대상과 아는 마음뿐이라는, 마음과 물질의 본성을 확실히 알게 될 것입니다. 그러므로 대상을 알아차릴 때마다 개별적인 자아 혹은 '나'라는 것이나 남자나 여자는 없고 오직 마음과 물질뿐입니다.

처음부터 사물들을 있는 그대로 보기 위하여 여러분은 견해의 청정을 계발합니다. 하나에 집중된 마음으로 소위 말하는 존재를 분석하고 조사합니다. 이 분석과 조사에 의해서 그것이 '나'라거나 개인이라고 부르는 것은 지속적인 흐름이며, 일어나고 사라지는 상태에 있는 마음과 물질의 복잡한 혼합물이라는 것을 알게 됩니다. 이제 그것은 마음과 물질 외에 아무것도 아니라는 것을 알았으므로 여러분은 분명하고 올바른 견해를 가지게 되었습니다. 소위 말하는 존재의 참된 본성에 대해서 올바른 견해를 갖게 됨으로써 여러분은 영원한 영혼이라는 잘못된 개념으로부터 자유로워졌습니다. 그러므로 여러분의 견해는 완전히 정화되었습니다.

이제부터 여러분에게 유신견에 대해 좀더 설명해 드리겠습니다. 빨리어 삭까야(sakkāya)는 보이는, 즉 지각할 수 있는 물질과 마음의 무더기를 의미하고, 딧티(diṭṭhi)는 삿된 견해를 의미합니다. 그러므로 물질과 마음, 즉 물질과 마음의 무더기를 '개별적 자아', '나' 혹은 '중생'이라고 보는 견해를 유신견이라고 합니다.

오늘날 사람들은 마음과 물질이라고 말하지 않고, "이것은 남자다, 이것은 여자다, 이것은 스님이다, 이것은 동물이다" 등으로 말합니다. 사람들은 존재들을 개별적 자아라고 부르지만, 이것들은 실재가 아닙니다. 그러면 여러분들은 질문할 것입니다.

"머리카락이 사람입니까?"
"아니오, 그렇지 않습니다. 그것은 머리카락입니다."
"사람의 근육을 사람이라고 합니까?"
"아닙니다. 그렇지 않습니다."
"심장이나 간 등의 내장을 사람이라고 합니까?"
"아니오, 그렇지 않습니다."
"뼈를 사람이라고 합니까?"
"아니오, 그렇지 않습니다."

그러므로 우리가 진실로 사람이란 것을 찾고자 할 때는 사람을 찾을 수 없습니다. 왜냐하면 불교 응용심리학인 논장(論藏)에 의하면, 그것은 실제로 존재하는 것이 아니라 단지 명칭(이름), 즉 빤냣띠(paññatti)에 불과하기 때문입니다.

그러므로 남자, 여자, 사람과 중생은 존재하지 않으며 단지 이름일 뿐입니다. 실재이고 존재하는 것은 마음과 물질의 본성입니다. 그러면 또 이렇게 물을지 모르겠습니다.

"머리카락은 물질입니까 마음입니까?"
"그것은 물질입니다."
"몸의 근육은 물질입니까 마음입니까?"
"물질입니다."
"뼈는 물질입니까 마음입니까?"
"물질입니다."
"내장은 물질입니까 마음입니까?"
"그것도 물질입니다."
"그러면 의식은 물질입니까 마음입니까?"
"그것은 마음입니다."

그런 식으로 누가 어느 것이 실재이고 존재하는 것인지 물으면, 여러분은 실제로 존재하는 마음과 물질을 말할 수 있습니다.

법을 분명하게 알고 이해하려면, 법의 두 가지 분야를 알아야 합니다. 하나는 실재하는 것으로 절대적인 빠라맛타(실재 · 최승의법)라는 분야와, 다른 하나는 실재하지 않고 상대적인 빤냣띠(개

넘·모양·명칭·관념)라는 분야를 구별할 수 있어야 합니다.

부처님께서는 세상에는 단지 네 가지가 실재한다고 하셨습니다. 이것이 빠라맛타(paramattha)라고 하는 절대적인 실재입니다. 이 절대적인 실재는 다음과 같습니다.

(1) 마음(citta)
(2) 마음의 작용(cetasikā)
(3) 물질(rūpa)
(4) 닙바나(nibbāna)

네 번째 실재하는 닙바나는 지극히 행복한 최고의 상태이며, 고통이나 쇠퇴함이 없습니다.

다른 것들은 모두 실재하지 않고 상대적인 것이며, 이름일 뿐이며, 환영이나 환상으로 실재한다고 믿는 것입니다. 그러나 실재하지 않는 상대적인 것도 다루는 것이 바람직합니다. 왜냐하면 부처님 말씀에 의하면, 어떤 것이 실재하고 절대적인가라는 생각을 통하여 통찰(위빠사나) 지혜를 얻기 위해서는 무엇이 실재하지 않고 상대적인지도 아는 것이 중요하기 때문입니다. 그렇지 않으면 실재하지 않는 것으로부터 실재하는 것을 구별할 때 혼동이 돼서 수행자가 신기루와 같은 환영을 좇게 될지도 모르기 때문입니다. 완전히 이해하도록 하기 위하여 부처님께서는 우리들에게 생물들과 무생물들의 본성을 철저하고도 엄밀하게 조사해 보고, 우리들 스스로 그들이 생물적으로 실재하는지, 즉 실체가 있는 것인지 아닌지 판정해 보라고 요구하셨습니다.

예를 들어, 소위 남자나 여자나 짐승은 그 내부에 아무런 실체가 없는 단지 명칭일 뿐이어서 그것을 엄밀하게 조사해 보면, 오직 실재하고 실체적인 것인 마음과 물질의 범주 안에 들어오는 관념들만 그 내부에 있다는 것을 발견하게 됩니다. 그래서 남자나 여자나 짐승은 실재하지 않고 상대적이며 단지 명칭일 뿐인 빤냣띠라는 것입니다.

실재하지 않고 상대적인 빤냣띠, 즉 명칭의 분야에서는 인간, 비구, 남자, 여자 등으로 말할 수 있습니다. 이 분야에서는 마음과 물질이라는 등의 단어를 사용하는 것이 불가능합니다. 점심을 먹고 있을 때를 가정해 봅시다. 그때 밥은 물질이고, 카레는 물질이고, 수저도 물질이며 돼지고기도 또한 물질이라고 말해서는 안 됩니다.

만약 내가 "이 물질을 이 물질로 떠서 저 물질 안에 넣는다"라고 말한다면 내가 무슨 말을 했는지 아무도 모를 것입니다. 그러므로 실재하지 않고 상대적인 빤냣띠라고 하는 명칭 분야에서는 우리는 실재하고 절대적인 빠라맛타 분야의 용어를 사용해서는 안 됩니다.

그러나 실재하고 절대적인 빠라맛타 분야에서는 '나'라고 하는 것이나 그 사람은 없고, 남자나 여자도 없고, 사람이나 존재도 없으며, 실제적으로 마음과 물질만 있다고 말할 수 있습니다. 보는 순간에는 눈과 형상과 형상을 인지하는 정신의 기능이 동시에 존재하는 것이 분명합니다. 앞의 두 가지는 물질이고, 정신의 기능은 마음입니다. 그리하여 보는 순간에 분명히 존재하는 것은 물질과 마음이며, 오직 물질과 마음만 있다고 아는 것은 사물을 있는 그대로 아는 것이며 바르게 이해하는 것입니다.

실재이며 존재하는 것인 물질과 마음이 내 몸이고 내 무더기이며 내 것이라고 보는 것은 삿된 견해입니다. 세속인이라고 하는 거의 모든 사람들은 이와 같이 삿된 견해인 유신견을 갖고 있습니다. 그러나 성자들은 자신이 물질과 마음을 가지고 있다고 생각하지 않습니다. 무지한 사람이 다섯 가지 무더기들, 즉 몸의 무더기, 느낌의 무더기, 지각의 무더기, 정신적 형성의 무더기, 의식의 무더기를 '나', '내 물질', '내 중생의 물질' 그리고 '나'를 포함한 물질이라고 잘못 인지합니다.

수행하는 여러분들이 이 삿된 견해를 버리거나 끝내기 위해서는 물질과 마음을 구별할 수 있을 때까지 부처님께서 『염처경』에서 가르치신 대로 위빠사나 명상수행을 하기 위해 몸과 마음을 알아차려야 합니다. 행선을 할 때에는 '왼발, 오른발' 혹은 '발을 들어서, 앞으로, 놓음'을 알아차려야 합니다. 앉을 때에는 다리와

팔을 뻗고 구부리는 것을 포함한 모든 움직임을 알아차려야 하며, 앉은 다음에는 배가 일어나고 꺼지는 것을 알아차려야 합니다. 보거나 듣거나 맛보거나 냄새 맡거나 피부에 무엇이 닿거나 생각하거나 망상할 때나, 이런 현상이 일어나는 순간 무엇이든지 놓치지 말고 알아차려야 합니다.

그렇게 알아차리는 동안 이러한 정신적·물질적 현상이 동시에 함께 일어난다는 것을 분명히 깨닫게 될 것입니다. 배가 일어나고 꺼지는 것을 알아차릴 때 일어나고 꺼지는 형상은 물질이며, 알아차리는 것, 즉 아는 것의 본성은 마음입니다. 앉아 있음을 알아차릴 때 앉아 있는 형상은 물질이고 알아차리는 것, 즉 아는 것의 본성은 마음입니다. 볼 때 눈과 형상은 물질이고, 형상을 알아차리는 것, 즉 아는 것의 본성은 마음입니다. 코와 냄새, 맛과 혀, 감촉과 피부도 그렇습니다. 또한 마음의 대상을 생각하거나 망상할 때는 마음의 대상이나 그것을 알아차리는 것, 즉 아는 것이 모두 마음입니다.

그렇게 여러분들이 알아차리고 있을 때만 이것은 물질이고 이것은 마음이라고 구별할 수 있습니다. 그 단계에 도달하면 마음과 물질의 무더기들을 살아 있는 개인인 '나'라든지 '내 몸'이라든지 '내 소유물'이라고 잘못 인지하지 않을 것입니다. 이와 같이 그것들이 실제 존재하는 그대로 깨닫게 되면, 여러분들은 즉시 올바른 견해를 갖게 되어 견해의 청정을 얻습니다.

이와 같은 견해의 청정으로 유신견은 거의 뿌리 뽑힙니다. 그러나 여러분이 꾸준히 알아차림을 계속해 간다면, 유신견이 완전히 제거되어 뿌리 뽑히고 고귀한 흐름에 든 자가 될 것입니다. 누구든지 흐름에 든 자가 되어 수다원위를 성취하면 유신견이라는 짐을 완전히 벗어버리고, 그 이후로는 사악도에 떨어지는 일은 결코 없게 될 것입니다. 그러므로 부처님께서 『염처경』에서 말씀하신 바와 같이, 자신으로부터 유신견을 제거하는 것이 가장 중요합니다.

되풀이되는 윤회의 위험을 인지한 수행자가 고통으로부터 즉각적으로 구원되기를 추구한다면, 가슴에 창이 꽂혔거나 찔린 사람 혹은 머리에 불이 붙은 사람과 같은 정도로 화급하고도 신속하게 유신견으로부터 빠져나오려고 급히 서둘러야 합니다.

재가수행자들은 해야 할 많은 의무가 있을 것이며, 다른 것보다 그들이 의무에 주의를 집중하는 것이 대단히 중요하다고 생각할 것입니다. 만약 그 의무를 하지 않는다면 그들은 사악도에 떨어지지 않을지도 모릅니다. 만약 그들이 유신견을 완전히 제거하게 되는 수다원과의 지혜를 성취한다면, 그러한 사악도로부터 해방될 것이 확실합니다. 그러므로 여러분들은 이번 생에서 부처님의 가르침의 혜택을 받는 황금과 같은 기회를 가진 훌륭한 인간으로서 위빠사나 수행을 하십시오. 그리하여 자신으로부터 유신견을 완전히 제거하고 견해의 청정을 획득하는 것이 가장 중요합니다.

그러므로 여러분 모두 견해의 정화를 위해 정신적·물질적 현상이 일어날 때마다 알아차리는 노력을 계속하여 유신견을 완전히 뿌리 뽑을 수 있는 도과의 지혜를 얻음으로써 모든 고통이 소멸한 닙바나를 성취하기를 기원합니다.

주해

1) 견해의 청정(見淸淨, diṭṭhi visuddhi)은 삿된 견해를 갖지 않고 바른 견해를 갖는 것을 말한다. 지계의 청정과 마음의 청정이 이루어지면 위빠사나의 지혜로 정신과 물질을 구별하는 지혜가 성숙된다. 그리고 나서 견해의 청정이 이루어지면 다음 단계의 지혜인 원인과 결과를 식별하는 지혜가 성숙된다. 이처럼 청정과 지혜는 상호의 관계를 가지면서 상승효과를 얻는다.

견해가 청정해지면 수행자는 자기나 다른 사람들에게 자아라는 것은 없고 오직 물질과 마음뿐이라는 것을 알게 된다.

또한 마음은 영원한 것이라는 상견과, 마음은 이 생애로 끝이라는 단견으로부터 자유로워진다. 견해가 청정해지면 모든 동작에 의도가 먼저 일어나고 난 뒤에 행위가 일어난다는 것을 알게 된다.

의심에서 해방되는 청정

인간은 누구나 과거, 현재, 미래에 대해, 혹은 존재가 다시 태어나는 것 등에 대해 많은 의심을 가질 수 있습니다. 이런 의심들은 '원인과 결과를 식별하는 지혜'라고 하는 수행에 의해 생기는 바른 견해에 의해서 제거될 수 있습니다. 이 바른 견해를 '의심에서 해방되는 청정(道疑淸淨)'[1]이라고 합니다.

청정도론에 의하면, 이 바른 견해는 다음 생에 좋은 곳에서의 탄생과 수다원(성자의 흐름에 든 자)의 앞 단계인 작은 수다원을 보증합니다. 그러나 수행하는 여러분은 그에 만족해서는 안 되며 수행을 계속해야 합니다. 수행을 계속하기 위해서는 의심이 없어야 합니다. 여러분들의 의심을 없애주기 위하여 '의심에서 해방되는 청정'에 대해 이야기해 보도록 하겠습니다.

세속인들, 즉 보통 사람들은 아마도 의심이 많을 것입니다. 의심을 하는 것에는 다음과 같은 여덟 가지 종류의 의심이 있습니다.

(1) 부처님은 과거에도 계셨는가?

(2) 부처님께서 설하신 법은 진실인가, 아닌가?

(3) 부처님 법에 따라서 수행하는 성스러운 비구가 있는가?

(4) 계, 정, 혜를 실천하면 고통을 없애는 길로 가는가, 그렇지 않은가?

(5) 전생은 있는가?

(6) 내생은 있는가?

(7) 전생도 있고 내생도 있는 것인가?

(8) 부처님께서 설하신 연기법(緣起法)은 진실인가, 아니면 단순한 관념일 뿐인가?

위의 여덟 가지와는 다른 16종류의 의심도 있습니다.

(1) 내가 과거에 있었는가?

(2) 내가 과거에 없었는가?

(3) 나는 과거에 어떤 존재였는가?

(4) 만약 그렇다면 내가 과거에 어떻게 살았는가?

(5) 내가 과거에 어떤 존재에서 어떤 존재로 바뀌었는가?

이상의 다섯 가지 의심이 과거에 대한 것입니다.

(6) 나는 미래에 존재할 것인가?

(7) 나는 미래에 존재하지 않을 것인가?

(8) 나는 미래에 어떤 존재로 존재할 것인가?

(9) 만약 그렇다면 나는 미래에 어떻게 살아갈 것인가?

(10) 미래에 나는 어떤 상태에서 어떤 상태로 변할 것인가?

이상의 다섯 가지 의심이 미래에 대한 것입니다.

(11) 나는 실재하는 것인가?

(12) 나는 실재하지 않는 것인가?

(13) 나는 무엇인가?

(14) 만약 그렇다면, 나는 어떻게 해야 하는가?

(15) 나는 어디로부터 왔는가?

(16) 나는 어디로 갈 것인가?

이상의 여섯 가지 의심이 현재에 대한 것입니다.

이 의심들이 재생과 연관되면 더 많은 의심을 생기게 할 수 있습니다. 어떤 사람들은 자신들의 존재 자체를 의심하고, 그들이 왜 지금의 자신과 같은 인간이 되었는지를 생각합니다. 많은 사람들이 모든 것은 창조되었다고 믿습니다. 어떤 사람들은 인간이 결정론에 의해서, 즉 그들이 통상적으로 생성되는 방식에 따라서 존재한다고 믿습니다.

사람들은 부모에 의해서 인간이 생겨나는 것이라고 믿지만, 어떤 부부들은 아이들이 없습니다. 어떤 사람들은 몸이 죽은 다음에 영혼이 다른 육체로 옮겨간다고 믿습니다.[2] 존재의 재생과 관련해서 수많은 의심이 생길 수 있습니다. 이런 모든 의심들이 원인과 결과를 구분하는 통찰 지혜에 의하여 제거될 수 있습니다. 이 통찰 지혜를 얻고 계속 수행하면, 여러분들은 곧 의심에서 해방되는 청정 즉 의심을 극복하는 청정을 얻을 것입니다.

원인과 결과에는 다음 세 가지가 있습니다.

(1) 조건에 의해서 발생, 즉 연기(緣起)
연기에서는 사성제에 대한 무지가 첫 번째 고리, 즉 윤회의 원인입니다. 그것이 모든 바른 이해를 방해합니다. 이 원인과 결과들은 이렇게 작용합니다.

무명(無明)에서 행(行, 정신적 형성)이 생기고,
행에서 식(識, 結生心, 재생연결식)이 생기고,
식에서 명색(名色, 정신과 물질)이 생기고,
명색에서 육근(六根, 眼·耳·鼻·舌·身·意)이 생기고,
육근에서 촉(觸, 접촉)이 생기고,

촉에서 수(受, 감각, 느낌)가 생기고,

수에서 애(愛, 갈애)가 생기고,

애에서 취(取, 집착)가 생기고,

취에서 지속되는 유(有)가 생기고,

유의 지속에서 생(生, 탄생과 일생)이 생기고,

생에서 노사(老死, 늙음과 죽음), 슬픔, 비통, 고통, 비탄과 절망
이 생깁니다.

(2) 업에 의해서 발생

업에 의해서 발생하는 것에는 업과 과보의 법칙(인과응보의 법
칙)이 있는데, 예를 들면 바람직한 행동과 바람직하지 않은 행동
은 그에 해당하는 좋은 결과와 나쁜 결과를 초래합니다. 인간들
에게는 유사한 점과 다른 점이 있습니다.

수바라는 젊은이가 부처님께 찾아와서 "왜 인간은 귀하거나
천하게 태어나고, 건강하거나 병약하고, 잘생겼거나 못생겼고, 힘
(영향력)이 세거나 없고, 가난하거나 부유하고, 무식하거나 지성
적이며, 단명하거나 장수하게 태어납니까?"라고 여쭈었습니다.

부처님께서는 짤막하게 답변하셨습니다.

"모든 살아 있는 존재는 저마다 자신의 행위(業)를 가지고 있는
데, 그것은 자신의 것이요, 유산으로 물려받은 것이요, 자신의 원
인이며, 자신의 친척이고, 자신의 피난처이다. 행위는 모든 살아
있는 존재를 고귀한 존재와 저급한 존재로 구별한다."

다른 중생을 살생하는 사람은(원인) 단명하게 될 것이며(결과), 살생을 삼가면(원인) 장수할 것입니다(결과). 만약 다른 중생을 해치지 않고 괴롭히지 않으면(원인) 원기 왕성하고(결과), 해치고 괴롭히면(원인) 아프고 병들 것입니다(결과). 분노와 증오로 가득 차 있으면(원인) 못생겼을 것이고(결과), 참을성 있고 만족해하며 차분하다면(원인) 잘생겼을 것입니다(결과).

존경받을 만한 사람을 존경하고 겸손하게 대할 사람을 겸손하게 대하면(원인) 그는 영향력 있는 사람이 될 것이며(결과), 존경하지 않고 겸손하지 않으면(원인) 힘없는 사람이 될 것입니다(결과). 관용을 베풀고 남을 도와주는 사람은(원인) 부자가 될 것이며(결과), 관용을 베풀지 않고 남을 도와주지 않으면(원인) 가난하게 될 것입니다(결과). 현명한 사람과 사귀지 않는 사람은(원인) 무지하게 될 것이며(결과), 현명한 사람과 사귀는 사람은 지성적으로 될 것입니다(결과). 이 모든 것들은 업에 기인한 원인과 결과입니다.

(3) 찰나 발생

이제 여러분들이 알아야 할 것은 찰나 발생이라고 하는 실제 수행에서의 원인과 결과입니다. 이것은 알아차릴 때마다 발생하는 것으로, 행선을 할 때 우리는 발을 내딛으려는 의도를 알아차리고 실제로 발을 내딛습니다. 그렇게 알아차릴 때 발을 내딛으려는 의도가 먼저 일어납니다. 발을 내딛으려는 의도가 있기 때문에 발을 내딛는 것이 실현됩니다. 여기서 발을 내딛으려는 의

도는 원인이며, 발을 내딛는 것은 결과입니다. 같은 방법으로 발을 내딛는 것은 원인이며, 발을 내딛는 것을 알아차리는 것은 결과입니다.

발을 들어서, 앞으로 나아가고, 발이 바닥에 닿는 것을 3단계로 알아차리는 경우도 마찬가지입니다. 발을 들려는 의도는 원인이고 발을 드는 것은 결과이며, 드는 것은 원인이고 드는 것을 알아차리는 것은 결과입니다. 이런 식으로 여러분들은 발이 앞으로 나아가고 발이 바닥에 닿는 것을 알아차리는 동안에도 유사한 원인과 결과를 알 수 있을 것입니다.

가고, 서고, 앉고, 눕고(行住坐臥) 할 때도 멈춰 서 있는 것을 알아차릴 때 멈추려는 의도는 원인이고 서 있는 것은 결과이며, 앉을 때에는 앉으려는 의도는 원인이고 앉음은 결과입니다. 마찬가지로 서 있거나 앉아 있는 것은 원인이고, 서 있거나 앉아 있는 것을 알아차리는 것은 결과입니다. 그렇게 여러분들은 알아차리는 동안 원인과 결과의 전환을 알아야 합니다.

배의 일어남을 알아차릴 때 숨을 들이쉬려는 의도는 원인이고 숨을 들이쉬는 것은 결과입니다. 또한 배가 일어나는 것은 원인이고 그것을 알아차리는 것은 결과입니다. 숨을 내쉬는 과정도 마찬가지입니다. 이런 식으로 원인과 결과가 일어납니다.

이들 외에도 봄, 들음, 냄새 맡음, 맛봄, 닿음, 생각함의 여섯 가지 감각기관, 즉 육문에서 일어나는 현상도 이와 같이 알아차리지 않으면 안 됩니다. 그러한 현상들을 알아차림에도 원인과 결과가 있습니다.

우리가 어떤 소리를 귀로 듣는다고 가정해 봅시다. 많은 사람들이 자신이 직접 듣는다고 생각합니다. 실제로는 그렇지 않습니다. 그것은 단지 원인과 결과일 뿐입니다. 어떻게 그것이 원인과 결과일까요?

듣는 의식(耳識)이 생기기 위해서는 다음의 과정을 거칩니다.
(1) 건강한 귀(耳根)
(2) 소리를 내는 대상(聲) : 청각 대상
(3) 소리를 전달하는 매체 혹은 공간
(4) 들으려는 주의(熟考, 어떤 대상에 정신을 집중함)가 있어야 합니다.

이 네 가지 요인들이 합해져서 원인이 되고, 소리를 들음은 결과입니다. 그리하여 우리는 듣는 것의 원인과 결과를 알았습니다. 그리고 듣는 것은 원인이고 듣는 것을 알아차림은 결과입니다.

눈의 의식(眼識)이 발생할 때도 마찬가지입니다.
(1) 건강한 눈(眼根)

(2) 볼 대상(色) : 시각 대상

(3) 빛(光)

(4) 보려는 주의가 있어야 합니다.

빛이 없다면 보는 기능이 일어나지 않고 인식의 과정도 발생하지 않습니다. 이 네 가지 기능들이 합해져서 원인이 되고 보는 것은 결과입니다. 그리고서 보는 것은 원인이고 보는 것을 알아차리는 것은 결과입니다.

코의 의식(鼻識)이 발생하기 위해서는 다음의 과정을 거칩니다.
(1) 건강한 코(鼻根)

(2) 냄새를 발생시키는 대상(香) : 후각 대상

(3) 들이쉬는 공기

(4) 냄새 맡으려는 주의가 필요합니다.

공기가 없다면 냄새는 코와 접촉할 수 없고 따라서 냄새 맡는 기능과 코의 의식이 인식할 수 없습니다. 이 네 가지 요인들이 결합해서 원인이 되고 냄새를 맡는 것은 결과입니다. 또한 냄새를 맡는 것은 원인이고 냄새 맡는 것을 알아차리는 것은 결과입니다.

맛의 의식(舌識)이 생기기 위해서도 마찬가지 과정을 거칩니다.
(1) 건강한 혀(舌根)

(2) 맛의 대상(味, 맵고, 시고, 짜고, 달고, 쓰고, 떫은 등) : 미각 대상

(3) 혀가 침(唾液)으로 젖어 있어야 하며

(4) 맛보려는 주의가 있어야 합니다.

혀가 건조하면 맛이 설근(舌根)과 접촉할 수가 없습니다. 이 네 가지 요인들이 결합된 것은 원인이며 맛보는 것은 결과입니다. 그리고 맛보는 것은 원인이며 그 맛보는 것을 알아차리는 것은 결과입니다.

또한 감촉의 의식(身識)이 생기려면 다음과 같습니다.

(1) 건강한 몸(身根)

(2) 감촉 대상

(3) 감촉의 대상의 특성(거칠다든지 부드럽다든지)

(4) 느끼려는 주의가 필요합니다.

감촉의 대상이 너무 미세하면 신근(身根)에 느낌(영향)을 주지 못합니다. 느낌을 주지 못하면, 신식(身識), 즉 신근의 인식이 일어나지 않습니다. 피나 공기가 유통되지 않는 상처와 손톱이나 발톱에서는 느낌을 느끼지 못합니다. 이 네 가지 결합된 요인들이 원인이고 감촉은 결과입니다. 그리고 감촉은 원인이고 감촉을 알아차리는 것은 결과입니다.

이제 여러분은 원인 때문에 결과가 온다는 것을 아셔야 합니다.

만약 여러분들이 모든 것, 모든 현상에는 원인과 결과가 있다는 것을 안다면, 앞서 밝힌 이러한 의심들은 제거되고 극복되고 초월될 것입니다. 원인이 있다면 결과가 있고, 원인이 없다면 결과가 없습니다. 그리하여 여러분들은 존재가 새로 생기는 것의 원인을 확실하고도 진실하게 깨닫게 될 것입니다.

이러한 존재의 재생의 원인은 무엇입니까? 재탄생을 조건짓는 것은 무명과 갈애에 뿌리를 둔 행위(업)입니다. 과거의 행위는 현재의 생을 조건지었으며, 현재의 행위는 과거의 행위와 결합하여 미래를 조건짓습니다.

불교에 의하면, 우리는 행위라는 주형(주물을 만드는 틀)으로부터 탄생됩니다. 부모는 단지 지극히 작은 세포 하나를 제공합니다. 연기에 의하면, 계속되는 존재의 행위가 탄생을 발생시킨다고 합니다. 그렇게 존재는 존재로 이어집니다.

사람은 자신이 감지할 때마다 대상과 현상을 알아차리지 못합니다. 왜냐하면 위빠사나 명상 수행에 실패하기 때문이고, 부분적으로는 그의 무지가 모든 이해를 가로막기 때문입니다. 무지는 집착을 가져오고, 집착은 갈애를 가져오며, 갈애 때문에 그가 원하는 것을 하지 않을 수 없게 됩니다. 그리하여 우리는 무지, 갈애, 집착이 행위(업)의 원인임을 알게 됩니다.

그럼에도 불구하고, 성자들이 행한 선행들은 과보가 없습니다. 왜냐하면 성자들은 번뇌가 전혀 없기 때문입니다. 세속인들은 번뇌 때문에 재탄생, 즉 새로운 존재가 되게 하는 행위를 합니다. 행위의 본성은 그에 상응하는 과보를 초래하는 잠재력이 있다는 것입니다. 그래서 성자들에게는 새로운 생애가 일어나지 않습니다.

행위는 좋은 것과 악한 것으로 구성되고, 좋은 것은 좋은 것이 생기게 하고, 악한 것은 악한 것이 생기게 합니다. 원인이 되는 현생의 행위가 결과로서 미래의 새로운 존재를 생기게 합니다.

주석서들은 메아리, 불꽃, 스탬프의 도장, 거울에 비친 모습을 새로운 존재에 대한 비유로서 인용합니다. 메아리는 벽이나 다른 장애물에 음파가 부딪쳐서 생긴 소리의 반향입니다. 비록 최초의 소리와 메아리 사이에 인과관계가 있다는 것을 부인할 수는 없지만, 그것은 먼 거리에까지 최초의 소리가 전달된 것은 아닙니다. 여기서 최초의 소리는 원인이고 메아리는 결과입니다.

첫 번째 램프의 불로 두 번째 램프에 불을 붙였을 때, 첫 번째 램프의 불이 아직도 타고 있으므로 두 번째 램프의 불꽃은 분명히 첫 번째 램프의 불꽃은 아니지만 인과적으로 연관되어 있습니다. 여기서 첫 번째 불꽃은 원인이고 두 번째 불꽃은 결과입니다.

여러분이 거울을 볼 때, 여러분의 얼굴과 거울에 비친 모습이 서로 인과적으로 연관되어 있지만, 이 둘을 혼동하지는 않습니다. 여기서 여러분의 얼굴은 원인이고 거울에 비친 모습은 결과입니다.

마지막으로 스탬프로 스탬프의 표면과 비슷한 모양의 도장을 찍지만, 완전히 똑같지도 않고 스탬프 없이 도장을 찍을 수도 없습니다. 여기서도 또한 스탬프는 원인이고 도장은 결과입니다.

원인은 결과를 생기게 하고 결과는 원인을 설명합니다. 사람이 행한 행위로 인해 하나의 존재가 만들어져서 다음 생에 태어납니다. 과거의 행위가 현생을 조건짓습니다. 선한 행위를 많이 하면 여섯 가지 천계의 천인이나 훌륭한 인간으로 다시 태어날 수 있습니다. 선은 선을 낳습니다. 악한 행위를 많이 하면 사악도, 즉 지옥, 축생, 아귀, 아수라의 세계에 태어날 수 있습니다. 악은 악을 낳습니다.

선한 행위도 했고 악한 행위도 했다면, 그는 다음 생에서 천하게 태어나거나 사지가 멀쩡하지 않은 그런 종류의 사람이 될 것입니다. 이것이 유유상종입니다. 그렇게 자신의 행동에 따라서 자신의 미래가 결정됩니다. 원인이 되는 행위의 결과로 만들어진 존재가 다음 생에 생성됩니다. 여러분이 원인으로 인하여 결과가 존재한다는 것을 알게 된다면 모든 의심은 제거되고 극복되며 초월됩니다.

여러분이 알아차릴 때마다 원인과 결과를 식별하게 되면, 새로운 존재가 있기 위해서는 원인이 있었음을 확실히 알게 될 것입니다. 그리고 무엇이 원인이었는지에 대해 계속 생각하게 될 것입니다. 그러면 여러분에게 떠오르는 것은 행위입니다. 행위가 원인이며 만들어진 존재가 결과입니다.

이렇게 모든 것에는 행위, 즉 원인으로 인하여 만들어진 존재인 결과가 생깁니다. 이제 여러분은 원인이 있다면 결과가 있다는 것을 진정으로 이해할 것입니다. 이 지혜가 '의심에서 해방되는 청정'입니다.

이 지혜에 의해서 여덟 가지 의심들 및 열여섯 가지 의심들이 제거되고 극복되고 초월될 것입니다. 원인과 결과를 알 때, 이 지혜를 '원인과 결과를 식별하는 지혜'라고 합니다.

1) 의심에서 해방되는 청정(道疑淸淨, Kaṅkhāvitaraṇa visuddhi)은 다음과 같은
   과정을 거쳐 이루어진다. '계청정(戒淸淨)'과 '심청정(心淸淨)'이 이루어지
   면 위빠사나 수행의 지혜인 '정신과 물질의 현상을 구별하는 지혜'가 생
   기게 된다. 이러한 지혜로 인해 '견해의 청정'이 생겨 다시 '원인과 결과
   를 식별하는 지혜'가 성숙된다. 이 지혜가 '의심에서 해방되는 청정'을 가
   져온다.
   수행자는 인식하는 대상이 있고 그 인식에 대한 육체적인 근간이 되는 육
   근이 있으므로 여러 가지 인식행위가 일어난다는 것을 알게 된다. 수행자
   는 여러 가지 행위나 마음의 작용을 알아차릴 때 알아차릴 대상과 알아차
   리게 하는 마음이 있기 때문에 알아차리는 것이 일어난다는 사실을 깨닫
   게 된다.
   소리가 들리는 것을 알아차릴 때는 듣는 귀와 들려지는 소리는 원인이고
   소리가 들리는 것을 알아차리는 마음은 결과라는 사실을 알게 된다. 이와
   같이 원인과 결과를 식별하는 지혜가 생길 때 이것을 '의심에서 해방되는
   지혜'라고 한다. 이것이 바로 '의심에서 해방되는 청정'인 것이다.
   이때 몸과 마음에서 일어나는 것은 원인과 결과로 조건지어진 것일 뿐 나
   라는 것이 없다는 것을 확신하게 된다. 이렇게 자아나 개인이라는 존재가
   과거에나 현재에나 미래에도 없다는 것을 확신할 때 '의심으로부터 해방
   된 청정'이라고 한다.

2) 불교에서는 마음이 찰나생(刹那生), 찰나멸(刹那滅) 한다고 보고 있다. 마
   음이 영원하다는 것은 영혼의 개념인데 영원히 변하지 않는 것은 없기 때
   문에 영혼은 인정하지 않는다. 마음은 매순간 일어나서 소멸하므로 같은
   마음이 다음 생에 이어진다기보다도 흐름과 정보가 다음 마음에 전해지
   면서 계속되므로 같은 마음이라고 할 수도 없고 아니라고 할 수도 없는
   한계가 있다.
   아비담마에서는 죽을 때의 마음을 사몰심이라고 하며 이 마지막 마음이
   즉시 재생연결식으로 일어나서 다음 생이 결정된다. 이때의 마음을 결생

심이라고도 한다. 그래서 불교에서는 재생이라고 본다. 12연기에서는 과거의 무명과 행을 원인으로 하여 현재의 오온의 식이라는 결과가 생기는데 이때의 식을 재생연결식이라고 한다.

이것을 나가세나 존자는 이 촛불에서 저 촛불로 불이 옮겨 갔을 때 서로 같은 촛불이 아니지만 불이 옮겨 갔기 때문에 전혀 상관없는 촛불이라고 말할 수도 없는 것으로 설명한다. 이는 마음이 일어나서 소멸하면서 다음 마음에 현재의 정보를 전해 주고 소멸하는 것으로 이것을 흐름, 상속이라고 한다. 바로 이 흐름, 상속이 윤회의 과정이다.

세 가지 종류의 도

모든 진정한 불자들의 최종 목표는 닙바나(열반)이고, 닙바나를 성취하는 방법은 성스러운 도(聖者의 道)의 지혜를 통하는 것입니다. 성스러운 도의 지혜를 얻으려면 진정한 의미로 볼 때 위빠사나 수행, 즉 통찰 명상을 뜻하는 전단계의 도(前段階의 道)를 수행하지 않으면 안 됩니다.

이와 같은 전단계의 도를 수행하려면 근원도(根源道)를 신뢰하지 않으면 안 됩니다. 근원도는 업(業)과 그 과보에 대해서 근본적인 바른 견해를 갖는 것입니다. 다시 말하면 도덕적 행위는 건전한 결과를 초래하고, 비도덕적 행위는 불건전한 결과를 초래한다는 교리를 신뢰하고 믿는 것입니다.

위대하신 마하시 큰스님께서는 도(道)에는 세 가지가 있다고 말씀하셨습니다.

(1) 근원도(Mūla Magga)
(2) 전단계의 도(Pubbabhāga Magga)
(3) 성스러운 도(Ariya Magga)

수행자가 이 세 가지 도를 모두 이해하고 자신의 삶 속에서 구현할 수 있다면, 그는 닙바나를 성취할 가능성이 있습니다.

그러면 근원도에 대해 설명하겠습니다.

물라(mūla)는 '뿌리' 혹은 '주요한 것'이란 말입니다. 막가(道, magga)는 소멸로써 극복하는 것입니다. 그러므로 '물라 막가(根源道)'는 뿌리가 되는 것으로 소멸로써 극복한다는 특성을 갖고 있습니다. '뿌리'는 법, 즉 닙바나를 성취하는 데 기본 요인으로 간주될 수 있습니다. 바로 이 기본 요인이란 업의 과보를 믿는 것입니다.

어떤 사람이 선업과 불선업을 믿는다고 합시다. 그는 도덕적 행위는 건전한 결과를 초래하고 비도덕적 행위는 불건전한 결과를 초래한다는 교리를 받아들이지 않으면 안 됩니다. 이 교리는 "업이 자신의 소유라고 하는 것이 올바른 견해"라는 것입니다. 이 말은 "자기가 하는 모든 행위(業)는 좋은 행위이거나 나쁜 행위이거나 간에 자기 자신의 자산"이라는 것을 믿는 것입니다.

업이 자기 자신의 소유라고 하는 것을 근원도라고 할 수 있습니다. 도(道)의 지혜와 과(果)의 지혜를 성취하기 위한 기본 요인은 '업과 업의 과보'라고 하는 교리를 믿는 것입니다. '도'라는 단어는 의심 또는 불신을 극복하거나 죽이고 전단계의 도의 길로 나아가는 것입니다.

일부 전통적인 불자들은 자신이 불자라고 주장하기는 하지만, 업과 업의 과보의 교리를 철두철미하게 믿지 않습니다. 일부 사람들은 사람이 영리하고 부지런하면 모든 것이 완벽해지고 성공적이 될 것이라고 믿습니다. 만약 이 전제가 사실이라면, 사업가들은 모두 영리하고 부지런하므로 부유하고 성공해야 할 것입니다.

그러나 그들이 모두 부자가 되지는 않습니다. 모든 사업가가 영리하고 부지런하고 그들의 모든 능력을 총동원해서 부유해지려고 노력하지만, 그들 모두가 부자가 되는 것은 아닙니다. 일부는 여전히 가난합니다.

세계 각국의 나라들을 살펴보면, 모든 나라 혹은 모든 정부가 자기 나라를 부유하게 개발하려고 노력하지만, 아직도 일부는 부유하고 일부는 가난합니다. 지금 우리가 살고 있는 이 세계에는 아직도 가난한 나라들이 많이 있습니다.

건강에 대해서도 생각해 봅시다. 모든 사람들은 그들 자신의 영리함과 부지런함을 활용해서 건강하고 좋은 컨디션을 유지하려고 그들 나름대로의 최선을 다하고 있습니다. 게다가 모든 정부도 국민들의 건강을 위하여 의사를 양성하고 약을 생산하고 있습니다.

여기서 "모든 국민들이 컨디션이 좋고 건강합니까?"라는 질문을 던질 수 있습니다. 대답은 "아니요"입니다. 병원에는 늘 환자들로 북적댑니다. 영리함과 부지런함만으로는 그들이 아무리 노력해도 국민들이 부유하고 건강해질 수 없습니다.

학문 분야는 또 어떻습니까? 사람들마다 학자가 되고 박식한 사람이 되려고 열심히 노력합니다. 정부는 모든 국민들이 교양 있고, 지성적이고, 박식하게 되도록 학교를 세우고 여러 가지 지원을 합니다. 그렇다고 모든 국민들이 박식하고 학자가 됩니까? 모든 국민이 학자가 되지는 않습니다. 왜 그럴까요? 사람들 간의 차이는 무엇일까요? 차이는 그들 각자의 업입니다.

부처님의 가르침에 의하면 업이 기본 요인입니다. 그리고 영리함과 부지런함은 두 번째 요인입니다. 업과 영리함(지혜)과 그리고 부지런함, 즉 노력은 다리가 셋인 의자 같아서 다리 하나가 부러지면 의자는 똑바로 설 수가 없습니다. 이와 마찬가지로 '업과 지혜와 노력' 중의 하나가 없으면 원하는 목적을 이룰 수 없습니다.

그 셋 중에서 기본 요인은 업입니다.

그러나 미얀마 속담에 이런 말이 있습니다. "업을 믿으면서 가시덤불에 뛰어들지 말라." 이 속담처럼 가시덤불에 뛰어든다면 틀림없이 가시에 찔릴 것입니다.

또 이런 속담도 있습니다. "업을 믿으면서 호랑이가 있는 숲에 들어가지 말라." 그 숲에 가면 분명 호랑이 밥이 될 것입니다.

이 속담들은 업과 지혜와 노력에 동등하게 의존해야 한다는 것을 알려줍니다. 그러나 불교 교리에 의하면 가장 지배적인 요인은 업입니다. 앞에서도 예를 들었지만, 수바라는 젊은이가 부처님께 여쭈었습니다.

"일체지자이신 부처님, 사람들은 모두 비슷하게 생겼음에도 불구하고, 어떤 사람은 장수를 누리고 어떤 사람은 단명합니다. 왜 그렇게 불평등한지 설명하여 주십시오."

부처님께서 짤막하게 대답하셨습니다.

"어떤 사람들은 다른 생명을 죽이는 데 몰두하고 있는데, 그런 사람들은 살생의 과보로 단명하다. 살생을 삼가는 사람들은 윤회하는 삶에서 장수하게 된다."

이러한 차이는 살생하는 불선업, 즉 불건전한 행위와 자비관을 실천하는 선업, 즉 건전한 행위에 의해 생깁니다. 어떤 사람들은 건강한 삶을 누리고 어떤 사람들은 병으로 고통을 받습니다. 그것도 잔인함과 친절함의 과보입니다. 다른 존재에게 잔인한 행위를 한 사람들은 건강이 나쁘고, 다른 존재에게 친절하고 잔인한 행위를 하지 않은 사람들은 건강한 삶을 누립니다.

어떤 사람은 못생겼고 어떤 사람은 잘생겼습니다. 그런 것은 분노와 인내의 차이입니다. 항상 분노하고 있는 사람은 다음 생에서 못생기게 태어나고, 다른 존재에게 참고 인내하는 사람은 잘생긴 외모를 가지고 태어납니다.

어떤 사람들은 도와주는 사람들이 많이 있지만, 어떤 사람은 외롭고 의지할 데 없습니다. 다른 사람의 번영과 풍요를 질시하는 사람은 외롭고 의지할 데 없습니다. 동정심 많고 다른 사람의 번영을 기뻐하는 사람들은 도와주는 사람들을 많이 얻게 됩니다.

어떤 사람들은 고귀한 가문에 태어나고 어떤 사람들은 비천하게 태어납니다. 연장자들과 스승들과 부모를 당연히 존중하고 존경하는 사람은 고귀하게 태어나고, 부모와 스승들과 연장자들을 함부로 대하고 복종하지 않는 사람은 낮은 계급으로 비천하게 태어납니다.

다른 사람에게 관용을 베풀고 보시하는 사람들은 다음 생에서 부유하게 되고, 인색하고 보시하지 않는 사람은 다음 생에서 가난하게 되기 쉽습니다.

어떤 사람들은 유식하고 어떤 사람들은 무식합니다. 자기가 아는 것을 남에게 가르쳐 주려 하지 않는 사람들은 무식하고, 남에게 기꺼이 가르쳐 주며 지식을 남과 기꺼이 공유하려 하는 동시에 모르는 것을 선생님들로부터 기꺼이 배우려 하는 사람들은 '지혜의 완성'을 성취하고 학자가 됩니다.

이런 모든 것들이 업의 기본적 차이입니다. 부처님께서는 젊은 수바에게 이렇게 대답하셨습니다.
"도덕적 행동은 건전한 과보를 초래하고, 비도덕적 행동은 불건전한 과보를 초래한다."

부처님의 이 교리를 믿는 것을 근원도라고 합니다.
근원도를 글자 그대로 해석하면 업과 업의 과보를 기본 요인으로 믿으며, 또한 의심을 극복하고 전단계의 도를 향해 나아가는 것입니다.

이러한 전단계의 도를 받아들이는 사람은 건전한 행동을 함으로써 건전한 과보를 받을 수 있다는 것을 추호의 의심도 없이 확신하는 사람입니다. 그러나 동시에 약간의 불안감을 가질 수 있습니다. 어느 경우에 탐욕과 성냄에 의해 압도당하면 약간의 불선업을 행할 수도 있습니다. 그런 경우 사악도나 혹은 축생계에 떨어질 수도 있습니다. 어떻게 하면 그런 상황이 발생하지 않을 수 있을까요? 축생계나 다른 사악도에 떨어지지 않는 방법은 알아차리는(사념처) 위빠사나 수행을 하는 것이라는 것을 알게 될 것입니다. 그것은 또한 도의 지혜로 이끄는 길입니다.

업과 업의 과보를 믿는 사람은 불선업을 거부하고, 전단계의 도의 길을 실천하게 되어 있습니다. 전단계의 도는 실질적으로 성스러운 도에 선행하는 사건들을 의미합니다. 도는 소멸에 의해서 극복하는 특성을 가지고 있습니다. 무엇이 소멸되는 것일까요? 그것은 대상에 대한 잠재적 번뇌[1]들을 소멸시키고 성스러운 도를 향해 나아갑니다.

전단계의 도는 수행하는 여러분들이 지금 하고 있는 명상 수행을 말합니다.

(1)『염처경』에서 첫 번째 절은, "걷고 있을 때 '나는 걷고 있음'을 알아차려야 한다"라고 가르치고 있습니다. 여러분이 걸을(行) 때 '왼발, 오른발' 혹은 '발을 들어서, 앞으로, 놓음' 등으로 발의 움직임을 알아차리면 전단계의 도를 가고 있는 것입니다.
(2) 두 번째 절은, "서 있을(住) 때 '서 있음, 서 있음'을 알아차려야 한다."
(3) 세 번째 절은, "앉아 있을(坐) 때 '앉아 있음, 앉아 있음, 닿고 있음, 닿고 있음'을 알아차려야 한다."

(4) 네 번째 절은, "누워있을(臥) 때 '누워 있음, 누워 있음'을 알아차려야 한다."

(5) 다섯 번째 절은, "몸이 어떤 자세를 취하고 있든지 간에 바르게 있는 그대로 알아차려야 한다."

여러분이 이렇게 수행을 실천하면 전단계의 도의 길로 가는 것입니다. 각각의 알아차림은 세속적인 팔정도의 항목들로 여러분을 이끌 것입니다.

예를 들어, 행선을 할 때 여러분은 왼발을 알아차리고 움직임을 알아차립니다. 여러분의 다리가 움직이고, 여러분의 마음이 다리의 움직임을 알아차리고 있다는 것을 여러분은 압니다. 이것이 바른 견해(正見)입니다.

만약에 내가 다리를 움직이게(걷게) 하고 있다고 추정한다면 그것은 잘못 아는 것입니다. "다리가 움직이고 마음이 알아차린다, 배가 올라오고 마음이 알아차린다, 귀가 소리를 듣고 마음이 알아차린다"라고 아는 것이 바르게 아는 것입니다. 그것이 바른 견해입니다.

이렇게 생각을 알아차리는 쪽으로 기울이는 것이 바른 생각(正思惟)입니다. 발걸음마다 알아차리려고 노력하는 것이 바른 노력(正精進)입니다. 발걸음마다 알아차리는 것이 바른 알아차림(正

念)입니다. 발을 내딛고 알아차리고. 발을 내딛고 알아차리는 것을 집중해서 연속적으로 하는 것이 바른 집중(正定)입니다.

이것들이 다섯 가지 전단계의 도입니다. 여러분이 계를 지키면 이미 여러분은 바른 말(正語)과 바른 행위(正業)와 바른 생활(正命)을 실천하고 있는 것입니다. 이들이 세 가지 계(戒)의 도입니다.

이들을 모두 합치면 여덟 가지 도(道)입니다.

각각의 알아차림마다 여러분은 여덟 가지 도를 성취하는 것이며, 이들 여덟 가지 도의 법들이 계발되어 성숙되어 완성되었을 때 성스러운 도(Ariya magga)에 도달하게 되는 것입니다.

여러분이 성스러운 도에 도달했을 때 닙바나를 증득하게 됩니다. 그러므로 여러분들 모두 업과 그 과보를 믿는 근원도에 대한 확신을 가지고 전단계의 도인 알아차림을 확립하는(satipaṭṭhāna) 위빠사나 명상 수행을 함으로써 자신으로부터 모든 번뇌를 정화하는 성스러운 도를 성취하여 닙바나를 증득하기를 기원합니다.

1) 아람마나누사야(ārammaṇānusaya) 번뇌란 빨리어 아람마나(ārammaṇa)는
   대상(object)을 뜻하며 아누사야(anusaya)는 잠재적이라는 뜻이다. 그래서
   '아람마나누사야 번뇌'는 대상에 대한 잠재적 번뇌라는 의미이다. 이 번
   뇌는 여섯 가지 감각기관의 문을 통해서 분명한 대상이 인식될 때마다
   일어난다.

네 개의 상서로운 바퀴

앙굿따라니까야(Aṅguttaranikāya, 增支部)의 '4의 가르침'에서 부처님께서는 "비구들이여, 이번 생만이 아니라 다음 생에서도 지성적이고 고귀하고 유명해지기 위해서 성취해야 하는 네 개의 상서로운 바퀴가 있다"라고 말씀하셨습니다.

모든 인간들은 유명해지고 부유하고 높은 지위를 얻고 싶어 합니다. 그런 바람을 실현하기 위해서 네 개의 상서로운 바퀴, 즉 축복이 주어져야 합니다. 이러한 축복을 받은 사람은 지성적이고 훌륭하다고 하겠습니다. 명성을 떨치고 높은 지위를 성취하기 위해서는 아무런 하자 없는 네 개의 상서로운 바퀴를 모두 갖추어야 합니다.

자동차를 예로 들어 봅시다. 엔진, 차체와 차대도 좋아야겠지만, 바퀴가 없다면 단 1㎝도 갈 수 없습니다. 심지어는 바퀴 한

개만이라도 없거나 펑크가 나도 부드럽게 움직일 수 없습니다.

상태가 좋은 차일 때 원하는 곳으로 쉽게 몰고 갈 수 있는 것처럼, 네 개의 바퀴를 갖추고 있는 사람은 현생에서뿐만 아니라 최종적인 닙바나를 얻을 때까지 그 어느 곳에서 태어나더라도 유명해지고 지성적으로 되기를 열망할 수 있습니다.

네 개의 상서로운 바퀴는 무엇일까요?

(1) 적합한 지역에서 사는 것
(2) 고귀하고 법을 추구하며 사는 사람들의 도움과 지도를 받는 것
(3) 자제(自制)하여 고귀하고 학식 있는 자세를 유지하는 것
(4) 과거에 선행을 한 것

첫 번째로, 적합한 지역에서 사는 것에 대해 설명을 드리겠습니다. 사람은 음식, 옷, 집, 교육, 의료시설 등의 생활에 필요한 것들을 쉽게 얻을 수 있어야 합니다.

많은 사람들이 비참하게 살고 있습니다. 어떤 사람들은 음식, 옷, 집과 같이 기본적인 것조차 얻기 힘듭니다. 깨끗한 물조차 쉽게 얻을 수 없는 사람들도 적지 않습니다. 가난한 사람들은 단지 살기 위해서 투쟁해야 하는데, 그런 상황에서 어떻게 고귀한 삶

과 경제적 풍요를 열망할 수 있겠습니까?

예술이나 과학 혹은 기술 분야에서 박식한 사람이 되려면 철저한 교육을 위한 시설이 있어야 합니다. 건강 상태를 양호하게 유지하려면 의사나 치과의사 그리고 병원에 쉽게 갈 수 있어야 합니다. 이러한 모든 교육기관, 의료시설, 경제적 번영과 통신설비가 잘 갖추어진 곳이 적합한 지역입니다. 그러나 가장 풍요로운 사회에 사는 사람들조차 완전히 만족스런 삶을 살 수 없습니다. 여기에 두 번째의 아주 중요한 관점이 있습니다.

현재의 삶을 개선하는 데 필요한 시설만으로는 충분하지 않습니다. 사람은 윤회해서 탄생하는 미래생의 삶의 조건을 개선할 수 있도록 자신의 영적 계발을 위한 수단을 가지고 있어야 합니다. 그래서 보시하고 계를 지키고 수행하는 기회를 가져야 하는데, 이런 것들은 미래생에서 안락하고 편안한 삶을 살도록 해 주는 수단입니다. 부처님의 가르침이 융성한 곳에서만 이런 것들을 완벽하게 실천할 수 있습니다. 그곳에는 공양을 받을 만한 사람이 있고, 수행자에게 계를 지키도록 용기를 북돋아 주는 덕망 있는 스승과 수행방법을 가르쳐 주는 지도자가 있습니다.

그러므로 적합한 지역이란 부처님의 가르침이 융성하고 생활에 필요한 기본적인 것들을 손쉽게 구할 수 있는 곳이라 하겠습니다. 그곳에서 수행자는 편안한 숙소, 따뜻한 의복, 영양이 풍부한 음식과 전문 의료진의 서비스를 받을 수 있습니다. 기본적인 것들이 갖춰졌을 때, 부처님의 가르침에 정통한 고귀하고 박식한 분들의 지도 하에 보시하고 계를 지키고 수행을 하는 선업을 쌓을 수 있게 될 것입니다. 고귀하고 법을 추구하며 사는 사람들의 도움과 지도를 받는 것이 두 번째 상서로운 바퀴입니다.

인간으로 태어나고, 고귀하고 정직한 부모에게서 태어나고, 청정하고 덕망 있는 스승과 성실한 친척이 있으며, 경건하고 종교적인 사람들과 더불어 산다는 것은 대단히 유익합니다. 미얀마에 "사냥꾼과 더불어 사는 사람은 사냥꾼이 될 것이며, 어부와 더불어 사는 사람은 어부가 될 것이다"라는 격언이 있습니다. 지성적이고 현명한 사람이 되려면 도움이 되는 환경, 즉 고귀한 부모, 덕망 있는 스승, 성실한 친척과 친구들이 필요합니다.

아난다 존자가 한때 부처님께 말했습니다.
"세존이시여, 의존할 만한 도반과 스승이 있다면 성스러운 삶의 목적인 지성적이며 현명한 사람이 되는 것이 절반은 이루어진 것입니다."
그러자 부처님께서는 아난다 존자의 잘못을 고쳐 주셨습니다.
"아난다여, 그렇게 말하지 말라. 의존할 만한 도반과 스승이 있다면 성스러운 삶의 목적이 절반이 아니라 완전히 달성된 것이다."

앙굴리말라(Aṅgulimāla) 이야기는 훌륭한 도반의 중요성을 알려주는 충격적인 사례입니다. 그가 훌륭하지 않은 스승의 제자였을 때에는 999명을 죽였습니다. 그는 몇 명을 죽였는지 세기 위하여 죽인 사람들의 집게손가락을 수집했기 때문에, 그의 이름은 '손가락 화관(花冠)'이라는 의미입니다. 1,000명을 채우기 위해 그의 어머니를 죽이려고 할 때 부처님께서 그를 구원하러 오셨습니다. 만약 그가 자신의 어머니를 살해했다면 그 흉악한 죄악 때문에 죽은 다음에 아위찌(Avīci) 지옥에 떨어질 운명이었습니다. 그러나 부처님을 만났기에 용서받을 수 없는 행위를 저지르는 것으로부터 구원받고, 명상 수행을 한 다음에 아라한이 되었습니다.

이 이야기는 의존할 만하고 덕망 있는 스승은 세간적 및 출세간적으로 이익이 된다는 것을 생생하게 보여줍니다. 그러므로 의존할 만한 친구는 네 개의 상서로운 바퀴 가운데 두 번째입니다.

세 번째 바퀴는 자제함에 의해 고귀하고 학식 있는 자세를 유지하는 것입니다. 보통 사람들은 불건전하게 행동하고 말하고 생각하는 경향을 가지고 있습니다. 그러한 불건전한 행위를 그만두게 하려면 궁극적으로 자제만이 유일한 치료법입니다. 고귀한 부모나 스승들의 충고는 올바른 태도를 갖도록 도와주지만, 그들의 영향권 밖에 있을 때에 자제하지 못한다면, 불건전한 행위를 하려는 경향이 여전히 남아 있을 것입니다. 그러므로 자제가 좋지 못한 생각, 말, 행동을 하지 않게 하는 최후 수단입니다.

불굴의 노력으로 장대의 꼭대기까지 올라갈 수 있지만, 거기에 오랫동안 머무는 것은 더욱 어렵습니다. 부자가 되거나 유명해지기 위해서, 혹은 대통령이나 수상이 되려면 매우 열심히 노력해야 하지만, 그런 높은 지위를 유지하는 것은 더욱 어렵습니다. 명성을 유지하자면 대단한 자제와 고결함이 요구됩니다.

가문의 명성을 생각하면 자제할 수 있습니다. 모든 사람은 부모와 조상과 친척과 친구들의 명성이 유지되도록 노력해야 합니다. "나의 조상들은 모두 덕망 있고 정직한 분들이라고 알려져 있다. 내가 나쁜 행위를 하면 가문의 명예가 실추될 것이다"라고 생각하면 자제할 수 있습니다.

혹은 같은 공동체의 사람들의 질책에 대해서 생각합니다. "만약 내가 나쁜 짓을 하면 사람들이 나를 비난하고 험담할 것이고, 내 명예가 손상될 것이다."

그런 식으로 수년에 걸친 신중한 행동으로 쌓여진 명성이 어떻게 손상되고 위신이 떨어지는지에 대해서 여러 가지로 추론할 수 있습니다. 그와 같이 고귀하고 지각 있는 사고에 의해 좋은 명성을 유지할 수 있고, 부도덕한 행위를 자제할 수 있는데, 그것이 결국 고귀하고 학식 있는 자세를 유지하게 하는 상서로운 바퀴의 세 번째가 됩니다.

데와닷따는 부처님 시절부터 악명이 높았습니다. 그는 왕족이었고 불법에 귀의하여 비구로서 계를 받았지만, 사악한 욕망에 사로잡혀 온갖 나쁜 짓을 했습니다. 승단 안에 파벌을 만들고 아자따삿뚜 태자에게 그의 아버지이며 수다원인 빔비사라 왕을 죽이라고 사주했으며, 심지어는 부처님을 살해하려고 했습니다. 이런 악행 때문에 그는 아위찌(Avīci) 지옥에 떨어졌습니다.

사리뿟따 존자와 목갈라나 존자는 원래 다른 종파를 신봉했지만, 자제를 실천해서 고귀하고 학식 있는 자세를 유지했습니다. 그들은 모두 모든 고통으로부터 해탈하려는 결심이 확고했습니다. 부처님의 최초의 다섯 제자 중의 한 사람인 앗사지 존자의 법문을 듣고 그들은 바로 수다원의 단계를 성취했습니다. 얼마 지나지 않아서 부처님의 가르침을 듣고 아라한과를 얻고, 부처님 다음 가는 상수 제자가 되었습니다.

네 번째 상서로운 바퀴는 건전하고 공덕을 쌓아 온 것입니다. 우리들은 전생에서 공덕을 쌓았기에 이번 생에서 인간으로 태어나는 행운을 잡았습니다. 인간으로서 우리들은 풍부한 식량, 옷, 약과 집에서 안락하게 살고 있으며, 보시하고 계를 지키고 수행할 기회를 많이 가지고 있습니다. 이번 생에서도 그런 공덕을 되풀이하여 쌓으면, 다음 생에서도 같은 혜택을 받는 것이 보장될 수 있습니다.

만약 우리가 이번 생에서 공덕 있는 행위를 하지 않는다면, 다음 생에서 다시 인간으로 태어난다는 것은 대단히 어려울 것입니다. 그런 경우에는 아마도 사악도(四惡道) 즉 축생계, 아귀계, 아수라계나 지옥에 떨어질 수도 있습니다. 그러므로 네 번째 바퀴를 충족시키기 위하여 지속적으로 신념을 가지고 부지런히 공덕 있는 행위를 해야 합니다.

보살(전생의 부처님)은 이미 수없이 많은 공덕을 축적했음에도 불구하고, 기회가 있을 때마다 덕행을 했습니다. 전륜성왕으로 태어났을 경우에도 쾌락과 권력을 포기하고 공덕을 더 쌓기 위하여 은둔자(수도자)가 되었습니다. 하나의 선행이 또 다른 선행을 불러오는 식으로 연쇄반응을 일으킨 결과, 윤회를 통해 좋은 곳에 태어나는 과보를 가져옵니다.

미얀마에 "배가 불러야 계를 지킨다"라는 속담이 있습니다. 이 말은 먹을 것조차 제대로 없으면 도둑질하거나 다른 죄를 짓게 된다는 의미입니다. 스스로 만족할 만한 생계 수단이 있어야 보시하고 계를 지키고 수행을 할 수 있습니다. 그러면 결과적으로 닙바나에 들게 됩니다. 그러므로 일상생활을 하면서 반드시 공덕을 쌓아야 합니다.

마하시 선원의 수행자들은 네 가지 상서로운 바퀴들을 모두 향유하고 있기에 전생에 쌓은 공덕의 과보를 지금 받고 있는 것입니다.

(1) 적합한 지역에서 사는 것

(2) 고귀하고 법을 추구하며 사는 사람들의 도움과 지도를 받는 것

(3) 자제하여 고귀하고 학식 있는 자세를 유지하는 것

(4) 과거에 선행을 한 것

이 네 가지 상서로운 바퀴를 지속적으로 유지시킴에 의해 여러분들 모두, 가능한 가장 짧은 시간 내에 소중한 목표인 닙바나를 성취하시기를 바랍니다.

‖ 편집자의 말

    현대인들은 이 무상한 세상에서 인류가 직면하고 있는 문제에 대해 종교서적이나 기성세대의 피상적인 대답에 쉽사리 만족하지 못한다.
    지식의 추구는, 책에서 얻는 지식, 과학적 혹은 종교적 지식, 위빠사나의 통찰 지식, 깨달음의 지식 혹은 그들이 알지 못하는 어떤 종류의 지식에 대한 추구든지 지금 이 순간 그들의 연구 주제이다.
    또한 알아차림과 위빠사나 수행은 서양인들에게도 매우 매력적인 새로운 분야이다.

    미얀마의 양곤에 있는 마하시 선원의 저명한 명상 스승인 마하시 나야까 사야도 우 자띨라 마하테라(大長老)는 미국, 영국, 유럽, 스리랑카와 한국을 수차에 걸쳐 전법 여행을 하였다. 마하시 지도자이신 큰스님(사야도)의 위빠사나 수행에 대한 법문을 들은 청중은 깨달음과 해탈로 가는 수행법에 많은 관심을 가지게 되었다.
    그 후로 세계 각지에서 많은 외국인들이 양곤에 있는 마하시 선원으로 명상하러 왔으며, 위대한 마하시 큰스님의 제자인, 지도자 우 자띨라 큰스님이 그들을 지도했다.
    지도자 우 자띨라 큰스님은 여러 나라로부터 초청 받아 집중수행 지도도 하는데, 어떤 때에는 한번에 수행자가 100명 이상이 되는 경우도 있었다.

지도자 우 자띨라 큰스님은 양곤의 마하시 선원에서 미국, 영국, 프랑스, 스위스, 네덜란드, 캐나다, 이탈리아, 호주, 뉴질랜드, 태국, 타이완, 중국, 네팔, 말레이시아, 일본, 스리랑카 등에서 오는 많은 수행자들을 지도한다.

　이 법문들은 마하시 지도자이신 우 자띨라 큰스님께서 외국 전법여행 중 혹은 마하시 선원에서 외국인 수행자에게 한 것이다.
　외국인 수행자들이 이 법문들을 통해서 진실한 법을 추구하는 데 조금이라도 도움이 된다면 우리들은 대단히 만족할 것이다.

　모든 존재들이 행복하기를……

Hla Kyaing
President
Buddha Sāsana Nuggaha Organization
1998. 12. 22.

‖옮긴이의 말

    이 책은 아신 자띨라(우 자띨라) 사야도로부터 직접 지도를 받으신 묘원 선생님께서 번역하라고 추천해 주셨으며, 주해도 상세하게 달아 주셔서 위빠사나를 처음 만나는 분들도 쉽게 다가갈 수 있으리라고 기대합니다.

    사야도께서는 현대인에게 잘 이해되지 않는 경전을 예화를 들어가며 알기 쉽게 설명하십니다. 예를 들면 '마하시 위빠사나 수행법, 인생에서 가장 중요한 일, 법은 자신의 몸에서 찾는 것, 때가 되면 합당한 과보가 나타난다, 작은 수다원, 인간의 질병에 대한 법의 치유, 세 가지 종류와 도'에서부터 쉽지 않은 용어인 분명한 앎(삼빠잔냐), 닙바나(열반), 관념적 진리(빤냣띠), 궁극적 진리(빠라맛타) 등에 대해서도 자상하게 설명해 주십니다. 그리고 지속적으로 수행하여 닙바나를 성취하라고 격려해 주십니다. 사야도의 법문을 하나씩 번역할 때마다 저도 열심히 수행해야겠다는 생각이 들곤 했었습니다.

    사야도의 법문이 제대로 전해져서 독자 여러분들의 수행에 도움이 되었으면 좋겠습니다.

2004년 10월에 오원탁

우리말 찾아보기

빨리어 찾아보기

옮긴이 ‖ 오원탁(Won-Tag Oh, 香圓)

서울공대를 졸업한 화공기술사. KIST, 삼성엔지니어링을 거쳐 한국가스안전공사 연구
소장 역임. 수덕사 부설 무불선학대학원 수료. 현재 한국 위빠사나 선원에서 수행하면
서 인터넷 사이트 '무불(http://www.freechal.com/mubul)' 운영. 저서로 『빨리어 · 영어 ·
한글 색인』(도서출판 대윤, 2004)이 있음.

주해자 ‖ 묘원(妙圓)
현재 한국 위빠사나 선원 원장(vipassana-@hanmail.net)

아신 자띨라 사야도의 법문
큰 스승의 가르침

2004년 11월 25일 1판 1쇄 발행
2005년 1월 25일 1판 2쇄 발행

지은이 ‖ 아신 자띨라 사야도
옮긴이 ‖ 오원탁
주해자 ‖ 묘원
펴낸이 ‖ 곽준
펴낸곳 ‖ (주) 행복한 숲

출판등록 ‖ 2004년 2월 10일 제16-3243호
주소 ‖ 서울시 강남구 역삼동 707-1 두꺼비 빌딩 1307호
전화 ‖ (02) 512-5255, 팩스 ‖ (02) 512-5856
E-mail ‖ sukha-@hanmail.net
http://www.vipassanacenter.com
http://cafe.daum.net/vipassanacenter

ISBN 89-955675-0-3 (03220)
값 ‖ 13,000원

* 한국 위빠사나 선원(서울시 강남구 논현동 98-12번지 청호불교문화원
  1층)으로 연락하셔도 됩니다. (Tel 02-512-5258)
* 잘못된 책은 바꾸어 드립니다.